酬神與超幽

上卷

香港傳統中國節日的歷史人類學視野

蔡志祥　著

中華書局

獻給

——

林培、張海、彭炳、林財、梁安、
簡耀、梁同、陳華、陳九等師傅

致謝

我在日本求學時的第一位指導老師故佐伯有一教授在他榮休前對我説，香港是理解中國歷史文化的關鍵地方，香港也正面臨全球未有的歷史經驗，作為一個香港出身的研究者，我必須要背上這歷史的責任。我是一個下筆緩慢，也無貫古鑒今的洞察力的人。我只是希望藉着本書對香港研究的片角鱗爪，回報佐伯老師以及多位鞭策我成長的、已作古人的良師益友。

三十年是一個很長的日子。我在田野中懵懂成長，對鄉村節日儀式的理解，實在有賴老一輩的師傅和鄉村耆老的指點。三十年，我還是鄉村裏的粗疏學生。老一輩的相繼辭世、新一代的帶着古老的知識和新穎的思維，伴同都市化的步伐，一步步改寫鄉村的生活。二十一世紀以來研究者、民俗愛好者、年輕的道長、師傅等等聞見、記錄，都對我有很大的刺激和幫助。本書得以完成，我必須感謝三十多年來故友新知的眷顧和激勵。我對他們的感激存在心裏，在這裏不一一具名。

學問是觀察和思考的累積成果。在教學和研究的過程中，直接間接的先後得到下列機構的資助，僅致謝忱：香港研究資助局（研究計劃編號 CUHK/6263/03H 以及 14617915）；蔣經國研究基金（研究計劃編號 RG-P-06）；衛奕信文物信託基金（研究計劃編號 6902474）；第五輪卓越學科計劃（研究計劃編號 AoE/H-01/08）；香港中文大學研究委員會（研究計劃編號 3110109 以及 3132928）；日本國立民族學博物館。

1996 年香港科技大學華南研究中心開展了一連串關於香港節日儀式的計劃。在廖迪生、馬木池、范廣欣、韋錦新、黃永豪諸位先後領導下，保留了珍貴的記錄。2006 年我加入了香港中文大學歷史系，在歷史系的比較及公眾史文學碩士課程中，教授「近代中國的節日與民間宗教」和「香港的傳統中國節日」（與馬木池合開）兩個課程。在授課和學生提問的過程中，我把一些關於節日的問題逐漸釐清。我的思辯能力和對中國地方社會文化的認識，很多來自和香港科技大學人文學部和華南研究中心、香港中文大學歷史系的同仁、科大衛教授領導的「中國社會的歷史人類學」計劃，以及濱下武志、陳春聲、劉志偉、鄭振滿等多位海內外共同研究的合作者的討論和研習。韋錦新、呂永昇、馬健行幾位是我認識的研究香港節日儀式的青年學者，他們無私地向我提供了很多相關的訊息。本書初稿得到韋錦新和韋旻的校閱，以及中華書局（香港）有限公司副總編輯黎耀強先生耐心的督促。本書的完成，是友情和激勵的結果。在這裏我都深表謝意。

我第一篇關於香港節日的文章是 1987 年在日本出版的《季刊民族學》刊登。此後在不同的刊物，陸續出版和發表了一些我對香港節日的觀察和思考。本書是結集多年心得的成果。在這裏我要感謝各刊物的出版者和編輯，以及講座、會議的主辦者。

目錄

圖表目錄

表

圖

序章

一

節日是我們日常生活的一部分，是我們生活中時常經歷到的經驗。什麼是節日？法拉西（Alessandro Falassi）指出，無論是神聖或世俗的節日，它們都是周期性的社會活動。社區全體成員不同程度地直接或間接地參與節日中形形色色的項目和活動，從而達致族群的、語言的、宗教的、歷史的團結，成員間共享同一的世界觀（Falassi 1987: 2）。在這裏我們需要注意的，是節日有別於生命儀禮。生、老、病、死、冠、婚、喪、祭是生命的關口，需要通過不同形式的儀式，把個人從一個生命的階段過渡到另一個生命階段。但是它們沒有重複性，也沒有社區性的意義，因此生命儀禮不是具有社區性和常規性的節日。另一方面，節日有別於臨時的慶典或祭祀活動。社區會因為一些突發性的事件而進行多姿多彩的儀式或慶祝活動。1996 年當李麗珊成為香港第一位獲得奧運金牌的運動員後，她的家鄉長洲特別舉行了一次盛大的飄色遊行，便是一個很好的例子。這樣的慶祝活動雖然盛大，但由於並非每年都舉辦，因此也不能演變成具有常規性的節日活動。[1] 2003 年因為 SARS 肆虐，香港各地都有大小規模的驅除病毒的活動。這些活動帶有非常濃厚的宗教色彩，並且包括一般傳統中國節日舉行時的舞龍、舞獅等活動，例如香港新界西貢白沙灣區在 2003 年 4 月 26 日舉辦的「車公爺爺大元帥出巡」，或香港道教聯合總會在 2003 年 4 月 10 日至 22 日在新界沙田大圍舉行的「消災解厄祈福法會」活動等。[2] 但是，這些特發性的社區活動，並沒有繼續周期性地進行下去，而且沒有達致周期性節日所蘊涵的社會功能和象徵意義。[3] 由於節日的重複性，它一方面不斷強化社區成員的連繫、定義社區界線，另一方面，展示了社區的意識形態和宇宙觀。從常規的節日中，我們可以預測其進行的時間和空間，以及組織和參與的個人與群體的特質。我們也可以從節日中，考察到社區群體普同的意識形態和在特定時、空中的世界觀。

蓋茨（Donald Getz）引述《大英百科全書》對節日的定義，指出所有節日的最基本元素是集體的宴會和慶祝，而節日的主題是決定於共用的文化價值。蓋茨認為無論是神聖或世俗，是紀念的或宗教儀式的，節日應該是公眾的而非私人的慶典。這是因為所有節日對主辦的社區來說，都有其社會和文化的意義。它們都有特定的主題和共用的價值和經驗。社區的傳統和認同透過節日而建立起來。因此，蓋

1 李麗珊在 1996 年取得奧運風帆金牌。她同時是 1993 年、1997 年及 2001 年世界賽冠軍。2002 年 12 月 5 日香港中文大學因其成就而授與名譽博士學位。

2 參考游子安（2003：21－27）。2003 年 7 月的《華南研究資料中心通訊》第 32 期為 SARS 專號，讀者可以參考該期其他與 SARS 有關的儀式和活動的文章。

3 一個人物的祭祀如關帝羽的生日（關帝誕）和一些特殊的事件如長洲島的太平清醮，也可以變成為常規性的節日。關於關帝的研究，參考 Duara（1988），關於長洲太平清醮，參考 Choi（1995）及該文的中文版（蔡　2002）。

茨指出，節日的最簡單定義是「公眾的、有主題的慶典」（Getz 1991: 53-54）。

然而，什麼是「公眾和集體」？公眾和集體所指涉的範圍究竟有多大？社區群體如何定義其社區範圍？節日的主題和節日的分類、內容息息相關，這些主題與社區群體的文化價值、認同和宇宙觀有些什麼關係？

本書以香港不同地區舉辦的清醮儀式為切入點，嘗試說明民間宗教和傳統宗教節日與地方社群的關係，探討中國民間宗教的普同性、差異性和變動性。本書嘗試透過比較不同時間、空間以及群體舉行的醮，在民族志的描述以外，試圖理解十九世紀中葉以來，在香港的醮的意義和功能的轉變；鄉民如何賦予普同性的儀式行為和理念地方的詮釋；鄉民如何把地方性的行為融入普同性的信仰中；地域社區如何對應都市化以及以都市為服務對象的制度化宗教所帶來的衝擊；在華南地方，作為基礎文化資源的傳統節日如何對應急激變動的政治和經濟環境；不同的社會群體如何利用或解釋節日，從而強化其社會凝聚力。

一 什麼是「打醮」

《大清律例刑案彙纂集成》卷十六〈禮律祭祀、褻瀆神明〉一條規定：「……僧道修齋設醮而拜奏青詞（用青紙書黃字）、表文（用黃紙）及祈禳火災者、同罪還俗」、「……告天拜斗、焚香燃燈、皆敬禮天神之事，祀典各有其分、私家所得祭者祖先之外、惟里社五祀，若上及天神則僭越矣。」[4] 在明清的國家規範中，祈禳災祥和祭祀無祀鬼神，原來是屬於地方官司會同城隍神的責任。然而，在我們熟悉的鄉民社會中，醮佔據了鄉民的儀式生活中很重要的位置。

醮祭的種類繁多，劉枝萬指出台灣最常見的醮有平安醮、瘟醮、慶成醮、火醮等四類。在台灣南部的醮多為定期舉行的，而北部則為不定期（劉 1967，1972，1974，1983）。在香港，除了吉澳、高流灣及塔門等地稱為「安龍清醮」外，大部分的醮都稱為「太平清醮」（蔡、韋 2014）。「太平清醮」或「安龍清醮」都是一種保平安的「祈安醮」。在這裏我們統稱為「打醮」。香港的打醮一般是定期舉行的。最短的周期如在長洲，每年舉行一次。最長的是上水和大網仔，每六十年舉行一次。一些漁業社區每兩年或七年舉行一次打醮，而大部分農業社區則是每五年、十年或前後十年舉行一次打醮。農耕社會的醮大概都在農曆十月舉行，而漁業社區則多在農曆四、五月舉行。本書附錄一是我看過或知道的在 1980 年代以來有打醮的社區、該社區的特徵和打醮的周期（參考本書附錄 1）。

醮可以從儀式或社會的角度去理解。李獻璋認為「醮」原來是指「方士運用技術所行的特殊祭法。⋯⋯它不以供獻品為主，而是專賴方士的技術為神人媒介的。⋯⋯後來，道教吸收了方士種種的技術，醮祭的方法也被輸進了去」（李 1968：202－203）。李氏引玄嶷的說法，認為「醮為俗中術人之技，道士竊取它來做生計之用」（李 1968：217）。劉枝萬則指出，「中國醮祭，自古以來，歷經演變，隨而其義

4　見《大清律例刑案彙纂集成》卷十六〈禮律祭祀、褻瀆神明〉條。

亦因時代而有所不同……（在現代意義上，醮是）某一地方為還願酬神之大規模祭典」（劉 1974：1）。這兩個解釋並不相互矛盾。前者是從宗教儀式的角度去看打醮，而後者則是從地域社會的角度看打醮。

對一般香港人來說，「醮」是一個通過道士、和尚的媒介而與鬼神交通的大規模祭祀活動。所以我們有時會聽到「打盂蘭醮」、「打死人醮」的說法。如 1994 年鰂魚涌西灣河區的一個通告就稱其盂蘭節為「建醮大會」。可是，理論上，盂蘭不是醮。如已故的林培道長所強調：「醮的最大作用是保境祈陽、許願酬還。」所以打醮有很強烈的社區意義。在盂蘭時的施幽濟陰，只是達成這目的的其中一個手段。

當然，道士（在香港一般稱為喃嘸）、打醮的組織者、鄉民或外來者如小販、乞丐、研究者等不同的人對打醮都有不同的詮釋方法。打醮對於他們也有不同的儀式和象徵意義，以及不同的社會和經濟意義。但是，大概沒有鄉民會反對打醮是其生活的社區中最重要的宗教活動。鄉民會不惜耗用百萬元或以上來籌辦打醮。如 1990 年林村鄉的打醮便用去約港幣二百萬元。鄉民對打醮的重視，也可以從僑居海外的鄉民承包飛機回港參加慶典這方面看到。據說 1980 年粉嶺打醮的時候，僑居英國的彭姓族人便租用了三班航機，專程從英國回港慶祝打醮。打醮在鄉民生活中既是如此重要，研究者便不單可以從打醮的一系列複雜儀式中，考察鄉民的象徵世界，而且可以藉着打醮時鄉民的社會活動，觀察到族群及社區的重層關係。要了解這種變化，我們一方面要透過貫時性和同時性的方法，來比較不同社區的打醮。另一方面要從不同的視野，考察節日的深層傳統。

二「打醮」研究的回顧

在 1949 年以後，打醮和其他傳統宗教活動一樣，被中國政府標籤為封建迷信而遭禁止。雖然小規模的宗教活動在農村中一直秘密地進行，但是大規模的社區性宗教活動，則要到 1980 年代改革開放以後才在南中國再次出現（Siu 1989, 1990; Dean 1989, 1993）。據丁荷生（Kenneth Dean）的研究，南中國的大部分地區，要到 1980 年代中、後期才能再次看到大規模的打醮活動。丁氏在福建的研究，是對醮在中國大陸地區再次出現的先驅研究之一（Dean 1993）。

打醮活動的記錄在中國大陸地區十分有限，但台灣自 1960 年代以來，對打醮已有廣泛的研究，其中一個最早的、有系統的研究，是劉枝萬及中央研究院民族學研究所的研究員對 1963 年在台北市松山區打醮的民族學報告（劉 1967；宋 1968；許 1968），劉氏其後發表了一系列關於打醮的研究（劉 1967，1972，1974，1983）。劉氏的研究雖然受到李獻璋的嚴厲批評（李 1968），但卻成功地使很多學者注意到打醮研究的重要性。

除了民族志的描述外，研究台灣打醮的學者主要關注醮的宗教與象徵意義，以及醮的社會範疇兩方面。一方面，薩索（Michael Saso）的陰陽循環、宇宙再生的理論，被很多學者採納用來解釋打醮（Saso, 1972）。另一方面，岡田謙在 1930 年代提出的「宗教圈」理論，在打醮研究上廣被討論。宗教圈不單是透過以廟或宗教物件為中心的地域範圍，而且是鄉民在共同宗教活動時互動的地域範圍（施 1973；Brim 1974；末成 1985；林美容）。宗教圈同時為鄉民生活的空間，與市場及婚姻的範圍相一致。打醮時常被視作用來鞏固或重新確定地域同盟成員身份的機制（上野 1988）。

有關香港打醮的研究，並不如台灣般豐富。除了一些傳教士的記錄以及伯克哈得（V. R. Burkhardt）1950 年代初期在《南華早報》發表的系列報道外，1953 年泰勒（W. A. Taylor）有關長洲打醮的文章，可能是關於香港打醮最早的研究（Taylor 1953）。直至 1980 年代初，這篇文章一再地在每年長洲打醮時出版的特刊中刊載。故華德英教授很早便注意到打醮對了解鄉村社會的重要性。然而她對打醮的看法，只簡要地出現在其介紹香港節日的著作中（Law and Ward 1982）。許舒博士（Dr. James Hayes）在研究離島的鄉村及九龍新市鎮時，已注意到打醮的重要性。然而，在其 1983 年出版的著作中，亦只是簡短地提到打醮活動（Hayes 1983）。1960 年代中期日本學者可兒弘明在其有關香港蛋家的研究中，認為長洲的打醮就好像盂蘭節一樣，其目的是為了祭祀孤魂野鬼（Kani 1967）。在 1980 年鐵路電氣化以前，關於周期性的醮的綜合觀察，除了馬賽厄斯（John R. G. Mathias）沒有出版的關於 1975 年錦田打醮的博士論文外（Mathias 1975），主要集中在一些交通易達的地方，如許烺光及太淵忍爾考察 1975 年沙田九約的醮（Hsu 1983；大淵 1983），以及吉原和男考察 1977 年沙田大圍的醮（吉原 1984）。馬賽厄斯的論文可以說是關於醮最早的綜合研究，可惜並沒有正式出版。大淵的研究主要是透過 1975 年沙田打醮時，喃嘸師父陳華所進行的儀式來探討道教儀式的象徵意義。許烺光通過翔實的民族志記錄，討論科學和儀式如何嵌入文化的深層。1979 年開始，田仲一成和瀨川昌久開始積極地搜集打醮的資料。田仲一成在 1979 年開始其大規模的香港研究。在其三部巨著中，最少記錄了香港十四個不同地方的打醮（田仲 1981，1985，1989）。瀨川由 1983 年至 1985 年間在香港進行田野調查，並發表了有關打醮的文章（瀨川 1985）。瀨川主要關注鄉村社會結構，而田仲則意在討論地方社會的儒家化過程。

1980 年代以後，本地的研究機構和學者對打醮的研究興趣逐漸增加。在 1980 年，香港中文大學歷史系科大衛（David Faure）及其學生，社會學系華德英（Barbara Ward），人類學系王崧興和音樂系呂炳川等，同時開始研究新界的打醮。除了科大衛在 1986 年出版的《中國鄉村社會結構》一書中觸及打醮和新界地方社會結構，1980 年代關於醮的論著主要是民族志的記錄，如王崧興根據 1980 年關於濠涌打醮的民族志報告而寫成的討論文化差異性的文章（王 1994），以及陳永海關於石澳和錦田打醮的論文（Chan 1986, 1989）。1990 年代中，尤其是二十一世紀以來，因為本土化運動以及對物質和非物質文化遺產的關注，無論是學術論文、學生作業或民間網誌，出現了不少關於地方節日文化的討論。讀者可以參考本書書末的參考文獻。

醮的研究從學科的面向如戲劇（陳守仁）、音樂（曹本冶）、宗教（黎志添）、人類學（廖迪生）、歷史（何佩然、張瑞威）或研究取向的層面如社會結構、象徵意義等，事實上仍有待跨域的和跨時的比較。二十一世紀，筆者先後分別從儀式執行人的角度、報章的報道和研究者的記錄，編輯三部以 1980 年代的醮為中心的著作，嘗試從不同角度，提供時間、空間的比較研究的基礎（蔡、韋、呂 2011；蔡、韋、潘 2013；蔡、韋 2014）。

繼吉布（Hugh Gibb）在 1974 年拍攝厦村鄉約打醮之後，香港歷史博物館與三棟屋區域博物館自 1983 年開始，差不多每年都有拍攝與錄影打醮的過程。但是這些材料至今仍未出版。1990 年代以後，香港各電視台拍攝的紀錄片以及二十一世紀以來的網絡視像材料，提供了不少可資參考的當代資訊。

隨着華德英和呂炳川教授的急逝，1980 年代末亦可以見到對香港打醮研究興趣的衰落。這或許是由兩個完全沒有關係的原因造成：一方面是研究香港的打醮，僅囿於幫助了解鄉村社會，所以當研究者把興趣轉移往另一地域時，對香港打醮的研究便變得毫無關係。另一原因是「時間」的問題。無論是同時性或貫時性的研究，甚至是一項獨立的民族志報告，觀察打醮都需要有相當長時間上的客觀要求。計劃調查一次打醮，由決定打醮日期，到最後的儀式，時常需要整整一年時間。而且因為香港新界舉行的醮多是十年一屆的，所以如要觀察比較不同時間舉行的醮，便需要付出較長時間，短期的調查是不能夠對打醮做出綜合的研究成果。本書希望可以在當代網絡資訊氾濫的大潮下，通過長時段的田野經驗，把過去和現在鏈接起來。

三 民間文獻和「打醮」

施舟人（Kristofer Schipper）指出：「在官方文書中，時常忽略了有關醮的記事。然而，醮在一般人民的生活中卻是極為重要的元素。」（Schipper, 1974: 324）直到目前為止，對香港打醮的研究，主要是依賴在田野中記錄下來的民族志與搜集到的口述歷史資料。雖然根據口述歷史，打醮可以追溯到早至清初，但在日治時代（1941－1945）以前，除了傳教士的記錄外，有關香港打醮的文字記錄卻很少。

在中國社會，文字有一種權威性的魔力。無論鄉民是否識字或是否願意閱讀，文字資料在節日舉行的場所到處可尋。這些文字資料大底可分為被保存下來的地方文獻和完成功能作用後便被銷毀的臨時性的資料。

除了民族志與口述傳統，有三種地方文獻是研究打醮的珍貴資料。第一種是喃嘸在進行打醮儀式時所用的科儀書。這些科儀書主要是手抄本，其中的一部分可以在科大衛所輯的十一冊《粉嶺文獻》和四冊《新界宗教文獻》中找到。大淵忍爾和田仲一成的著作中也記載了一些建醮儀式用的科儀書。[5] 筆者和韋錦新、呂永昇在 2011 年編輯的《儀式與科儀》，是以 1980 年代為藍本，比較完整地介紹新界的正一道士執行的醮儀內容。除了荔枝窩、南鹿約、元朗墟和大埔頭等村是聘用全真派的道觀道士、長洲用海陸豐道士外，我所看過的在香港新界的打醮，都是由天師派的喃嘸主持的正一清醮儀式。二十世紀末開始，一些頗有勢力的鄉約開始聘請全真系統的經生執行建醮的儀式，如林村鄉約（1999 年圓玄學院）、橫洲（2004 年圓玄學院）、厦村鄉約（2004 年青松觀）和錦田（2005 年青松觀）等。在二十一世紀以前，香港新界舉行的醮主要是由正一道士執行的宗教儀式，因此各社區的打醮在儀式上有高度的同一性。儀式只會因為聘請了不同的

5 《粉嶺文獻》和《新界宗教文獻》是科大衛在八十年代初進行的口述歷史計劃時收集到的資料的影印本，存放香港中文大學、香港大學、東京大學等圖書館。參考大淵 1983；田仲 1981，1985，1989；黎 2005：20－61。

道士或是因程序緊迫，需要截短而稍有差異。不同的社區會要求多一些或少一些的儀式，但基本的打醮儀式經常是相同的。無論是三天或五天的打醮，我們一般皆能準確地預知其大概的程序和每日儀式的內容。即使是全真系統的經生執行的醮所用的經懺科儀，也是固定的。換言之，從儀式執行人的角度來看，儀式是有科儀書作為根據的，有其合理性，其內容是不會因為鄉村社會而有所更改的。[6]

第二類文獻，主要仍為手抄本記錄。這些記錄與籌備打醮的事宜有關，一般由鄉民自己保存。由本地喃嘸故彭炳師編輯的〈粉嶺庚子年（1960）打醮記錄〉，可能是現存最早的這類記錄之一。這記錄可以在上述《粉嶺文獻》中找到。各社區的建醮委員會會議記錄，提供了籌備打醮的詳細資料。1972 年林村鄉打醮的會議記錄，詳細記錄了由 3 月 11 日至 12 月 9 日，共九次會議的議案，其中包括下列各項資料：（1）成立醮務委員會、（2）選緣首、（3）籌集捐款的規條和辦法、（4）會員登記辦法、（5）擇日、（6）簽訂喃嘸、戲班、搭棚和齋廚的合約、（7）在打醮期間的保安措施、食物和小販控制、（8）邀請參加正誕日的賓客名單、（9）不同村落成員每日拜祭的程序。這些文件或為個人所保存，或作為整個社區的公有財產，極少開放予外人。唯一例外的是厦村鄉約 1974 年打醮的記錄，大部分都刊登在該年的建醮特刊上。一些鄉村也保留了俗稱「醮簿」的鄉村記錄。這些醮簿可以幫助研究者從組織者的角度，理解醮的細節。然而這些醮簿並不

6 2011 年，我們根據 1980 年代正一道士執行醮事時所用的科儀書為藍本，編輯了一部以儀式順序為綱領的文本。這可能是目前最具參考作用的文本（蔡、韋、呂 2011）。

公開，仍有待研究者的發掘和分析。[7]

第三類地方文獻，是由每一屆建醮委員會出版的紀念特刊。這些特刊並未被有系統地收集起來，它們也沒有被收進上文提及的科大衛收集的香港新界文獻中。這些特刊提供了有關社區的社會網絡和價值觀改變的重要資料。舉例來說，如表序 1 所示，假如比較林村鄉出版的建醮特刊，我們不難發現特刊由強調娛樂戲劇的元素，逐漸改變為強調對社區事務的參與和貢獻，通過照片和文章，凸顯了地方領袖的活動和領導地位。1990 年的特刊也介紹了 1983 年在英國曼城成立的林村同鄉會以及海外鄉民捐款的詳細記錄，顯示了海外移民通過捐獻和參與，對維持傳統價值的貢獻。[8] 林村鄉約的紀念特刊記錄了太平清醮的歷史緣起，也登錄了建醮的組織。可是，三本特刊都沒有任何和儀式有關的記錄。這好像說明儀式雖然重要，可是對於鄉民來說，這是儀式執行人（喃嘸）和侍奉神明的鄉民代表（緣首）的責任。對鄉民來說，組織的、娛樂的元素與儀式的、象徵的意義同樣重要。一般來說，經濟能力較好的鄉村才會印發紀念特刊。特刊是在醮的正日，邀請政府官員和友好村落的代表前來祝賀時派發。然而，在我調查的範圍內，很少鄉民會把紀念特刊保存。鄉民和嘉賓是否閱讀特刊並不重要，文字和圖像的魔力是宣示鄉村經濟能力和文化水準的工具。

7　很多鄉村都有這些俗稱醮簿的記錄。我們目前知道的包括坑頭、橫洲、錦田、泰坑、屯門、元朗、洋涌、塔門、碗窯、長洲等地，保有詳略不同的記錄。其內容仍待進一步的分析和研究。

8　關於海外移民對原鄉的回饋，如何強化地方的傳統，可以參考 Watson 1975。

表序1 林村鄉約太平清醮特刊的比較

	1963	1972	1990
頁數	20	20	64
顏色	黑白	黑白	彩色
與醮有關的內容	1則	3	6
與社區有關的內容	1	5	6
與戲劇有關的內容	11	1	9
來自商業機構的賀詞	1	7	6
來自本社區的賀詞	0	0	2
來自其他社區的賀詞	0	8	2
來自個人的賀詞	0	6	4
來自政府官員的賀詞	0	0	4
廣告	21	3	9
委員會成員的照片	0	3	43
其他的本社區成員的照片	0	0	3
嘉賓照片	0	0	4
社區照片	1	20	14
粵劇演員的照片	0	9	8

資料來源：
《林村鄉太平清醮勝會特刊》(1963)
《壬子年林村鄉約太平清醮》(1972)
《庚午年林村鄉十年一屆太平清醮》(1990)

除了一些可能會被保留下來的文字記錄外，還有一些在儀式或活動之後立即被焚化或廢棄的文字資料，這些包括符紙、儀式用的表文、各種榜文、神位、花牌、對聯、通告等資料，雖然時常被忽略，但卻能透示出與儀式或社區有關的族群和社會關係，是對研究打醮非常重要的資料。這些資料有的是儀式性的，如表文、意文和各類的榜，也有些是社區性的，如通告、花牌等。

我們可以從神位、人緣榜考察有份參與建醮的村落和人群，從而印證岡田謙的祭祀圈以至林美容、張珣等提出的信仰圈的理論（張 2002：78－111）。我們也可以通過贈送花牌的團體和組織，考察社區的祭祀、信仰以外的世俗關係網絡，從而理解有醮份、有約份、同盟的、友好的和敵對的鄉村的重層關係。此外，從鄉村的通告中，我們也可以看到村落聯盟關係的變化。如順風圍原來屬於厦村鄉約。1984年順風圍內張貼了一張通告，說明由於費用昂貴，所以停止參加厦村鄉約的打醮，圍內鄉民以燒衣代替。厦村鄉約行香時，巡遊行列也沒有進入順風圍。

人緣榜是理解社區內部組織很有用的工具。人緣榜很複雜，要把登記在上面的人的關係梳理出來，需要同時利用族譜和口述歷史的方法。錦田（鄧姓）、泰坑（文姓）等單一宗族社會舉行的醮的人緣榜，是用宗族原理作為登記人名的原則：一個登記單位的「柱」，代表一個宗族的分支，成員人數可以有百多人。至於雜姓鄉村，則用個別戶口做登記：假如父母親在世的話，即使兩兄弟結了婚，他們還是屬於一個戶口柱；假如父親去世，母親還在，即使兩兄弟結了婚，他們也還是會登記在一起；假如母親也去世，這兩兄弟便會分成兩個戶口柱。所以有些村子是用宗族原理把鄉民連結起來，有一些則用戶口連起來（蔡 2000：75－88）。分析人緣榜，也可以理解到村落的開放與否和宗族組織的關係。一般來說，人緣榜的戶口登記包括了嫁進來的妻子，但不包括嫁出的女兒。理論上，正式收養的養子是可以登記的，可是在田野考察時，養子的身份也常常是鄉民爭議的對象。假如有份的話，即使已經不在村裏居住，也可以登記在榜上；即使不是中國人，只要丈夫是有份的社區成員的話，也可以登記。在嚴格的宗族社會，如粉嶺（彭氏）或泰坑（文氏），假如不是宗族成員，即使在社區裏居住了幾十年，也不能夠把名字登記在人緣榜上。一些宗族主導的社區，如錦田（鄧氏），把不屬於宗族的佃農和僑居的人放在榜末的「信農」和「信僑」的分類。雜姓的鄉村社區如包括二十四個村落的林村，以十年為期，假如在村中居住超過十年的話，可以在人緣榜該村的範圍內登記，否則只能在榜末登記。十年一次戶口登記，也許是繼承明初以來的黃冊制度。可是登記的方法，無疑受到各個鄉村本身的組織方法和原理所影響而有所不同。

誰可以在人緣榜的哪一個位置登記，顯示了社區的族群、性別和層階的關係。首先，在宗族社會裏，只有男性才能在社區主神前杯卜，競逐緣首；無論誰杯卜成功，當上「柱」頭的都是宗族支派裏輩分最高、年紀最長的男性。然而，在雜性村落，女性也可以以戶主的名義成為「柱」頭。鄉村事務的商議性很強。只要沒有改變社會規範的最根本和最底層，任何事都是可以商議的。如七十年代在厦村鄉約進行長期田野調查的人類學家 J. Watson 夫婦，鄉民認為他們就如鄉村的乾兒子一樣，所以可以以華琛、華若璧的名字，在人緣榜上登記。然而，他們並不能在需要在神前杯卜決定的前四十九名緣首的位置。同樣的，社區的經濟和政治的發展，令到很多不同族群的地方精英加入長洲太平清醮的建醮委員會，可是太平清醮的總理位置，仍然牢牢的掌握在惠（州）潮（州）府成員之手（Choi 1995）。

人緣榜登記鄉村戶口，重新確定鄉民身份，而幽榜（全真派稱為黃榜）就如明清以來的祭厲的傳統，控制地方的幽魂野鬼。人緣榜和幽榜都是通過文字的法力，控制地方的陽界和陰界。對鄉村社會來說，二者都有特殊的地方和歷史涵意。所以即使儀式執行人改變了，人緣榜和幽榜都是不能取消的。反之，八十年代後期以來，包括全真系統經生執行的醮，已經沒有張貼職榜和款榜。展示各儀式執行人的職責的職榜，對鄉民社會並沒有特殊的意義。至於展示建醮儀式內容的款榜，已為鄉村告示取代，所以沒有存在的必要。文字無疑有無比的魅力和魔力，可是文字本身，不但不能完全展現鄉村社會的內部結構，而且文字資料的存在與否、文字資料的內容等，都是隨着鄉村社會的宏觀環境以及鄉民對儀式行為的詮釋而改變。

除了文字資料和口傳歷史外，醮場的佈局、各種儀式或活動的觀察，都可以幫助我們知道鄉民對宗教世界的理解，是如何與其生活緊密地連結起來，從而幫助我們理解鄉民和儀式執行人的宇宙觀和世界觀。田野考察不但幫助我們理解文字和圖像背後的深層意義，而且透過民族志的記錄，把非文字的佈局、設置和行為文字化，是對鄉村歷史的重要貢獻。

武雅士（Arthur Wolf）指出民間宗教無疑是人世社會的反照（Wolf 1974: 131-182）。從醮棚的佈局和設置，我們可以觀察到鄉民對靈魂世界和世俗的理解。鄉民社會中，大王、土地、廟神和城隍等的神靈世界，就如人間社會的里甲、地保、胥吏和縣官，幽魂野鬼就如乞丐地痞，都是日常生活時常接觸到的。前者需要討好侍奉，後者需要鎮壓安撫。至於京中達官，是遙遠的不可及的存在。所以地方的各個層階的土地神以至城隍，都是以各形式的實物展現出來，而各個層階的大神，則是抽象地，通過儀式執行人的口參與醮事。

醮場的佈局也說明了鄉民世界「我群」和「他者」的關係。舉例來說，厦村鄉約打醮時，醮棚內有兩尊巨大的紙紮神像：「鬼王」（或稱大士王）面對鄉外，而「財神」面對鄉內。鄉民的解釋是「鬼王」照煞氣，所以要對外；而「財神」招財氣，所以要向內。兩者的方向是絕對不能倒置的。這樣的方位和佈局，也只有從田野調查中才能體驗得到。

佈局之外，我們怎樣進一步知道鄉村的範圍？一些比較大的鄉村，在正醮期間有一到三天的「行香」儀式。行香是主辦醮事的村落，巡遊村落的邊境，或拜訪友好村落的行事。行香的行列除了喃嘸和緣首外，還包括村中的父老和壯丁。他們敲鑼打鼓、扛旗抬輿、舞獅舞龍、喧喧鬧鬧的千百人行列，不但重新確認鄉落的地域範圍，而且炫耀了鄉村的武裝勢力。例如厦村鄉約共進行三天的「行香」儀式。第一天和第二天拜訪有醮份的村落，第三天拜訪過去同盟的村落。可是，他們並沒有拜訪有族譜關係的、鄰近的村子。從田野考察，我們也許可以發現宗族關係和地域距離並非決定鄉村範圍的因素。我們要找出一些原因來說明這個村子跟他們的關係，詢問他們為什麼一方面會跑到老遠的村子，而隔壁這些跟他們同一個祖宗的村子卻不去？為什麼他們只走這些路線，而不走其他的路線？一般來說，鄉民大概都是以過去就是如此來解釋。故此，要理解鄉村的地域界線和族群關係，我們不但需要比較過去和現在的儀式行為的差異，同時也需要回到歷史，追蹤過去。如此，才能找到田野考察不能解答的問題的答案。透過文字和非文字資料，比較研究社區、事件、人和時間之間的關係，我們也許可以比較清楚地探討在急促的現代化步伐下，鄉民社會中什麼是可以變化的元素，什麼是延續下來的、不能改變的傳統。

文字資料和非文字資料對於打醮的研究同樣重要。節日中的文字和非文字資料，同樣是理解鄉村社會不可缺少的重要資料。很多文字資料只能在田野中獲得。它們所傳達的意義，只能在實際的鄉村社會脈絡中展現出來。同樣的，民族志的記錄和田野考察資料，只有在鄉村社會長期歷史發展的脈絡中理解。

四 為什麼要研究「打醮」

研究香港打醮的學者一般都接受薩索的宇宙再生（cosmic renewal）理論。然而，他們研究的興趣大部分不在儀式本身，而是在打醮的社會性及組織性方面。

田仲一成在其三部有關中國祭祀戲劇的全面研究中，一共記錄了十四個以上的打醮活動。田仲的研究，起初着眼於中國祭祀戲劇的起源及傳播的路線，後來逐漸側重在打醮的社會上和結構上的複雜性。他分析了參與祭祀群體的基本結構，並考察他們的組織概念，以及儀式和習俗的結構。田仲並嘗試指出祭祀戲劇有不同的層次，而這些層次與社會結構的複雜程度有密切的連繫。一個社會的結構的複雜程度是根據三個標準來衡量：其祭祀範圍、參與祭祀的成員和經濟能力。鄉村社會就是依據這些標準劃分其複雜程度及所屬的層次。這些都可以從打醮中考察出來。田仲的另一個重要貢獻是提供了詳盡的打醮田野記錄。這些資料，對於打醮研究者來說價值不菲（田仲 1981，1985，1989）。

科大衛在其新界鄉村社會結構的研究中，視打醮為組成社區脈絡的一種手段。打醮是複雜的，地域社會是「透過打醮場地的空間佈局、道士與村民之間的互動，以及鄉民自己的儀式」，在打醮中表現出來（Faure 1986: 41）。

瀨川在研究厦村鄉約時，對打醮的觀點與科大衛頗為接近。他指出鄉村世界具有「二元性」，如神聖領域與世俗領域、本地神衹與較高層次的地方神衹、中國文化中的大傳統與小傳統等。「二元性」既同時存在，又互為影響。透過分析儀式中的表現，瀨川認為打醮不但可以顯露出傳統的地域聯盟，更可以觀察到不同社區間過去的對立和矛盾關係（瀨川 1985）。

如上所述，打醮的研究一方面提供了一個描述鄉民的宗教性社區活動的民族志記錄，成為研究者將來用作比較研究的資料。另一方面，打醮的研究有助於進一步了解地域文化的構造。也就是說，我們可以通過打醮的研究來了解地域社區的社會及政治轉變的過程，透過打醮來展現鄉民的儀式和社會生活，並且藉以明瞭大傳統如何通過宗教儀式進入鄉民的世界，鄉民的世界觀又如何通過儀式行為而展現出來。

筆者希望通過 1980 年以來所接觸過的不同社區的打醮，提供一些基本的資料予研究者，以便將來對香港不同社區內不同時間和空間的打醮作比較研究。筆者希望藉此顯示出傳統價值觀念和習俗在轉變的社會和政治環境中如何保存和變更。打醮的研究可以幫助我們了解到哪些生活元素是鄉民生活中不可或缺的，哪一些是因應環境而改變的。筆者希望更進一步探究在現代都市化的過程中，鄉民如何從打醮的組織和儀式中，把掩蓋了的族群意識和社群間的矛盾與競爭，不斷地重新詮釋。

根據上述研究脈絡，本書的第一章從宏觀的角度，比較香港各種節日的象徵意義和社會功能。第二章以西貢和粉嶺為例，在生和死的關注下，考察鄉村的社會結構和鄉民社會的儀式生活的關係。第三章從社區和儀式專家的角度，一方面綜合介紹香港新界的打醮，另一方面進一步說明在大傳統底蘊下的鄉村節日傳統。第四章通過打醮的人緣榜，探討鄉村社會的組織原理；分析不同社區的社會結構和親屬關係，如何藉儀式行為而展現出來；地域社區如何通過宗教儀禮，不斷地確認其成員的身份。第五章以長洲島為例，討論節日和族群關係。筆者希望展示地域社區內部既統合又分化的族群關係，並且指出這複雜的族群關係如何在打醮活動中不斷地被重新定義。第六章以香港新界西北部的厦村鄉為例，通過鄉村有形的建築與祭祀對象，以及每十年一次舉行的太平清醮活動，考察鄉民生活中的邊緣和空間格局；並嘗試指出界定身份的標籤和界線是多重的，日常生活的模糊和爭議提供了鄉民身份移動的可能性。第七章從比較的角度探討選擇、記憶和忘卻的問題，指出儀式性的歷史記憶的模糊化或疊加詮釋和地域社區整合和分拆的關係。第八章從林村的例子出發，探討制度化宗教和民間宗教如何利用「正統性」在鄉村社會角力。其結果不僅協商了宗教儀式，也逐漸改變鄉村社會的宗教生態。最後，在終章中，筆者嘗試指出在近代化和都市化過程中，打醮的延續和變化與社區本身特質的密切關係。

踏入二十一世紀，通過面書（facebook）、youtube 等網絡媒介，大量的影像、錄像在虛擬的世界廣泛流轉。二十一世紀以來，我們也觀察到很多朋友對節日儀式感興趣。他們跑田野，把田野的聞見照片、錄像上傳到個人的網址。這對當代節日儀式的研究者來說，實在助益不淺。研究者可以從更多元的視角來明白節日的深層結構和實踐過程。從這一角度來說，1980 年代跑田野的孤獨已經不會再現。然而，這樣充裕的資訊，也許會讓我們忽略了香港鄉村節日在 1980 年代的轉折關鍵。除了文字外，本書選取了一些二十一世紀初的照片，一方面讓讀者可以從圖片中理解打醮的過程。另一方面，讀者可以和 1980 年代的影像作一比較，從而梳理出節日儀式的延續和變遷。本書下卷的圖錄，主要選取了 1980 年代筆者觀察的四個太平清醮的圖片，它們分別是 1981 年林村鄉約，也是我第一個觀察的完整的太平清醮；1983 年在荔枝窩的慶春約和南涌鹿港共同舉辦的南鹿約太平清醮，以及 1984 年厦村鄉約的太平清醮。他們代表了（1）正一道士的儀式以及圓玄學院的全真和儒門儀式；（2）不同的地域組成的儀式，以及（3）不同規模的太平清醮。筆者期待讀者在文字以外，可以透過圖片理解節日的歷史發展過程。

完成前的醮棚（2006 年上水）

醮棚（2010 年粉嶺）

道壇內的大羅天和意亭（2010 年粉嶺）

青松觀道壇（2015 年錦田）

大羅天（2006 年衙前圍）

大士（2006 年衙前圍）

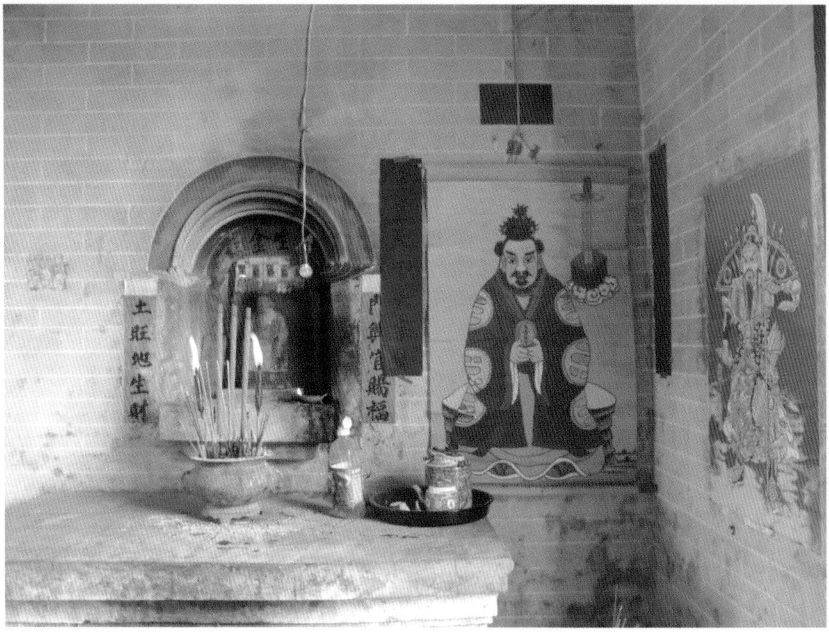

天師（2007 年沙江圍）

上頭表（2006 年上水廖萬石堂）

行朝（2015 年沙田九約信善玄宮）

旛杆（2007 年沙江圍）

祖先棚（2015 年錦田）

分燈（2006 年上水）

分燈（2006 年上水）

打武（2006 年上水）

打武（2006 年上水）

禁壇（2006 年上水）

啟榜（2006 年上水）

啟榜（2006 年石澳）

啟榜 2（2006 年上水）

上榜（2006 年石澳）

啟榜 3（2006 年上水）

照榜（2006 年上水）

啟壇大典後之宴會（2006 年上水）

賀醮（2006 年上水）

賀醮（2007 年沙江圍）

祭小幽（2006 年上水）

禮斗（2006 年上水）

斗（2006 年上水）

放生儀式（2006 年吉澳）

放生台（2010 年粉嶺）

放生（2010 年粉嶺）

行香範圍（2006 年上水）

行香行列（石湖墟 -2006 年上水）

走赦書 1（2006 年石澳）

走赦書 2（2006 年石澳）

點赦書（2006 年年石澳）

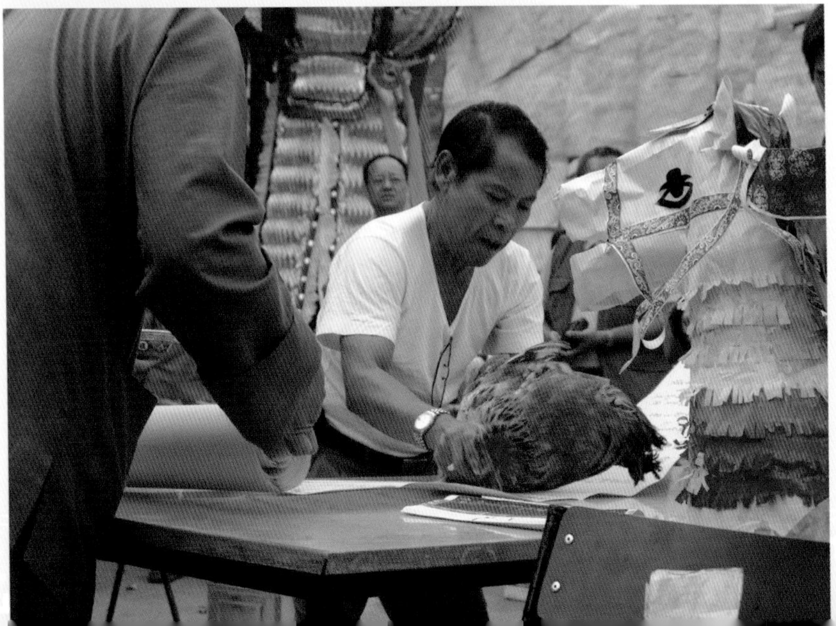

讀赦書（2010 年粉嶺（人名））

大士出巡（2006 年上水）

大士出巡（2010 年粉嶺）

祭大幽（2006 年上水）

祭大幽（2010 年粉嶺）

祭大幽（2006 年吉澳）

化衣（2010 年粉嶺）

化衣（2010 年粉嶺）

化衣（2006 年上水）

化大士（2006 年吉澳）

化大士（2006 年衙前圍）

化大士（2010 年粉嶺）

第一章

節日、民間宗教和香港的地方社會

一 香港的地域與文化

我們打開地圖，就會發現香港是由香港島、九龍半島及新界三個部分組成。香港的都市部分主要集中在1842年和1860年滿清政府割讓給英國的香港島和九龍半島，而鄉村部分則主要是指在1898年以九十九年期限租借予英國的新界地方。自十九世紀中葉以來，香港便成為中國內地居民政治及經濟的避難所。在太平洋戰爭以前，香港只有33%人口是在本地出生。雖然土生人口逐年增加，但是1965年的統計顯示，香港仍然有約一半人口是非本地出生的。這個數字顯示了移民對香港發展的重要性（可兒1984：37－38）。

在以上簡單的敘述中不難看出，假如要研究香港的節日，就要考慮到三組相對的因素，那就是中國的和西方的、都市的和鄉村的，以及本土的和移民的因素。

什麼是中國的和西方的因素？如果我們打開一個1997年以前香港的日曆，就會立即明白。香港一年十七日的公眾假期中，有五個假期共七日是可以歸類為中國傳統的節日，而有三個假期共六日可以歸類為源於西方的節日，其餘四日是香港及其作為殖民地的地位有關的假期。假如與日本的公眾假期比較的話，在該國十二日的假期中，只有兩天可以算是源自西方。這兩天假期中，「勤勞感謝日」即是感恩節，「元日」即是新年。至於在歐美廣泛被慶祝的復活節及聖誕節，則未被列入日本政府公認的假期中。因此也許可以說香港的公眾假期是一種中國和西方互相平衡的設計，也顯示了在香港的文化融和現象。這種中國和西方的融和，也可以從香港政府試圖把一些中國傳統節日如龍船競渡等國際化和觀光化的努力中見到。

都市的和鄉村的因素方面，也許可以概括的說，前者的節日傾向西方的、近代的和個人的，而後者則是傾向中國的、傳統的和社群的。傳統節日在鄉村保存得較多，一方面是因為中國很多節日是由社會群體所組織和慶祝的，而且是作為加強社群認同和社群意識的手段。另一方面，與都市和鄉村的流動性有關的是，到都市廟宇拜祭的人多是來自四面八方的；反之，鄉村廟宇的拜祭者則主要來自一個特定社區的成員。另一個和都市及鄉村相關的因素，就是政府的干預。政府的干預與慶祝節日的地區和都市的距離有密切關係，燃放爆竹就是一個很好的例子：自從六七年暴動之後，香港政府便禁止燃放爆竹。但是，曾經到過新界參觀節日的人，一定對鞭炮聲和滿地紅紙屑的爆竹殘骸有印象。愈遠離市區，看到此現象的機會愈大。此外，由香港政府資助的香港旅遊協會的宣傳也是偏重容易由市區到達的新界地方，如長洲和元朗。

最後要注意的是本土的和移民的因素。也許最顯著的分別就是新界「原居民」慶祝大規模的「醮」，而移民則慶祝大規模的「盂蘭」。田仲一成列舉的六十四台在盂蘭節時上演的戲劇中，有五十五台是潮州或惠州戲，而本地的廣東戲則只有九台（田仲 1981：897－911）。此外，例如新界粉嶺的原居民彭氏慶祝十年一屆的「太平清醮」。他們的「太平清醮」是除了嫁入彭氏的女性外，不容外姓人參加的。相對地，他們也沒有參加住在附近聯和墟的潮州人每年所慶祝的盂蘭節。

在上述三組因素影響下，讓我們回頭看看在香港的中國人的節日祭祀狀況，從而探討醮、節和誕三種節日的異同。

二 節日的分類

要將形形色色的節日分類非常困難。艾伯華（Wolfram Eberhard）在《中國節慶》一書中指出，在台灣的節慶，除了國家的假期外，有很多是地方性的，以廟為中心的「拜拜」。這些「拜拜」以廟宇神明為中心，有些是每年慶祝神明的生日，有些是五年以至十年一次周期性舉行的節日。除了在廟宇進行正規的宗教儀式外，各個家庭都會在家裏祭祀神明和宴會親朋戚友。因此，「拜拜」是正式的宗教節慶和社會性節日的混合體（Eberhard 1972: 1-2）。節日的分類和主辦的單位、舉行的地點、慶祝的頻率，以至活動的內容有很密切的關係。唐祁根據主題，把節日分為民俗化的宗教性節日、生產性的節日、年節和歲時風俗、文娛性節日四大類（唐 1990：2）。然而，這些節日都包含了不同程度的神聖和世俗的元素。無論宗教色彩如何被淡化，所有的節日都有或多或少的儀式性行為。例如國際龍舟賽的龍舟下水和開光儀式、聖誕節的亮燈儀式等，通過一些特殊身份的人物、偶像或行為，把世界帶進一個與日常生活樣式不同的時間和空間。同樣地，無論宗教色彩多濃厚，無論是社區演戲或在家裏宴會親朋，節日都有娛人娛神的作用。因此，法拉西認為不能簡單地以世俗和神聖的成分來把節日分類（Falassi 1987: 2-3）。

假如從舉行的地點來分類，有些節日是全中國大陸、全香港普同慶祝的節日，有一些則只是特定的社群在特定的場所舉行。即使如此，也不能忽視社區內部的差異和節日的關係。以農曆新年為例，這是一個全球華人社會都會慶祝的節日。在香港，政府為居民以至遊客提供了花市、遊行、煙花大會等全港性的活動；從尾禡到啟市，商戶的活動範圍都集中在店舖內；個人或家庭從年末酬神（還神）到新年往各廟求神，都是個人或家庭性的行為。大抵來說，在都市慶祝的農曆新年，一方面是全港性的普天同慶活動，另一方面是個人或家庭為中心的活動。然而，當我們踏入新界的村落，就不難發現，無論是以神廟或祠堂為中心，新年這個節日是屬於地域社區的共同活動。也許可以說，在都市舉行的節日是上層政府以及個人和家庭的活動，而在鄉村舉行的節日是地域社區的活動。可是，都市和鄉村的二分法無疑忽視了鄉村都市化對於節日的影響，同時也忽略了中間社群的元素。以盂蘭節為例，在都市及新界的市鎮中，大型的祭祀活動都是移民社群所舉辦的。在新界的所謂原居民的村落，由於有其他安撫孤魂的節日，所以便毋須特別舉行盂蘭節的祭幽活動。[1] 又如每年農曆二月十三日洪聖誕，一些有洪聖廟的地方如滘西都有大型的慶祝活動，而都市裏的（新會）潮蓮同鄉會則在會館舉行祭祀活動。因此，除了都市和鄉村的元素外，還需要了解本地和移民的元素。假如把個人和國家置於祭祀社群的連續體的兩個極端的話，前者受個人的信仰和取向決定，而後者受國家意識形態所指導。在兩者之間，是不同程度、不同範圍的中間社群。此一連續體，可以用如下方式理解：

個人——家庭——中間社群（地方社會、移民團體、同鄉會、宗親會）——國家、政府

1 在 1984 年，原屬厦村鄉約的順風圍決定不參加該年的太平清醮，而以全圍共同燒衣代替。但這活動並非在七月舉行。

因此，要了解節日，就必須了解不同層次的社群，他們的組織範圍與節日的關係，以及節日對這些中間群體的意義和功能。假如對這些祭祀社群沒有充分理解的話，我們就很難明白節日的內涵和選擇慶祝節日的根據。

理論上，中國的傳統節日很多。打開通勝，一年中除了春、秋二社、二十四節氣外，還有約一百四十七個神誕，再加上每月初一、十五拜祭土地和祖先每年的生辰、忌日的話，一個家庭便要每兩三天舉行一次祭祀活動。當然，沒有一個家庭會如此忙碌地從事祭祀活動，因為是否參與或慶祝節日是有選擇性的。對個人來說，是否慶祝神誕取決於我們覺得這個神是否「靈」，有否保護我們。故此選擇是否慶祝一位神明的生日和是否到一座廟宇參拜，主要取決於是否要回報這位神明在一定的周期內對我們的保祐和恩典。對國家、政府來說，節日除了是國家社會建構的標籤、紓緩社會成員日常生活的緊張外，還有平衡社會上的多元文化，達成社會和諧的目的。下一節將主要以香港的長洲島為例，進一步探討不同的傳統中國節日和不同社會群體之間的關係。

三　香港的節日：節、醮和誕的象徵意義和社會功能

如上文所說，香港一共有十七天公眾假期（public holidays）（見表 1.1）。這些假期，除了代表中、西方社會重要的年節，也包括一些和國家政府相關的假期。只要香港仍然是一個要達到中國和西方的

平衡和融合的社會的話，代表中、西方社會共同慶祝的節日，依然會是香港的公眾假期。然而，政治性的假期，則因政權的交替而改變。故此，九七香港回歸中國後，和中國國家緊扣在一起的假期（如五一勞動節、七一回歸紀念日、十一國慶），取代了代表殖民時代向英國效忠和象徵英國重奪香港的假期（如英女皇誕生日和香港重光紀念日）。自六十年代開始，香港政府每年出版的年鑒都指出，「中國傳統節日是家人團聚歡宴的日子。每年有五個主要節日」（Hong Kong Government 1961: 195）。這五個香港的中國人都慶祝的主要節日，分別是農曆新年、清明、端午、中秋和重陽節，它們也被定位為公眾假期。九七回歸後，為了平衡基督教的力量，香港的公眾假期加上了佛誕。公眾假期是政府訂定的，因此這些被列為公眾假期的節日，是上層架構的政府認為是香港人全體共用的、同意的節日，是一些代表中、外大傳統的節日。要言之，節日對個人或家庭來說，是基於「靈」和「報」的觀念；對國家政府而言，節日則有平衡社會、宣示意識形態和大傳統的作用。

表 1.1 顯示了不同的社會單元對香港節日的不同看法。節日為文化旅遊的重要資源，成功地把本地富有特色的節日推介，會吸引更多的遊客，增加外來的消費，刺激本土經濟的發展。將節日作為一種文化資源來推介，是政府旅遊發展局的責任，同時也是旅遊業者關注的地方（Getz 1991）。二十一世紀初，香港旅遊發展局的網頁列舉了十七個中國傳統節日，而「地球香港」（Planet Hong Kong）的網頁則列舉了十八個節日。它們推介的節日大部分相同，只是前者包括了一些大傳統的節日如元宵、孔誕、冬至，而後者則很可能是根據一本關

表 1.1 不同群體所強調的傳統節日

傳統節慶	香港的公眾假期（天數）	香港旅遊發展局[1*]	Planet Hong Kong[2*]	香港城市大學中國文化中心[3*]	長洲鄉事委員會[4*]	一個長洲家庭一年的祭祀活動（祭祀地點）[5*]
新年	1					
中國新年	3	Y	Y	Y	Y	Y（島內廟、土地、潮州公會、家庭）
車公誕		Y	Y	Y		
（老虎岩）天公誕				Y		Y（家內祭祀）
元宵節		Y		Y	Y	（土地、公會）
（錦田）洪聖誕				Y		
（粉嶺圍）太平洪朝				Y		
（金錢村）調朝				Y		
（金錢村）福德大王誕				Y		土地誕（長洲土地公、家內）
觀音開庫				Y		觀音誕（廟）
驚蟄打小人				Y		（島內土地）
（滘西）洪聖誕				Y		
清明節	1	Y	Y	Y		（墓、公會）
復活節	3					
北帝誕			Y	Y	Y	（廟）
天后誕		Y	Y	Y	Y	（廟）
勞動節	1					
長洲太平清醮		Y	Y	Y（長洲包山節）	Y	（醮棚）
佛誕	1	Y	Y	Y		

（續上表）

傳統節慶	香港的公眾假期（天數）	香港旅遊發展局 1*	Planet Hong Kong 2*	香港城市大學中國文化中心 3*	長洲鄉事委員會 4*	一個長洲家庭一年的祭祀活動（祭祀地點）5*
譚公誕		Y	Y	Y		
端午節	1	Y	Y	Y	Y	（家內）
關帝誕		Y	Y	Y	Y	（廟）
侯王誕			Y	Y		
魯班誕			Y	Y		
觀音誕			Y			（廟）
回歸紀念日	1					
七姐誕（七巧節）		Y	Y			（家內）
大暑、小暑						（家內）
盂蘭節		Y	Y	Y		（家內）
中秋節	1	Y	Y	Y	Y	（家內）
（大坑）舞火龍				Y		
猴王誕		Y	Y	Y（秀茂屏）齊天大聖誕		
（東涌）侯王誕				Y		
國慶日	1					
孔誕		Y				
重陽節	1	Y	Y	Y		（墓、公會）
冬至		Y				（家內、公會）
太平清醮						
聖誕節	2					

以下資料在 2003 年下載：

*1：香港旅遊發展局的網頁（http://www.discoverhongkong.com/）。

*2：Planet Hong Kong（http://www.planet-hongkong.com/festival.htm）。在節日與假期的項目下，包括國際舞獅大賽、香港國際馬拉松、香港藝術節、國際龍舟大賽、國際藝術嘉年華及國際兒童藝術節、馬季開鑼等。

*3：城市大學中國文化中心「傳統節誕」類（http://www.cciv.cityu.edu.hk/product/fest）。

*4：長洲鄉事委員會（http://cheungchaurc.com）。

*5：參考蔡（1994：14-16）。

*6：Y= 有記載

於香港節日的暢銷書所列舉的節日，包括了一些神誕（Law & Ward 1982）。至於香港城市大學中國文化中心的網站，以影像和文字來介紹香港的節誕，「講解其儀式和日程，希望能藉此幫助同學們跳出校園，親身體驗本地文化的特色，並提出一系列問題和相關網頁資料，刺激同學思考」。[2] 城市大學的網頁包括了有舉行大型社區性慶祝活動的節日，除了一些大傳統的節日外，對於節日的選擇和介紹事實上是頗為隨機性的。無論目的是向遊客推介還是教育學生，這些機構選擇和介紹的節日，與地域社區和家庭所選擇慶祝的節日都有顯著不同。這是因為前者指涉的對象是普同性的甚或全球性的，而後者是特殊性的、地域性的。假如比較長洲鄉事委員會的網頁所列舉的節日，我們可以理解節日和社區的密切關係。

地域社區對節日的慶祝與否是有選擇性的。作為代表長洲島的地方政府組織，長洲鄉事委員會的網頁只列舉了八個他們認為重要的傳統節日。這些節日包括一些普同性的、與大傳統接軌的節日，也包括了一些與廟宇神明有關的節日。同樣，他們沒有把一些普同性的但主要是家庭內舉行的節日包括在內，也沒有慶祝島上所有廟宇神明的誕生日。

（一）節

長洲鄉事委員會列舉的傳統中國節日，包括年（中國新年）、節（元宵節、端午節和中秋節）、誕（北帝誕、天后誕和關帝誕）和

2 「編者的話」，城市大學中國文化中心「傳統節誕」類（http://www.cciv.cityu.edu.hk/product/fest）。

醮（太平清醮）四類。中國人常說「過年過節」，年和節是要渡過的，因為它們是時間周期的關口。中國人把一年分為二十四個階段，由一個階段到另一個階段的轉折點是一個節，所以有二十四節氣。一般來說，節是全中國的、普同的節日，它們大部分和農業社會的生產周期和家庭安全有關，所以大多是在家裏慶祝的。假如家庭認為重要的話，就有或大或小的慶祝和儀式。例如長洲的家庭在大暑、小暑時會特別煮些祛濕的食品，在驚蟄時到社壇（土地壇）前祭白虎和打小人，在清明和重陽時到祖先墳墓和潮州會館拜先人，盂蘭節在家門前燒衣。但是，這些行為都集中在家庭的範圍，參加者都是家庭成員。這二十四節氣中有一些是對整個社區或社區內的某些群體有特殊意義的。例如其中四個節是把一年劃分為四個季節的節氣，它們也是家庭成員聚首團圓的時候。在長洲，這四個節日，除了冬至外，都有社區性的大型活動。年是把時間周期作為新的起始的節日，是社區去舊更新的象徵，所以也有全社區性的慶祝。從象徵意義來說，中國人的「節」是相互關聯，而非獨立存在的。假如我們進一步分析這些和家庭生活息息相關的大傳統節日，可以考察到三組幫助人們過渡在日常生活周期中遇到的危機的「節」日。

過渡一個重要的時間關口時常需要一段長的時間。根據傳統的禮俗，社區和家庭從一年過渡到另一年，時常是需要整整一個月的調整期。這個調整期從冬至家庭成員團圓開始，至元宵的社區活動而結束。傳統上，冬至之後，各家參拜家中和社區內重要的神祇，酬還一年中神明賜予的恩惠。農曆十二月二十四送灶神後、清算債項、年二十九祭祖等，一步步地清償精神和人間的債務，生活空間也從社區到家庭一步步地關閉。這個時候，個人和家庭沒有神明、祖先的護佑，所以是非常危險的關口。除夕和新年是這個關口的高峰，所以傳統上也要所有的成員共同渡歲。新年初一茹素之後，把祖先重新接回神台，通過拜年的活動把社會關係重新建立，初四接灶神之後，家庭重新得到神明的保護。宗族社會則會在這段期間登記過去一年出生的人口。然後，各戶會到各廟許願求福，燒十廟香。這樣地，社會才從家庭到社區，一步步重新開放。社區和家庭從關閉到再開，象徵着生活周期的再生的意義。此外，從年末酬神到年初祈願，是人和神的一種祈報和契約的關係。冬至和元宵是這個過程的兩端，而新年即是這個關口的轉折點。表 1.1 的長洲家庭在這段時間的活動如下（蔡 1994：21）：

農曆十二月一日開始	擇吉日拜祭各地方神
冬至	團圓
十二月十五	參拜家中神祇和重要大神
十二月廿四	送灶神
十二月廿九	祭祖先
農曆一月一日	祭祖先
一月四日	迎灶神
一月十日開始	到各廟上香（燒十廟香）

從農曆十二月到元宵節之間家庭和社區的活動綜合如下：

社區—家庭—個人—個人—家庭—社區

酬神—送灶—還債—訂約—迎灶—祈願

清算契約　　登錄丁口

關閉——共同生活——開放

假如從人和超自然力量的關係來考察「節」，由於這種陰陽循環的觀念，「節」幫助人們從陽的、受祖先庇護的世界，進入陰的、多重危機的世界，再過渡到陽的世界。元宵不但是象徵社區重開的關節，也是新的社會成員登記的時候，所以在新界的宗族村落有上燈的儀式，讓上一年出生的成員在祠堂或廟登記，正式成為社區的成員。在長洲，各個主要街道的街坊會以及島上的同鄉會都有為各自成員而舉行的慶祝活動。[3] 這是一個重新確認社區成員的節日。在一年中，不但要鞏固人與人的社會關係，同時也需要保持與陰界的關係。一年中，最少有四次和祖先有關的共同祭祀活動。人死後，靈魂和軀體分開，魂依附在神主牌而魄則埋在土裏。中國人相信木本水源，我們的現在和我們的祖先有很密切的關係。我們需要回報祖先遺留下來的福蔭。春分和秋分的祭祖，不單是對祖先福蔭的回報，而且是通過祖先的祭祀，決定誰有份、誰沒有份分享這些福蔭。在宗族社會中，並不是所有的子孫都享受同樣多的祖先的福蔭。以厦村鄉的春分祭族為例，同樣是鄧漢黻的子孫，有些在祭祖時可以拿到三、四份胙肉、有些只拿到一份。這是因為前者有幾代的祖先或對宗族有貢獻，或有留下一些嘗產，而後者的直系祖先則沒有。[4] 因此血緣並非決定有份或沒有份的條件，宗族內部的權利和義務亦非均衡的分配。所以我們對祖先的祭祀也有等差，並非所有的祖先在祠堂內都有神主。那些沒有被子孫拜祭的祖先，只是籠統地供奉在「歷代祖先神位」。同樣地，清明和重

3　關於長洲島的元宵節，參考本書第五章。

4　關於厦村鄉祭祖儀式，參考蔡（1997：6－7）。關於厦村的研究參考 Watson, R.（1985）。

陽拜祭的祖先也是有選擇性的。「我們的祖先是他人的鬼」，那些沒有被子孫拜祭的祖先，就如同孤魂一樣，會危害社區。盂蘭節是安撫和超度那些沒有在我們祭祀範圍內的靈魂的節日。假如把人和靈魂作為一個連續體，社區由元宵節確定成員身份，從一個充滿「陽」氣的世界，慢慢進入祖先、靈魂的「陰」的世界。因此和人及超自然有關的「節」，有着陰陽共濟、循環再生的意義。而「他」的背景是建基於我們在宗族社會中的「份」。因為「份」的關係，我們把一些個人或靈魂排除在社區的範圍之外。在擁有權力和義務的同時，也製造了危害社區的元素。故此，只有完成普同的救贖，把靈魂超度再生讓其可以重新進入人間社會，陽氣的世界才會回復過來（參見表 1.2）。

作為時間分段的「節」和生產有很大的關係。在農業社會，水是重要的生產資源，而火則是對收成威脅最大的元素。端午節和中秋節可以說是傳統生產季節的兩個指標，而中元節（或盂蘭節）則是確保從生產到收成的過程中，不出亂子的節日。在香港，這兩個節日的慶祝都強調了水（扒龍舟、洗龍舟水）和火（舞火龍、燈籠）的元素。家庭和社區對在生產和生產過程中可能遇到的危機的應對方法不同，因此端午節、盂蘭節和中秋節在社區和家庭都有不同的慶祝方法（表 1.3）。社區性的節的慶祝和集團的規模有很大關係。例如在長洲，元宵節是由街和同鄉組織主辦的；在粉嶺，元宵是整個彭氏宗族共有的，外人不能參與的節日。在市鎮的盂蘭節（或中元節）主要是潮州或惠州系移民舉辦的，而在長洲的惠潮系移民，因為在太平清醮時有祭幽儀式，所以沒有舉辦盂蘭節的祭祀活動。反之，長洲的水上盂蘭的祭祀活動，主要是水上居民組織和參與的。

表 1.2 節日與人、鬼、祖先的關係

節日	元宵	春分	清明	中元	重陽	秋分	冬至
主要目的	開燈	祭祖	拜墓	超度	拜墓	祭祖	團圓
地點	祠堂／廟	祠堂	墳墓	家／社區	墳墓	祠堂	家庭
對象	後裔	祖先	祖先	鬼	祖先	祖先	家庭
象徵意義	陽			陰			陽

表 1.3 與生產有關的節日

節日	端午	中元	中秋
象徵	水		火
功能	生產	危機	收成
儀式行為	扒龍舟	祭幽	舞火龍／燈籠

無論是家庭或社區，都是有選擇性的慶祝「節」，而慶祝的規模則視乎「節」如何影響祭祀社群的生活周期。一般來說，節是人和自然及超自然直接交往的活動，所以並不需要僧、道作為媒介。只有如元宵和盂蘭節等具備社區意義的節，才需要依靠僧、道的力量來保境祈陽，幫助社區去厄迎祥。[5]

---

5 新界一些原居民的村落如粉嶺會請紅頭道士裝扮成法師，進行洪朝的儀式。參考區、張（1994）。

（二）誕

中國人的神靈世界是人間世界的反射（Eberhard 1972: 2）。如人一樣，神祇也是有誕生日的。[6]「誕」就是慶祝神祇生日的節日。「誕」是陽的、喜慶的日子，因此並不需要僧、道作為與神明交通的媒介。對個人和家庭來說，在慶祝神明生辰的時候，用燒豬酬神，分享祭祀過神明的燒豬，從而分享神明的恩典和庇蔭，同時也把神明的威力通過香火或神明的行身帶回家中。因此在神誕時，除了燒香、燒大衣等奉獻外，還希望可以得到神明的回報。故此，當人們覺得不會得到回報的話，便不會慶祝這個神的「誕」。也就是說，慶祝什麼神誕是有選擇性的。

通勝列舉了一百四十七個神誕，可是沒有一個家庭或社區會供奉所有通勝羅列的神，所以也不會慶祝所有神祇的生日。如表 1.1 所見，這個長洲家庭只慶祝八個神誕。有些誕如天公誕、七姐誕是在家裏拜的，有些如觀音誕、關帝誕和北帝誕是在廟裏拜的，有些則是在社壇拜的。無論是否有壇、廟，這個長洲家庭都是有選擇地慶祝神誕。因此，假如和這個家庭沒有什麼關係的話，即使在香港被普遍認為威力巨大的神如車公、黃大仙的誕日，這個家庭也不會每年定期地前往賀誕。同樣，長洲島每一條街道都有社壇，但是他們只是到自己居住的街道的社壇拜祭。[7] 也就是說，他們並不會拜祭與其生活沒有關

6 在通勝列舉的誕期，只有觀音有三個誕，分別是其得道、出生和升天的日子。讀者可以參考香港永經堂每年出版的通勝。又參考 Law and Ward（1984）。

7 長洲島的舊墟市範圍內主要有北社、新興、大新、興隆四條街道，每條街各有社壇（土地壇）。這個家庭曾先後在新興街（1954－1966）、山頂道（1966－1977）、大菜園（1977－1979）和北社街（1979－　）居住。在新興街和北社街居住時，他們只會到該街的社壇拜祭，在不屬於舊長洲墟範圍的地方居住時，他們並沒有到任何社壇拜祭。

係的社壇。土地神的威力是受地域範圍限制的，而廟神的威力則可以涵蓋整個社區。可是，這個長洲家庭並沒有慶祝所有廟神的神誕。長洲島共有八座廟宇，其中天后廟有四座，而北帝廟、洪聖廟、觀音廟和關帝廟各一座。八座廟宇中，只有西灣天后廟、北帝廟和關帝廟有大型演戲賀誕活動。這個家庭也有參與慶祝這三個神誕。然而作為惠潮府系的人，他們在西灣天后誕和關帝誕時，只是到廟裏上香酬神。但是在北帝誕時，他們除了祭祀外，也有捐戲金和香油錢。而且他們和幾戶惠潮府的家庭組織了金豬會，在北帝誕時購買燒豬肉、元寶和北帝衣，共同慶祝北帝誕。至於沒有社區性慶祝活動的廟神，這個家庭並沒有慶祝主要是水上人拜祭的洪聖誕。除了北社天后外，他們在天后誕時也沒有到其他的天后廟拜祭。他們在天后誕時到北社天后廟酬神，是因為這是長洲最古老的廟，而且是從事與漁業有關的岸上人的廟。最後，這個信佛的家庭在觀音誕時都會具備素菜到廟拜祭。

作為長洲島的居民，這個家庭有責任慶祝社區性的神誕活動，但是參與的程度則和他們的族群身份有很密切的關係。對於是否慶祝沒有社區性慶祝活動的神誕，則是根據自身的信仰、神明的威力和回報來決定。由此可見，這個長洲家庭對誕有不同層次的慶祝行為，而這些行為是取決於靈驗和責任的考慮。

長洲鄉事委員會的網頁只開列了北帝、（西灣）天后和關帝三個有大型慶祝活動的神誕。也就是說，即使在社區內有專廟供奉的神，社區也不一定會集體地慶祝它們的誕生日。長洲島的其他五座廟宇雖然也有很長歷史，但卻沒有集體性的賀誕活動。這與長洲島的歷史發展和族群關係有關。大概到 1970 年代為止，長洲島主要是一個漁業的社會。水上人打魚，岸上人從事魚行、生活必需品的買賣、金行和飲食業。在舊長洲墟的範圍內是島上最古老的廟宇，它們包括北社天后廟、洪聖廟、大石口天后廟和北帝廟。兩座天后廟分別座落在舊長洲墟的兩端，標示了墟的界址。北帝廟座落在主要是惠潮府人居住的地方。我們對洪聖廟的歷史不太了解。但是從碑刻資料來看，北社天后廟和洪聖廟有較多的清朝官員餽贈的匾額。這兩個廟可能是早期從事漁業的人供奉的，也是代表長洲的、廣府人的主神。此外，從口述歷史和一塊在寶安會館的碑記中，可以知道在主要是廣府人居住和從商的大新街，原來有供奉關帝的關帝廳，但據說在十九世紀中後期，關帝廳逐漸荒廢。關帝的祭祀要到 1970 年代才恢復起來。無論如何，在十九世紀中後期，廣府人在島上的宗教角色逐漸淡化。他們組織街坊會和同鄉會，熱衷於地方事務的活動。同時，他們以街坊會和同鄉會的名義，大規模地舉行元宵節的慶祝活動。[8]

長洲島的民間宗教在清朝乾隆後期加入了兩個主要的元素：從事漁業生產的、主要在艇上居住的漁民在墟外，即島的西南較為偏遠的西灣建立天后廟，而惠州系的居民則在島的北部建立北帝廟。在長洲島西南的漁民主要從事淺海漁業，比較貧苦。他們的廟，並沒有官員紳達的捐獻和祝賀的匾額。但是它是代表漁業生產者的廟宇。原來從事遠海漁業、漁業加工和販賣的居民，主要集中在舊長洲墟的範圍內，供奉祭祀墟內的天后和洪聖，所以他們並沒有參與西灣天后廟的組織和神誕活動。至於北帝，原來是惠州人崇祀的神。十九世紀中

8　關於長洲島的節日，我們在第五章有更詳細的討論。

葉，因為太平天國之亂，很多惠潮府系的人逃難到這裏，他們在島上從事商業、遠航漁業和漁業加工的工作，在島上的經濟和影響力逐漸增加。北帝廟也因此被多次重修，廟宇規模日益宏大。十九世紀末，廣府人與惠潮府人達成協議，共同管理北帝廟，分別負責三次以北帝為中心的神功戲。因此從十九世紀末開始，北帝代替了天后、洪聖和關帝，逐漸成為長洲島上廣府人和惠潮府人共同的主神。以北帝為中心的兩個節日，即北帝誕和太平清醮，也逐漸成為全島性的慶祝活動。而從事漁業生產的水上居民則以西灣天后廟為中心，每年舉行大規模的慶祝活動。1970 年代中後期，由於人口流動的關係，很多長洲的居民遷離；同時由於房屋租金較便宜，也有很多人遷入。原來以族群為原則的居住範圍因而打破。在這樣的背景下，以廣府人為中心的長洲島商人建立了關帝廟，並且每年舉辦大型演戲來慶祝關帝誕。北帝誕、（西灣）天后誕和關帝誕這三個有大型社區性賀誕活動的節日，表面上是屬於整個長洲的節日，但是它們的深層結構與地域社區內的族群有密切的關係（參見表 1.4）。

要言之，誕是人和神直接交流的節日。就如人間世界一樣，是否賀誕、參與或組織神誕，是和個人或社區與神祇的關係，以及對神祇回報的期待有密切的關係。因此，如表 1.1 香港城市大學所列舉的誕，都是以地域廟宇的主神為中心，有濃厚的地域社區的性質。

表 1.4 長洲島的傳統中國節日與族群關係

族群 節日	岸上人			水上人	全島
	廣府人	惠潮府人	街坊會		鄉事委員會
元宵節	*	#	*	#	*
洪聖誕	@	@	@	#	
北帝誕	*	*	@	@	@
天后誕	#	@	@	*	@
觀音誕	@	@	@	@	
太平清醮	#	*	*	@	*
端午節	@	@	@	*	*
關帝誕	*	@	@	@	#
水上盂蘭	@	@	@	*	
中秋節	@	@	@	@	*

* 積極性參與：組織者與參與者
# 一般參與者：有捐獻
@ 消極參與者：只是參與祭祀

（三）醮

長洲島的誕與區內的族群有密切的關係，而長洲島每年舉辦的太平清醮則從以族群為中心的節日，逐漸成為代表整個長洲島，以至香港的民間節日的標籤。長洲島每年農曆四月上旬都會舉辦四夜三日的太平清醮的節日（Choi 1995）。這個據說有百多年歷史的節日，原來是惠潮府系的海陸豐人以北帝為祭祀中心的節日。十九世紀末年，長洲島的惠潮府人和廣府人達成協議，一年共同負責三次神功戲，其中一次是在北帝誕舉行，另外兩次則在太平清醮時舉行。長洲島太平清醮的主辦單位是「惠潮府」，儀式是由海陸豐系的道士主持，到 1970 年代末為止，象徵醮會的三座高大的包山是由惠潮系社團負責的，醮會的紙紮神像等也是由海陸豐系師傅紮作的。所以從儀式行為或組織結構來看，這是一個以惠潮府人為中心的節日。至於廣府系的居民，主要是通過街坊會來參與太平清醮的活動。廣府系的同鄉會並沒有參與長洲的太平清醮。他們的領袖雖然也在建醮委員會內，但是並沒有擔當實際的醮務工作，其角色是很邊緣的。至於島上的水上居民，主要是通過他們的主神西灣天后而參與打醮。嚴格來說，水上居民只是這個節日的消極參與者，因此在太平清醮期間，島上的漁船並沒有如農曆新年和天后誕時掛上七彩繽紛的旗幟。1980 年代中期以後，追求本土認同帶動了本地旅遊的熱潮，同時傳統宗教節日成為重要的文化資源。在這樣的背景下，長洲的太平清醮不單被視為長洲島的象徵，它也被離島區議會列為代表離島區的節日，並且被香港旅遊發展局作為代表香港向海外訪客推銷的文化活動。太平清醮的舉行日期一向是在農曆年初在北帝神前杯卜決定的，但是為了使節日舉行日期可以預期，從而吸引更多遊客，大概在 2002 年醮會在北帝神前杯卜決定節日的正日，此後定期在每年的農曆四月八日。[9] 這樣的決定無疑是把太平清醮由原來的族群中心的節日，推衍為一個屬於全島的、全離島區的，以至全港的節日。與此同時，從建醮時出版的特刊來看，鄉事

9 農曆四月八日為佛誕（浴佛節）。佛誕在九七香港回歸後成為香港的公眾假期。

委員會佔的篇幅愈來愈重要，其他族群在建醮值理會的人數也逐步增加，而且在節日的組織也逐漸重要。雖然如此，醮會總理仍然是由惠潮府系人擔當，儀式仍然由海陸豐道士主持。長洲的太平清醮也許可以說是在經濟和政治層面上逐漸脫離族群和地域的限制，可是在儀式的層面上，仍然保持着原來的社會功能和象徵意義。關於長洲島的節日和族群關係，我們在第五章會有更深入的討論。

那麼什麼是醮？醮的社會功能和象徵意義是什麼？香港的醮大都叫太平清醮和或安龍清醮。[10] 進行醮的儀式時（本地稱為建醮或打醮）所用的文書如表文、榜文、意文等，都會強調打醮的社區和日期，並且說明這是「保境祈陽羅天太平清醮」。換言之，醮是為了一個特定社區、特定群體在特定時間舉行的大型社區性的宗教節日。它的目的是保護這個社區，令其從危險的「陰」的處境重新回到「陽」的境界。哪個地域範圍、哪些社會群體可以通過這個節日而得到神明的保護，並且可以從骯髒污穢的世界再生？故此，從社會功能來看，醮是確認社區和群體界線的節日，有份的社區和群體便可以得到庇佑和再生。從象徵層面來看，醮蘊涵了社區人群的宇宙再生的世界觀。那就是說，社區和人群在日常生活的過程無可避免地犯下罪孽，受到污染，所以需要通過宗教媒介（喃嘸或經生），[11] 進行一系列的儀式，把人間世界重新回復潔淨。參與醮事，不單是社會責任或信仰的問題。社區

---

10 關於醮的研究，參考蔡（2000），我們在第三章會更詳細討論香港的醮的內容。

11 香港新界的醮一向是屬於龍虎山天師派的道士（本地成為喃嘸）進行的正一儀式。但自1980 年代開始，一些社區開始聘請全真系統的道教叢林如圓玄學院、青松觀等進行打醮儀式。這些制度化宗教的儀式執行人成為經生。參考蔡（2003：367－395）。

和群體是宇宙世界之所以可以生生不息的動力，是作為宇宙循環再生過程的不可分割的環節。

在香港，醮的周期長短不一。長的如上水六十年舉行一次，短的如長洲每年舉行。但是在農村社會，最普遍的是十年一個周期。打醮的日期也長短不一。短的如滘西的一天，但一般是三至五天。一般來說，農村社區的醮是在農曆十月、十一月農閒期舉行，而漁民社會則在五月、六月休漁期舉行。[12] 由於是大型的宗教節日，大部分社區都是在打醮當年的年初開始籌備，年中開始進行預備性的儀式(上表或通表)。醮正式舉行的期間會進行一系列的儀式。如圖 1.1 所示，在宗教儀式開始前，需要界定有份的人和社區範圍，所以要把地域範圍內的廟宇、土地、井泉、圍門等所有屬於社區範圍內的神祇都邀請到舉行儀式的醮場內，並且在醮場範圍豎立幡竿，標識儀式舉行的範圍。同時，有份參與的人都要在建醮期間齋戒、禁殺生。在喃嘸(或經生)把醮場內的神明開光、用符水潔淨壇場之後，社區便進入與日常生活相異的儀式世界。有份被保祐的社區成員，透過緣首(在這段期間侍奉神明的鄉民代表)和儀式執行人進行懺悔和向神明禮拜供食的儀式(三朝三懺)，祈求神明卸免在過去生活周期中所犯的罪孽；對天(飛禽)、地(幽鬼)、水(游魚)、陽(乞丐)各界行善的儀式(放生、祭幽)，希望他們從此不會危害社區；以及驅除社區內的煞氣和丟棄不潔的東西的儀式(照煞、行符、爬船)，從而令到社區和人群可以再次得到新生。在祭大幽把所有的幽魂野鬼送走之後，回復日常生活之前，

---

12 關於醮的儀式內容和地域差異，參考蔡(2000：第一章)。

社區會進行酬神的儀式，酬謝神祇的恩典之外，再次許願祈求神明在新的周期內保祐和賜福社區和人群。酬神之後，喃嘸會到有份建醮的各家各戶，潔淨灶頭和神台，各家各戶也把家內象徵污穢的東西丟到紙船上，再在社區的邊境燒燬。社區從此再進入新的生活周期。

在打醮的時候，有份者的名字不斷地在一系列的儀式中由儀式執行人誦讀。換言之，具備象徵意義的儀式，也界定了誰可以被保祐、誰可以得到再生。社區的疆界，也透過請神、行香（或巡遊）、行符等儀式行為而表現出來。圖 1.2 以厦村鄉為例，說明在儀式時表現出來的社區疆界是多重的。在強調誰有份的同時，也說明了誰沒有份。有份的話，即使已經移民國外，這個人和他的家庭成員的名字仍會登記在醮的人名榜上。沒有份的話，即使在社區內居住了好幾代，也不能在榜上登記，接受神明的庇佑，道士也不會到他們的家裏清淨灶頭和神台，扒船的行列也不會到他們家裏收集代表污穢的東西。儀式也界定了社區的地域範圍，那些有份參與的村落的名字會在打醮時的各樣文書中出現，村內的各個神祇被請到醮場接受拜祭和欣賞戲劇，它們的成員可以被選為緣首，代表鄉民侍奉神明，各村的領袖參與組織節日、青年舞獅、舞龍賀誕以及組織更練維持打醮期間的地方安全。行符儀式只會到有份的村落。打醮的儀式也說明了哪些是過去的同盟、友好村落。厦村鄉的打醮有三天的行香儀式，包括道士、舞獅、舞龍、鑼鼓、彩旗、父老的行列分別拜訪過去屬於厦村鄉約和械鬥時的同盟村落。假如在歷史上是敵對的的話，即使是同宗的、鄰近的村落，行香行列也不會拜訪。故此，打醮的儀式一方面是界定「我」的

圖 1.1 打醮與循環再生觀

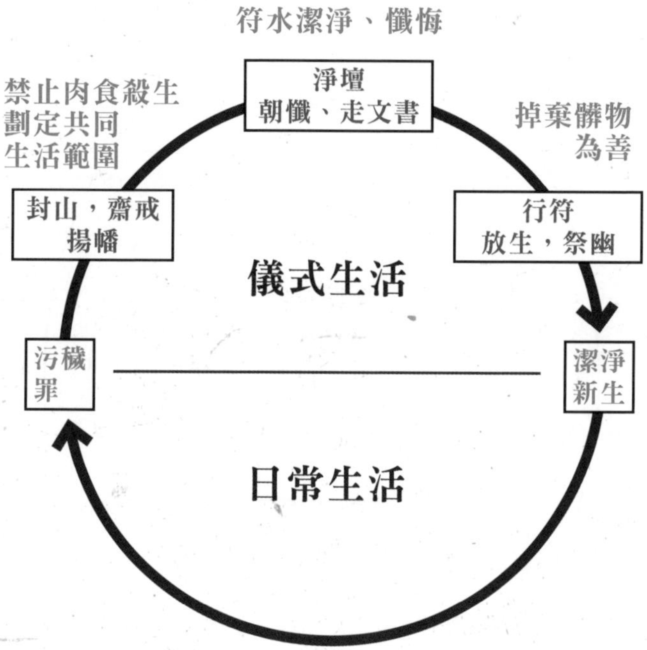

圖 1.2 打醮時所見的村落關係：以厦村鄉約為例

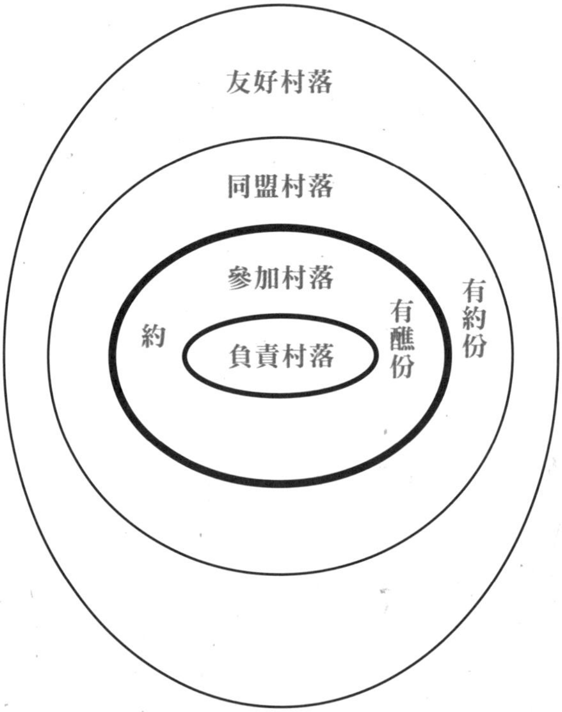

範圍，另一方面也是界定誰是「他者」。[13] 為了再生這個主題而舉行醮，同時具備了各種象徵意義和社會認同的功能。

（四）小結

節日把社會群體從日常生活帶入一個特殊的時間和空間。慶祝節日的群體實行一些與平日不同的行為。他們通過共同的生活或自我約制的行為，從一個生命階段過渡到另一階段（Falassi 1987：3）。無論是年、節、誕、醮，節日與慶祝群體有很密切的關係。個人和家庭慶祝節日的基本考慮是「靈」和「報」，所以是可以選擇的。社區性的節日和身份認同及區域界線有關，慶祝節日是一種社會責任，所以是規範的、非隨機性的。

四 家內和社區的祭祀

由以上的節、誕和醮的介紹中，也許我們可以視誕和非地域性的節為民間性的儀禮，而地域性的節與醮（包括誕醮合一的節日時的醮的部分）則是宗教性的儀禮。非地域性的節日主要是側重家內的、習慣的祭祀，而地域性的節日則是注重社區的、群體的祭祀。前者是加強家族和血緣集團的節日，而後者則是強化地緣集團的凝聚力的節日。一旦地域集團的凝聚力受到挑戰的話，社區性的慶典便會逐漸地

13 當然，社區界線是可以改變的。例如順風圍原來是屬於厦村鄉約的村落，1984 年因為經濟原因，沒有參加厦村打醮。

湮沒或被取代。例如在香港新界的屏山和八鄉等地都不再慶祝大規模的醮。迄 1970 年代中期為止，長洲島各主要街道的街坊會都有兩三晚的「唱女伶」活動來慶祝元宵節。但是隨着大量的人口移動（「原居民」的移出和外地人的移入），這種由街坊會組織的活動已不復見。代之者只是由代表島上居民（全居民）的官方機構「鄉事委員會」所支持的「唱女伶」活動。

鄉村現代化的結果亦使一些傳統慶典變形。雖然隨着外匯的增加以及現代化交通所帶動的鄉村經濟的發達，很多鄉村都把社區性的節日大規模化，往往一台戲就用上二三十萬港元，一次醮要耗上百萬元以上。表面上，經濟的發達加強了傳統節日的慶祝。然而，這些都是將節日的世俗部分隆重化而已，儀式的部分則逐漸不受重視，簡單化甚或被取消。娛樂鬼神的「傀儡戲」在許多鄉村中被「人戲」所取代，便是一個很好的例子。

當地域集團的組織和結構有所變化的時候，地域性的節日亦會有變化。假如地域性的祭祀是與靈驗和家內安全有關的話，它的持續與否，便會受到家族成員的信仰所左右。因此雖然集團性的祭祀取消了，信奉的家庭仍會繼續這種祭祀。也許我們可以用第五章所述惠州人信奉的北帝為例，來看地域性和家內的祭祀的關係。北帝由香港西環太平山街的惠州人家庭崇祀的神，演變為該地區的住戶所共同祈奉的神。然後由於政府的禁制，社區性的崇祀被禁止，因此該地的海陸豐人就把北帝移奉同是海陸豐人聚居的長洲島北社街。從此，北帝乃由一個移民的家內信奉對象漸漸發展為一個社區崇祀的神，其廟宇再演變為另一社區的祭祀中心。

祭祀幽魂野鬼是另一個例子。避免鬼魂的干擾是社區和家庭都關注的問題，因此集團的祭幽活動在很多鄉村社會都可以看到。很多家庭在移民後都不忘祭幽活動，然而只有在移民的集團組織出現之後，才有大規模的集團祭幽活動。例如日本華僑最初的大規模慶祝盂蘭，是在明治六年（1873）由寧波商人所舉辦的。在此之前，日本的華僑並沒有集體地慶祝盂蘭節（Choi 1988）。

由上可見，中國傳統節日的祭祀活動，是和「移民」與「土著」及「鄉村」與「都市」的因素有很密切的關係。了解醮和其他中國傳統節日的時候，亦要注意這些因素。尤其是當打醮脫離鄉村和土著性時，族群認同和地域範圍的界定漸成次要時，打醮的原來意義也慢慢消失。當鄉村社會愈來愈都市化，外來移民佔人口的比例愈來愈重，打醮的原有功能和象徵的對象已不復存在，醮的各種功能和象徵意義便為其他節日所取代。

五 總結

文化人類學家一般認為文化有四項主要特徵，即文化是共享的、文化是學習得來的、文化是通過象徵符號而表現出來的和文化是整體的（Haviland 2002: chapter 2）。作為一種文化的傳統宗教節日，無疑也具備這四種特徵。節日是生活的一部分，屬於社區範圍的成員可以參與節日。可是共享不單是參與權的問題，節日也是分享神明或祖先賜予的福蔭。所以假如把共享的節日的社區範圍擴展，節日的象徵意義和社會功能也不得不改變。故此，當長洲島的太平清醮從一個特別族群的節日衍變成代表全島的、全區的甚至全港的文化活動時，不同群體所共享的節日的內容便不相同：惠潮府系居民共享的是儀式和宗教性的層面，廣府人共享節日帶來的政治和經濟利益，地方政治團體和香港政府共享的是作為文化資源的節日，香港居民和外地遊客共享的是節日帶來的娛樂和對生活的調劑。因此作為文化的節日的共享性，因為參與團體而有層次的差別。

如蓋茨所述，節日有三個主要特徵：周期性、集體性和主題性（Getz 1991: 53-54）。香港的傳統中國宗教節日可以分為節、誕和醮三種。無論主要作用是把生活周期分段，幫助人們過渡這些生活周期的關口（節），還是慶祝神明的生日（誕），或是把社會或精神世界重新整理從而達至再生（醮），這些節日都是重複地在一個特定的周期慶祝。由於是周期性，社區內不同年齡組別的成員，在生命歷程中不同程度的、以不同的角色參與節日。他們從消極的節日觀察者與參與者，隨着年齡的增長而參加節日內不同的行為，年輕時負責事務性的、保安性的工作，成年後負責組織性的、社交性的活動，老年後負責監督儀式的過程。故此，節日作為一種文化傳統，就是這樣地通過周期性的實踐而一代代地留傳。

節日雖然也可以是抽象地在大傳統意識中存在，可是沒有社會群體便不會有社區性的慶祝。社會群體的結構直接地影響節日的規模。然而，社會群體的界線、社會群體的和諧以至社會群體內部的差異，會因為周期性的節日而不斷地加強、再定義或重新模塑。節日一方面表現社會群體的凝聚和分化，另一方面是加強或分化社會群體的元素。節日是群體成員共享的，所以節日的延續和變遷與社會群體界線的變化有密切關係。由於和社區群體息息相關，節日也隨着社群本身的變化以及社群對節日定義的改變而不斷的改變。所以考察香港節日的時候，需要注意香港本身的社會特質和歷史、文化的改變，這包括中國的傳統和國際的視野，本地和移民的社區，以及人口流動、都市化和政府的文化政策如何影響都市和鄉村的節日的結構和內容。

節、誕或醮都有它們特定的主題。在節日中，人們通過一些象徵的或實踐的行為，幫助渡過時間周期的關口（節）、慶祝神明的生日（誕）或把宇宙重新調整（醮）。然而，從具體的節日內容和儀式行為來看，無論是節、誕或醮，時常同時包括了另一些節日的主題。在這裏，並不是說天后誕就是關帝誕。這裏指的是一些誕或節會進行醮的宗教儀式。在醮的時候，也有賀誕時的儀式行為。這是因為節日都有共同的象徵意義，即是建立人和超自然之間的祈報和契約關係（許願酬還）以及循環再生、去厄迎祥的觀念。這些象徵意義和社會功能，和不同的社會群體有着共振共生的作用。

第二章

鄉村社會組織與生活：以西貢和粉嶺為例

在上一章，我們指出要了解香港的節日，必須從宏觀的角度明白中國的和西方的、都市的和鄉村的，以及本土的和移民的三組因素。我們同時指出，節、醮、誕三種傳統的中國節日在個人、家庭和社會上不同的意義和行為取向，前者與靈驗信仰有關，後者與社會責任有關。在這一章中，我們希望透過區域（西貢）和村落（粉嶺）的社會組織和社會生活，進一步理解節日在鄉民社會裏的位置。我們在這一章中一方面普遍論述鄉村的節日生活，另一方面以祭祀祖先和祈求子孫繁衍富裕的節日入手，討論鄉民社會中「生」和「死」的關係。

第一部分：西貢的社會組織和社會生活

一　村落發展與人口移動

1898 年中國政府把現在的香港新界地區，以九十九年期租借給英國。1898 年 10 月 8 日布政司駱克（Stewart Lockhart）完成《展拓香港殖民地界址報告書》（*Report on the Extension of the Colony of Hong Kong*）。報告書包括了兩個附件，這兩個附件列出香港新界的分區、村落和不同族群的人口數。報告指出當時租借予英國的地方，包括了 423 條村落，100,320 人，其中說圍頭話的本地村落佔 38%，人口佔 64%，平均每村人口 398 人；說客家話的客家村落佔 60%，人口佔 36%，平均每村 140 人。[1] 這個數字和 1911 年的人口統計數字相去不遠。1911 年的人口數字根據各村落的房屋數字來估計，[2] 包括水上人口共 104,101 人，其中新界北約共 69,122 人。

在 1898 年的報告中，現在的西貢地區的村落，分別記錄在雙魚和九龍兩區中（見表 2.1）。在雙魚區中，大部分的西貢村落都是在一百人以下。超過一百人的村落共十三個，人口 3,430 人，佔雙魚區內的西貢村落的人口一半以上（52%）。其中兩百人以上的村落，只有下洋（220）、沙角尾（250）、西貢（墟）（800）、蠔涌（600）和南圍（400）五村，人口佔雙魚區內西貢村落的 35%。在九龍區轄下的西貢村落數目較少，但平均人口則較多。其中兩百人以上的村落有孟公屋（350）和井欄樹（450）二村，佔九龍區內西貢村落人口的 40%。

表 2.1 西貢村落和人口數目（1898）

人口	1-20	21-50	51-100	101-200	201-400	400 以上	平均人口（西貢）	平均人口（該區）
雙魚區	16	18	29	8	3	2	6545/76=86	20750/180=115
九龍區			6	5	1	1	2000/13=154	14730/53=278

資料來源："Extracts from Papers Relating to the Extension of the Colony of Hong Kong", Appendix 5, *Hong Kong Sessional Paper*, no. 9 of 1899.

1 *Hong Kong Sessional Paper*, 1899, no. 9.

2 *Hong Kong Sessional Paper*, 1911, no. 17.

根據 1911 年新界北約的人口統計，西貢區共有 126 個村落、9,243 人（表 2.2），平均每村人口 73 人。其中客家人口共 6,599，佔全區人口 71%；本地人口共 2,633 人，佔 28%。鶴佬系只有 11 人。人口超過兩百的包括坑口（387）、孟公屋（434）、井欄樹（276）、南圍（324）、蠔涌（418）、西貢墟（512）、沙角尾（346）和深涌（226）八村。1898 年和 1911 年的調查是根據房屋數目來估計人口數字；而族群身份則是依靠被訪者的自我界定，而且這個數字並沒有包括水上居民。因此這兩個人口統計數字有很多值得商榷的地方。然而如果與全新界地區的數字作比較的話，可以有三點發現：西貢地區的客家人口相對地高，每村的平均人口相對地低，而且大部分村落都是雜姓村。比較 1899 年和 1911 年兩年的人口數字，也可以發現：（1）小村莊的數目急激增加；（2）一些人口原來不太多、但座落在重要灣頭的村落人口增長速度很快，如坑口由 80 人增至 387 人、深涌由 50 人增至 226 人；（3）中型的村落人口徐徐增加而（4）由於移居的關係，一

表 2.2 西貢村落和人口數目（1911）

人口	1-20	21-50	51-100	101-200	201-400	400 以上	平均人口（西貢）	平均人口（新界北區）
	40	41	18	19	5	3	9243/126=73	69122/598=116

資料來源："Report of the Census of the Colony for 1911", *Hong Kong Sessional Paper*, no. 17 of 1911.

些舊有的大村莊人口增長反而減少，如下洋（220至184）、蠔涌（600至418）、南圍（400至324）、西貢墟（800至512）和井欄樹（450至276）。這樣的人口發展趨勢，與西貢地區的人口遷移過程、地理環境和成為英國殖民地之後生計的變化有很大的關係。

西貢地區的人口和村落的發展，較其他新界地區晚。1688年編輯的（康熙）《新安縣志》只記載了沙角尾、蠔涌和北港三個現在西貢地區的村落。這三個發展最早的村落座落在區內主要的農耕條件較佳的河谷地方。大概在十五世紀末、十六世紀初才開基。居民主要是本地人。根據蠔涌張氏族譜的記載，他們的開基祖在明代成化時候，即十五世紀後半，輾轉遷徙至此。至於北港駱氏的開基祖維紳公，則在明末天啟年間向新安縣梅林村黃姓批耕北港地，「墾闢創業」。[3]

在1662－1669年間，為避免沿海居民接濟鄭成功和他在台灣的反清勢力，清朝政府實行遷界政策，把沿海居民往內陸遷移，並且施行海禁政策，禁止海上貿易。香港和現在的新界地區皆在遷界範圍之內。1669年之後漸次復界，政府同時鼓勵人民移民開荒。由於西貢地方沒有如新界北部地方般受到本地大族的控制，故吸引了很多客籍的移民。在康熙、雍正和乾隆三代盛世，一方面是新來的移民從博羅、歸善等地移入，開基立業。如成氏十六世祖檳元公在康熙初年因為動亂，由博羅到新安林村矮崗居住。三傳到十九世騰蛟公，於乾隆十年

3 《北港村駱氏族譜》。

從林村遷居孟公屋。[4] 另一方面，早期定居的家族在復界之後，因為人口繁衍，向河谷的上游或沿海地方再遷移。例如蠔涌溫氏分支大藍湖、馬鞍山、大埔仔等村；北港駱氏分支相思灣等。區域內再移民的發展，增加了村落的數目。1819 年的（嘉慶）《新安縣志》中，記錄了三十個西貢地區的村落。除沙角尾、蠔涌、北港外，為官富司管轄的還包括西澳、井頭、官坑、西逕、馬牯纜、黃竹洋、大浪、赤逕、樟木頭、田寮、大洞、上下輋、榕樹澳、滘塘（即高塘）、北潭、樟上等本地村落，以及井欄樹、上洋、芋合灣（即大環頭）、馬油塘、大腦、黃竹山、孟公屋、檳榔灣、爛坭灣（即萬宜灣）和荔枝莊等客屬村莊。

十九世紀中葉，因為太平天國的動亂，很多華南地區尤其是現在客屬地方的人因為「走長毛」而逃難到香港和現在的新界地方。他們開發了原來土地資源不太好的地方，增加了村落的數目。因此，在上述十九世紀末、二十世紀初的兩個調查中，記錄了八十多個至一百二十多個村莊的數目。另一方面，人口大量的移入和雜居，增加了雜姓村落的數目。

復界後和太平天國動亂後，是西貢地區兩個主要的人口和村落增加的時代。這趨勢也可以從表 2.3 的西貢地區廟宇內的碑銘記錄中反映出來。廟宇是鄉村社會活動的中心，從廟宇的捐獻和重修的記錄，可以推測到和廟宇相關的村落社會的活動關係。表 2.3 的五十一個記錄中，除了大廟的一塊碑記外，都是在乾隆之後出現，而且有八成的記錄是在十九世紀後半人口和村落急激發展之後出現的。

---

4 《成氏族譜》。

表 2.3 日佔前（1941）西貢地區廟宇內碑銘數目

	宋	乾隆	嘉慶	道光	咸豐	光緒	宣統	民國	合計
大廟	碑		鼎	鐘 2		匾 2 儀仗 布帳	對聯	對聯 爐	11
糧船灣天后宮		鐘				匾 2 碑 對聯 2 儀仗			7
鯉魚門天后宮		碑							1
布袋澳洪聖古廟			碑 匾			碑 布帳	碑		5
坑口天后古廟				鐘		碑 神檯 神龕 香案 匾 2、 對聯 石獅		匾	10
蠔涌陳氏家祠					功名 匾				1
蠔涌車公古廟						對聯 3 木轎 匾 儀仗		匾 碑	8
滘西洪聖古廟						匾 神檯			2
北潭涌大王爺							石 夾		1
西貢墟天后古廟								碑 2 匾	3
北港天后宮								匾	1
白沙灣觀音廟								鐘	1
合計	1	2	3	3	1	28	3	10	51

資料來源：科等編，1986。
（按：此書雖有遺漏，如十四鄉官坑七聖古廟的乾隆二十七年之銅鐘，但這是現存收錄香港廟宇碑銘最完整和包括範圍最廣泛的書。）

總結言之，西貢地區最早的村落是在明代中期開基、座落在有利於農耕的河谷地方的一些本地村莊。清初的遷界令（1669 年）和海禁令（1683 年）解除後，一方面是舊的村莊重新建立，另一方面，大量移民開拓了山麓和沿海的地方。加上海上貿易的發展，一些重要的海灣因為灣泊船隻和徵收關稅（如糧船灣）而發展成為重要的聚落。清初康熙、雍正和乾隆三代，加快了人口的增加。很多廟宇、祠堂是在這個時候興建。人口壓力亦同時加促了西貢區內的遷移和開拓。嘉慶十年（1805），在平定了以張保仔為首的海盜集團後，東南沿海相對地安定，海上的吸引力亦加促了擁有很多海灣的西貢沿海地方的發展。天后和洪聖這兩位保佑漁業和海上貿易的神明亦因而被尊崇。十九世紀中期，因為太平天國之亂，很多客籍人逃難而來。他們或融入舊有的村落，或開闢新村。西貢地區的村莊數目因而急激增加。舊的村落也加快了雜姓化，新興的村落則人口較少（馬 2002：73－103）。到英國租借時候，大部分村落是只有數人或數十人的擴張家庭（extend family）式「聚族而居」的村落。這樣的定居過程和鄉村人口數目和組成，與西貢地方的鄉村組織和居民的生活方式有很大的關係。

二 鄉村組織

由於山麓丘陵、平原少、海灣多的地理環境的關係，西貢地方的村落界線比較容易界定，而且也局限了人口的增長。即使到了二十世紀後半，西貢地方的總體人口和人口密度也是離島區以外最低的區域

（表 2.4）。因此較之新界北部，因界址和資源而產生的紛爭和械鬥也相對地少。所以在二十世紀初的警察報告中，西貢地區是新界地方中犯罪率最低的地區。如 1910 年新界地區 69 宗罪案中，只有 4 宗在西貢發生。西貢警署在 1900 年建於對面海。在二十世紀初，遼闊的西貢地區只有一間警署，七名警察。警察人數佔 6%（7/115）。治安相對地良好，與區內的跨村落和宗族的組織有密切關係。

表 2.4 1980 年代西貢的人口數字和密度

	1981 年人口普查		1986 年人口調查	
	人口	人口密度（每平方米）	人口	人口密度（每平方米）
香港島	1183621	15281	1175860	14942
九龍及新九龍	2449073	58578	2301691	54561
新界	1304119	1421	1881166	2036
（西貢）	（41881）	（334）	（45276）	（359）
合計	4936813	4760	5358717	5130

資料來源：香港政府統計處，《1981 年人口普查》，1981；《1986 年中期人口統計》，1986。

科大衛指出，香港新界的鄉村是以宗族和地域兩個原理組織起來的（Faure 1982: 174）。宗族的原理是指根據父系繼嗣關係，以祠堂、祖墳、族譜、祖嘗、族產為基礎建立的鄉村組織。地域原理建立的鄉村組織多是以大王土地、廟宇為中心。與新界其他地方不同的是，西貢地區的村落沒有如錦田鄧氏、新田文氏或上水廖氏等由單姓主導的、擁有很多科舉功名成員的地域宗族。在西貢科舉功名最顯赫的是蠔涌陳氏的武魁陳國岡。換言之，西貢地區的鄉村社會多是數姓雜居的社會，沒有受強橫的宗族集團所左右。因此，社區內的以祭祀和輪甲的方式結合成的社會組織更為重要。在比較大的村落，各戶通過「社」的組織輪流擔當鄉村事務。「社」是將鄉村有份的戶口分成甲，每甲輪流負責。有些村落有社牌，記錄了各甲的戶名和輪值的次序。以北港為例，北港主要有駱、鄭、李、劉和梁五姓。村中的社牌是木造的，放在駱氏祠堂（表 2.5），社牌上登錄了三十三個有份輪值的社頭，他們分為金、木、水、火、土五個甲，每甲各六或七個社頭。這些甲輪年負責村中「一切事務與公益」，尤其是村中重要的祭祀活動。這些節日包括觀音誕（正月十九）、大王誕（二月十五）、天后誕（三月廿三）、端午節（五月初五）、盂蘭節（七月十四）、十一月冬至、小年夜（十二月廿四）和大年夜（十二月卅日）。輪值的甲負責出錢買豬肉和酬神、拜祭等事宜。祭祀的經費全村分攤，由輪值的社頭收取。祭祀完畢，祭品由全村分享。[5]

5　口述訪問：鄭業，北港村 1981－5－14；SK 李耀庭，北港村 1981－6－23（存香港科技大學華南研究中心，下同）。

表 2.5 在北港駱氏祠堂內的社牌上登記的社頭人數

	姓氏						
	駱	鄭	李	劉	梁	不詳	合計
金	1	4		1			6
木	6	1					7
水	3	1	2				6
火	7						7
土	3		3			1	7
合計	20	6	5	1	0	1	33

資料來源：Faure, David, "Sai Kung, The Making of the District and Its Experience during World War II," *Journal of the Hong Kong Branch of the Royal Asiatic Society*, vol. 22 (1982), p. 177.

此外如孟公屋有五姓人，五姓祖先捐設公款。每年年廿八，在伯公前搭棚、掛燈、屠豬、分胙肉。又有社頭，由五姓輪流擔當頭人。通過共同的產業和祭祀活動，各姓以輪流合作的方式管理鄉村事務。[6]又如蠔涌各姓共同組織積善堂，設立積善社學。蠔涌共有十多姓，分為三甲：以人口最多的溫姓（太元堂）和張姓（孫隆祖）各佔一股，其餘各姓則合為一股。三甲輪流管理神誕酬神演戲、書塾教學以至調解鄉村爭執等事務。除了跨姓氏的地域組織外，這些大的村落也有多重的鄉村組織，其中最重要的是宗族的組織。如蠔涌人口最多的溫氏和張氏、功名最顯赫的陳氏等都各有祠堂、祖嘗和族譜。和新界其他

6 口述訪問：俞順興，孟公屋 1981－7－10。

宗族一樣，他們設立祖嘗、族譜。宗族內部分房，輪流管理。例如張氏分四房，輪年管理嘗產和祖先祭祀事宜。他們也以宗族集團的名義參與管理積善堂、車公廟和鄉村事務。[7] 又如蕉坑全村陳氏分三房，來自同一太公。他們有三斗種的太公田，由三房輪流耕種，並且以所得的一部分納糧和繳山稅。[8] 沒有族產的細小宗族如從下洋分支的白臘劉姓，1971 年才第一次回下洋拜祠堂。他們雖然在白臘有家祠，但沒有族譜，他們以下洋的家祠、字輩等，把兩地宗族成員團結起來。[9]

西貢的鄉村同時以宗族和宗教的力量，建立跨地域的組織。在清朝中期以來，西貢區域內的移民和分支的過程加劇了鄉村的雜姓化。一些新的移民為了保持鄉村內的競爭力，常常要與原來的宗族保持緊密的關係。一些宗族為了確保地域的影響力，也必須保持與外遷族人的聯繫。根據馬木池的研究，烏蛟騰李氏分支深涌、西澳、塔門等地，但規定分支外地的宗族成員不能另立祠堂。要成為烏蛟騰李氏的成員，必須每年回鄉（烏蛟騰）祭祖。初生男孩，也需要於翌年元宵回烏蛟騰的祠堂點燈。而且所有宗族成員，不輪是否仍住烏蛟騰，也需要在重陽時回鄉掃墓。所有的支出皆由祖堂的公嘗負擔。繼續成為原來宗族的成員、分享原居地的宗族的權利和利益的條件，是不能在僑居地另立祠堂，派分而出。馬氏指出，烏蛟騰李氏並非孤例。孟公屋成氏支分南圍、壁屋等村，他們仍然沒有在移居的地方建立新

---

7 口述訪問：陳勵棠，〈蠔涌村資料〉（手稿），1963－12－16；SK 溫日璈，蠔涌 1981－1－15；SK 謝明，蠔涌 1981－1－15；SK 張土，蠔涌 1981－5－29。

8 口述訪問：陳乙勝，蕉坑 1981－6－24。

9 口述訪問：劉生，白臘 1981－8－24。

的成氏祠堂。反之，他們每年年初二仍然到孟公屋成氏宗祠祭祖、在元宵時為新生男孩點燈。與仍然居住在孟公屋的成氏一樣，享有作為成氏宗族成員的身份、權利和義務。在節日慶典時，這些外出的成員亦以有份成員的身份，出資出力，參加盛會。例如在蠔涌十年一次的太平清醮時，相思灣黃、駱、林三姓中，只有林姓以從蠔涌支分的林姓成員身份參加醮事。其餘兩姓，由於並非由蠔涌支分而沒有參與。反之，相思灣的駱姓，由於是出自北港，所以以支分外出成員的身份參加了北港十年一次的太平清醮。也就是說，同樣是相思灣的村落成員，他們的跨地域網絡是根據各自的血緣、祖先而建立起來的（馬 2002：73－103）。

聯姻和建立擬似宗族是另一種建構跨地域關係的方法。孟公屋成氏和大水坑村張氏的關係最能對此作出說明。1979 年編著的《成氏族譜》記載了「第十六世祖諱檳元，妣鄒氏，生一子名國珍，度名法禎，自康熙初年，寇賊擾亂，由博羅到新安林村矮崗居住，公卒後，珍公幼，鄒氏招張人入屋，亦生一子，後遷大水坑，妣骸張公子孫荔枝裝屋背……」。國珍的孫騰蛟在乾隆十年（1745）從林村遷居孟公屋。這樣的同母異父的關係，建立了孟公屋成上穀堂和大水坑張永富堂的聯誼關係。每年春節，成氏都會到大水坑拜祖（西貢區議會 1996：39）。

除了血緣和姻親關係建立的地域組織外，一些村落是以祠廟為中心，結成地域聯盟。例如石坑和大埔仔張氏雖然是由蠔涌支分出去，但各自建立祠堂；而且和毗鄰的坪墩、鐵鉗坑、黃毛應、蛇頭、氹笏等村落，以石坑村旁的大王爺為中心，組成七鄉的地域聯盟（馬 2002：73－103）。每年二月十五日，聯鄉舉辦大王誕。同樣地，西貢北部的村落，以官坑七聖古廟為中心，結成稱為十四鄉的地域聯盟。[10]

綜言之，西貢的地域內和跨地域的鄉村社會組織是多元的。把血緣、地緣的傳統鄉村組織原理結合，加上了近代的以鄉村學校和教會為中心的方式，不但沒有把西貢的村落建構成互相排斥的單位，而且透過多重的結合關係，把各族、各村團結起來。西貢鄉事委員會的前身、1947 年成立的自治委員會和 1984 年倡議的抗日英烈紀念碑的建立，都是建基於這樣的跨村落、跨宗族的傳統。

三　農耕社會的節日與風俗

除了宗族和地域的原理建構出來的關係和組織外，還可以從個人、家庭，以至地域社會的禮儀活動和生活方式去了解西貢的傳統社會。在節日方面，除了一般的年節時家庭儀禮外，西貢地區有不少以廟宇為中心的跨村落、跨地區的宗教節日。它們有些是每年舉行的，以本地人、客家人、水上人為中心的神誕；有各種神誕，也有在香港主要是惠潮移民社區才舉辦的盂蘭節；還有周期性的本地農村社會的太平清醮和客家及水上人的安龍清醮。

（一）家庭儀禮：點燈與宗族成員身份的確立

一直以來，香港新界是以男性為主導的農村社會，土地財產的承繼、鄉村社會的管理、祖先的祭祀、生產和貿易等等都是以男性為

10《十四鄉官坑七聖宮古廟重修開光大典》，1998，頁 7。

主，因此男性丁口的多寡顯示了鄉村社會勢力的強弱。每年元月的開燈儀式，一方面將過去一年出生的男性丁口登記起來，另一方面透過儀式祈求鄉村男性人口增加，疫病不侵，保境平安。廣東話的「燈」字和「丁」字諧音，開燈就有開始丁口的意思。也就是說，在過去一年中出生的男孩，通過這一個儀式，就會正式成為社區的一分子，一方面為神明、祖先所庇蔭，可以分豬肉，可以分財產；同時要擔負保護鄉黨，恭敬神明，崇祀祖先的責任。

每年農曆正月的中上旬，西貢很多本地和一些客家村落都有開燈的儀式。在較大的、古老的村落，這些儀式大部分在祠堂或廟內舉行，也有些是在臨時搭蓋的神棚內舉行。[11] 一些小的雜姓村如高塘，沒有廟宇，也沒有祠堂，正月十五時，在伯公前上燈，有的把燈掛在樹上，有的拿回家中。[12] 當然，紮燈需要用錢，所以較窮的村落或人家，窮人家也有不在社區點燈，只在家中的神龕前舉行。在過去一年有男孩誕生的人家，會準備一盞紙紮的花燈，掛在祠堂、廟宇或臨時的神棚上。燈籠裏面放着一碟油燈。油燈的燈芯由專人早晚燃點，一直到元宵節結束為止。男孩的家人向神明祖先供奉牲果祭品，每日上香許願祈福，希望神明祖先保佑這盞代表男孩生命的油燈。元宵節結束，男孩的家人就會將這盞被神明祖先祝福過的油燈，放在一個放了米、芋頭、柚葉、柑、間尺等象徵吉祥的東西的斗桶中，然後捧回家中，安放在神台上。就這樣，這一家人為男孩帶回了祝福和幸福。

---

11 口述訪問：鄭榮，沙角尾 1981－6－5。

12 口述訪問：何帶，高塘 1981－6－10；SK 黃先生，高塘 1981－6－19。

男孩的出生不單是一家歡騰的事，而且是整個父系社會的大事。開燈儀式不單是要求神明祖先保佑初生的男孩，更重要的是把男孩正式地帶進社會中。通過了掛燈，在丁頭簿上登記上男孩的名字，宴請同鄉宗親飲丁酒、吃丁粥等，就好像滿月一樣，把孩子正式介紹給神明祖先和鄉親父老。同時，孩子在社會上的身份也藉此而得到正式的認可。男孩不單是個別家庭的成員，而且從此是社會的一分子，享受社會賜予的福蔭，也同時承擔服務社會的責任。開燈之後，男孩也第一次以社會成員的身份分到一份豬肉。在以後的日子裏，他會不斷接受豬肉，也需要不斷地貢獻給他所屬的社會。開燈儀式，不單是一個保佑祈福的儀式，也是一個確定社會成員身份的重要儀式。

（二）婚姻和社會關係

男婚女嫁，是人生一大盛事。在同姓不婚的傳統中國社會，婚姻嫁娶這個人生重要的禮儀，除了見證兩個人的結合之外，還是兩個社會群體最有效的一種結盟手段。在儒家禮範之下，理想的婚禮是要經過三書六禮，父母之命，媒灼之言，把兩個個人、兩個家庭和兩個社會群體結合起來。婚禮是一種生命儀禮，幫助個人順利地由一個社會群體過渡到另一個群體，從而使其更有效地適應改變了的家庭和社會的身份和位置。

本地或客家的婦女，無論在出嫁前或後，都擔當重要的主持家務、耕山種田、斬柴撿草，甚至挑賣的角色。婚姻是把一家的生產力轉移到另一家，因此一般鄉村都很重視婚禮的進行。結婚坐花轎，是一種明媒正娶的象徵，也象徵着一種正式的人力轉移。但是在西貢，並不是每一個村莊都備有花轎。花轎有木雕的，也有竹做的。在西貢的鄉民多向蠔涌、大藍湖、大浪或蛋家灣等地租用花轎。如大埔仔張伯的太太在1940年代出嫁時，便要花上百多元，從大藍湖請來花轎。[13] 又如高塘的何先生在戰爭時，向榕樹坳租用花轎，迎娶赤徑的妻子。[14] 這些花轎，一般是由二到四人扛抬。有錢人家可以請八至十二人扛抬的大花轎，但是需要到筲箕灣或般咸道請。有錢的也會僱人舞麒麟來迎接新娘。[15]

雖然西貢沒有像很多新界其他農村社會一樣，女子在出嫁以前，與同輩女孩在所謂「女仔屋」的閣樓中共同生活，唱「哭嫁歌」，但在我們訪問的老一輩西貢婦女中，也有強調女子出嫁要哭，而且要哭嫁一個星期甚至十天，直至眼睛臃腫。出嫁前夕上頭（客家人稱插花），學習新婦應有的行為規範。南圍的一位老太太憶述過去結婚前，男、女都要梳頭，男的坐在米斗上，女的坐在木凳上。也有些地方在祠堂或家中上頭，面向祖先，坐在放在大鍋中的上大下小的木斗，由人插花、洗澡、穿新衣。出嫁當日，她們穿紅色大衿衫，黑色竹布裙，到伯公、祠堂拜神。然後由媒人背負，上轎辭親。[16] 從哭嫁到上轎辭親，可以理解為新嫁女子投入夫家社群之前，從父母的社群中隔離，然後過渡到新的社群的重要過程。

結婚和出生都是人生轉折的重要關口。為了避免神明對初生嬰孩

---

13 口述訪問：張伯，大埔仔 1982－6－26。

14 口述訪問：何帶，高塘 1981－6－10。

15 口述訪問：俞順興，孟公屋 1981－7－10。

16 口述訪問：成元安、成廖氏，南圍 1981－8－21。

的嫉妒，上契認作神明的乾兒女，從而得到神明的保佑，避免厄運病疾。結婚既然是由一個社群到另一個社群，所以少時有上契的，在結婚前就要脫契。

結婚時女性要重新經歷一段再生過程。由脫契到辭親，女性離開了保護她的神明、家庭和社會。因此到達夫家的路途是非常兇險和充滿煞氣的。就如桃花女和周公鬥法的故事，傳統社會有一套辟邪擋煞的習俗，保護新娘到夫家。據南圍的成廖氏說，女子出閣須要手持紙扇，用傘辟邪擋煞。新郎在半路接新娘。到家門時，新郎要打轎門。有的地方則改以小孩打轎門。新娘則如桃花女趕煞一樣，用扇向小孩扇回去。[17]

由脫契到入男方的門，是女性經過最危險的象徵的關口。到了男家，新娘要重新投入一個新的社會環境，得到祖先和灶君的認可是最重要的。有祠堂的村落，新娘要到祠堂拜祖先；沒有祠堂的村落，如由孟公屋分支的壁屋成氏，在迎娶新娘前，男家會先派人到孟公屋成氏祠堂，稟明太公。拜祖後取香三枝，插在自備的香爐，拿回壁屋家中，象徵把太公請回。新娘入門後，只須要向香爐叩頭，不須要跑到孟公屋祠堂拜祖。新娘除了要拜男家的祖先，還要謝灶。成廖氏憶說：「要用松柴燒一大鍋水，放下九個碗及九毫錢。新娘要用手在水中逐一取碗及毫錢，用圍裙包好。」[18]

入門之後，除了得到祖先和神明的認可外，還須要由家庭到社

17 口述訪問：成元安、成廖氏，南圍 1981－8－21。
18 口述訪問：成元安、成廖氏，南圍 1981－8－21。同上。

區的認可。結婚不但是個人的行為，而且是影響着社會群體的結構。迎娶一個妻子，必需象徵性的得到村民整體的同意，所以很多時候會請整村吃飯。更甚者，如高塘的何先生，即使是在戰爭這樣困難的時候，結婚還需要請與高塘聯鄉的七條村落的鄉民吃飯。隆重的，會宴客三天。如北港的何先生結婚時，首天宴全村，次、三天宴幫忙的人。[19]

一般來說，族群之間很少通婚。換言之，說圍頭話的本地人和客家人之間很少通婚，客家人也很少和水上人通婚。就如璧屋的成先生說：「以前（客家人）是不與水上人結婚……只有窩美一姓何與水上人結婚。」[20] 在族群間的互婚較少、宗族內部成員之間不能通婚的情況下，在大的村落中有村內互婚的。至於小的村落，常常要依靠媒人。如璧屋的成先生，二十二歲結婚，太太是大環人，小成先生四歲，是由媒人介紹。成先生指出，「媒人平日常常到周圍的村，問人家的兒女有多大。有的媒人是專職的，亦有些媒人有耕田、養豬。」[21]

（三）社區性的祭祀活動

無論是年、節、誕、醮，都包括了家庭內和社區內的祭祀活動。有些是強調個人和家庭的生活秩序，或者是父系家庭成員和祖先的交流，有些是強調地域或跨地域的關係，通過對超自然的神明許願和酬還的過程，保佑個人和社區，並且通過宗教性的禮儀把有份的個人和

---

19 口述訪問：李九，北港 1981－6－23。
20 口述訪問：成遠雲，璧屋 1981－7－10。
21 口述訪問：成遠雲，璧屋 1981－7－10。

社區救贖，使之再生。除了宗教信仰的因素，傳統節日與個人和他的家庭所屬的族群及社區有密切的關係，是建構和確認社區成員身份，建立地域聯盟的重要手段。

西貢不單有不同的族群、宗教，而且是傳統中國節日的萬花筒。和其他鄉村一樣，西貢的村落慶祝的主要節日有新年、天機節（正月初九，拜女媧）、清明、端午、七夕、中秋、重九、冬至等。此外，西貢地區有不少以廟宇為中心的跨村落、跨地區的宗教節日。它們有些是每年舉行的神誕，也有周期性的醮；有以本地人、客家人、水上人為中心的神誕，也有以海陸豐福佬系移民以聖人公媽廟進行的盂蘭節。西貢的村落無論大小，都有井泉神和土地伯公，同時也會有些小廟。如蠔涌谷範圍內，有聖人公媽廟、大王祠、伯公祠、關大王祠等。然而，這個地區歷史較長的廟宇的主神，有保護水上居民和作業者的天后和洪聖，有象徵國家教化的車公和關帝，也有普遍中國人崇拜的觀音。

（1）神誕

「誕」是指神祇的生日。就如人的誕辰一樣，神誕是「陽」的，七彩繽紛的喜慶日子。因此在神明的誕辰向神明許願，向神明酬還過去一年給予的庇蔭，是沒有僧尼道士作為中介的必要。地區性的、以廟為中心的神誕，通常都是大規模的，有一連數天的演戲活動。

大規模的神誕慶祝活動，有滘西和布袋澳在二月十三日的洪聖誕，三月廿三日在大廟和糧船灣有大規模的慶祝天后誕的活動。然而，並非所有地方的天后誕都在三月廿三日舉行。坑口和西貢墟的天后誕是各值理會以杯卜的方法來選定的。廖迪生指出，當地居民認為由這種方法確定的日期是天后特別恩准的日期（廖 2000：98）。每年六月十九日是西貢白沙灣的觀音誕。除了大廟天后誕外，其他地方大規模慶祝的神誕，都有神功戲的演出。過去，在經濟情況稍差時，酬神演出的是木偶戲；經濟境況較好時，有演出四日五夜九本戲的。

除了演戲之外，一些神誕在正誕日有搶炮的節目。《（1997）白沙灣觀音古廟重建特刊》中指出，每年白沙灣觀音寶誕的「搶花炮」吸引了不少「村內村外的善信參加」。文中引觀音廟重建籌委會曾振先生的話，「（白沙灣觀音誕的）花炮共有三十一個，每個各有不同的吉祥寓意，例如第九炮就是『添丁發財炮』」（西貢白沙灣村公所 1997：24）。「炮」原來是指發射上天空的、雕刻上數字的彈丸，每個數字代表一個可以帶回家裏供奉的神的行身像。一年之後，取得「炮」的人和花炮會就要還「炮」。這個時候，神的行身會放在一個主要用竹和紅紙紮成的花炮內。花炮上裝飾了很多故事和神話有關的紙像。成員中有人在過去的一年添丁的，就會供獻子薑和紅雞蛋，求神保佑男丁平安地成長。這些花炮會再被編上號碼，成為搶炮的對像。

搶炮是非常刺激但危險的活動。文中引曾先生說：「自 1967 年政府禁止燃放鞭炮後，這個搶花炮的儀式已改為抽籤形式，刺激性降低了，但熱鬧程度未減。」（西貢白沙灣村公所 1997：24）抽籤儀式一般在正誕日，在戲班演出「天姬送子」後舉行。抽到花炮的花炮會會用杯卜的方法，決定哪位成員可以保留花炮內的神像。子薑、紅雞蛋和酬神的燒肉分給會員。掛在花炮上的福物如紅布條、花燈等寓意吉祥的物品，會在當晚的宴會中競投。到翌年的誕期，抽到花炮的花炮會要送回一個花炮。地方社會和集團通過演戲，通過花炮，通過向神明許願酬還，把成員凝聚起來。

（2）醮

「醮」是一個具有多重目的，包括天、地、水、陽四界，人、鬼和神的節日。對鄉民來說，「醮」是一個祭陰祭陽、許願酬還的節日。因此在打醮的過程中，我們可以看到在盂蘭節時的祭幽儀式，也可以看到在神誕時的酬神活動；可以看到在盂蘭節時監視孤魂野鬼，分衣施食的鬼王（或稱大士王），也可以看到神誕時的舞獅、舞麒麟。

在西貢地區，我們可以考察到三類周期性的醮。在本地人聚居的、歷史比較長的村落如蠔涌、北港和沙角尾，每十年舉辦一次大規模的「太平清醮」的節日。雖然沙角尾在戰後已經停止舉辦這項活動，蠔涌和北港仍然每逢庚年（如 1980 是庚申年，1990 庚午年，2000 庚辰年）舉辦。蠔涌和北港的「醮」是在 10 月農閒後舉行。

「醮」是一個祈求潔淨、赦罪和再生的節日。打醮時進行一系列的儀式，如取水淨壇，每天三次的行朝拜懺、走赦書、放生、祭幽和行符等儀式，象徵着懺悔、行善，然後污穢罪孽掉棄，從而社區和成員都可以得到再生。因此打醮是須要通過喃嘸道士進行的儀式，才可以達到再生的目的。另一方面，從社區和族群的層面來看，「醮」是一個規定社區範圍和再確定成員身份的節日。所以參加祭祀是作為社區成員的義務，神祇的靈驗與否只屬次要。打醮時的揚幡、行鄉、啟榜等儀式，就是把有份被神明保佑的人和地域重新肯定（關於蠔涌醮的日程，見表 2.6）。

表 2.6 1980 年西貢蠔涌建醮日程表

日期	時間	事項
12 月 27 日 （農曆 11 月 21 日）	13：00	旛竿（揚旛）
	15：00	取水
	16：00	啟壇
	17：15	開光安奉
	19：00	開經
12 月 28 日 （農曆 11 月 22 日）	09：00	早朝
	11：00	午朝
	13：00	禮斗
	15：00	晚朝
	19：00	打武（打武禁壇）
	20：55	小使
12 月 29 日 （農曆 11 月 23 日）	09：00	早朝
	11：00	午朝
	13：00	禮地斗
	15：00	晚朝
	16：00	啟人緣榜
	17：00	送攬榜公
12 月 30 日 （農曆 11 月 24 日）	09：00	早朝
	11：00	午朝
	13：00	走文書（走赦書）
	15：00	晚朝
	16：00	放生
	18：45	放大幽（祭大幽）
	21：30	大士出遊、化大士
12 月 31 日 （農曆 11 月 25 日）	09：55	酬神送聖
	10：25	分龍水
	10：55	扒船拉鴨（行符）

資料來源：王 1994：242

有份的人和地域，即使不在蠔涌附近，也會被包括在範圍之內。例如蠔涌和北港的醮，包括了很多移民外國的人和從蠔涌分支出去的大埔仔溫氏和相思灣林氏。可是，假如沒有份的話，即使在蠔涌附近居住，也不會受到神明的庇蔭。例如蠔涌谷附近的水口村和陂頭村是來自海陸豐的移民，雖然也有捐錢，但由於不是原居民，名字不能載在人緣榜上，也不能參與醮事。他們在每年農曆七月，以聖人公媽祠為中心，另外舉辦盂蘭節，祭祀孤魂野鬼（王 1994：233－258）。

（3）安龍

客家村落的井欄樹以邱雲龍堂為中心，每三十年舉辦一次「安龍清醮」。最近一次是在 2011 年舉行。1981 年，即辛酉年十月十六至十九日舉行。法事共三日四宵。井欄樹的安龍儀式可能是全香港所稀見的。因為包括高流灣、塔門等地的醮儀，無論稱為「太平清醮」或「安龍清醮」，主要都是以龍虎山天師派的正一清醮儀式，至於近二三十年開始的由圓玄學院主持的醮，則是根據全真系統的儀式進行。井欄樹的安龍清醮是唯一根據閭山三奶派的儀式進行的。在 1981 年舉辦的安龍的儀式如下：

繆庚來師傅執行的 1981 年井欄樹安龍道場法事會程序：

頭晚：請神、發功曹、迎神、奏狀、發請龍牌、安更

二日：開更、安旛、安大士、監齋、眾神、迎龍取水、掛榜、發招兵牌、掷旛

二晚：拜上元懺、拜神、拜七星、拜太上老君、安更

三日：開更、掷旛、招兵、安總灶、拜神、掷旛

三晚：拜中元懺、拜玉皇大帝、唱街歌、安更

四日：開更、挪旛、上眾信表、挪垃圾、坐水台、放水燈、放生、施沉淪衣食、挪旛、送監齋

四晚：謝旛、拜下元懺、行香、坐大台施衣施食、散龍、作龍、功德完隆。

雖然井欄樹的安龍清醮中包括了一些在正一醮儀中同樣的儀式，如上表、揚旛、取水、上榜、拜懺、行朝、放生、祭大幽、扒船等，但是在程序上與正一醮儀不一樣，在儀式上多了很多招兵招將的儀式、上刀山、下油鑊的儀式。最後將一些載着食物的碗埋在山上的安服土龍的儀式等，都是正一醮儀所沒有的。此外，法師的衣著大部分是穿紅裙、帶紅巾、吹號角。和一般的正一喃嘸不同的是其中一位主持法事的法師男扮女裝跳神。據華德英和羅美娜在 *Chinese Festivals in Hong Kong* 中指出，懂得執行這樣的儀式的法師，在香港只有一人（Law and Ward 1982）。井欄樹的閭山派安龍清醮也是香港所僅見的，就如其他地方的醮一樣，井欄樹的安龍清醮以及其他舉行誕醮合一的地方，一方面象徵性地把本地的污穢去除，在精神上重新建立新的社會；另一方面，通過儀式，把人群、社會的身份關係重新建立起來。2011 年因為請不到閭山派的師父，乃由本地的喃嘸師父執行正一派的清醮儀式（蔡志祥、韋錦新 2014）。

（4）誕醮合一

漁村社會的打醮，多在海港附近，農曆六七月漁汛期來臨前舉行，而且很多是與洪聖、天后等神誕接連在一起。也就是說，在神誕

之前，舉行一至五天不等的打醮儀式。在西貢地區，滘西德洪聖誕正誕前一天，進行一朝醮的儀式。在糧船灣，則「三年兩醮」，每隔一年，在天后誕正誕前舉行醮儀。儀式方面大概和上述太平清醮相若，只是比較濃縮和簡短。

糧船灣的醮誕合一，是隔年舉行的。以糧船灣天后廟為中心，由東丫、北丫、白臘、沙橋等村與水上居民合力舉辦。打醮時才會做大戲，該年如不用打醮，便不會請戲班，只在三月二十三日齋戒，白天讓村民善信往拜天后而已。1998 年糧船灣舉行醮誕合一的慶祝活動，在農曆二月十五日村民便在天后前抽出十位緣首，緣首必須是本村村民。抽出的十位緣首必須參與打醮的各項儀式，在天后出巡時負責抬神輿。村民在三月十五日開始齋戒，並由大會聘請喃嘸先生主持打醮儀式，儀式由大戲開鑼前一晚開始，至三月二十二日晚化大士後便算結束，村民便可開齋；二十三日為天后誕的正誕日，正誕日天后會乘船出遊，場面熱鬧。

四 小結

香港的傳統節日，除了象徵意義外，還包括了很濃厚的社區和集團意義。因此一旦地域集團的凝聚力受到挑戰的話，社區性的慶典便會逐漸地湮沒或被取代。同樣地，鄉村現代化的結果亦把一些傳統節日變形，一方面，經濟發達把傳統節日的世俗部分隆重化，儀式的部分則逐漸簡單化或被取消。娛樂鬼神的木偶戲在很多鄉村中被人戲取代，便是一個很好的例子。在現代化的過程中，傳統節日如龍船競渡等國際化和觀光化的結果，也把地域界線、城市和鄉村，以及本土和移民的因素慢慢地模糊起來。隨着移民的關係、家庭和鄉村組織的變化、政府的介入等，一些富有濃厚地域和集團意義的傳統節日，也慢慢地演變成為無界限的文娛性節日。

總結而言，在上世紀六七十年代以前，西貢地方的鄉村組織、生活與地域環境、定居過程和人口結構有密切的關係。隨着經濟生活的變化，加速了近代化的進程，同時也改變了社會生活的面貌。一些在過去的生活儀式如婚禮時的花轎、販賣柴草等，已不復見。然而，在政治、社會、經濟日漸近代化的同時，一些對於人群社會的身份認同，以及對鄉村凝聚非常重要的節日和儀式，仍然保留了下來。節日和儀式的精髓是建構身份認同的重要元素，也是社區建構關係網絡的重要資源。因此在西貢，國際龍舟節把傳統地區意義的端午節國際化了；有些由節日定義的地方區域界線，如蠔涌的醮、滘西的洪聖誕，因為人口流動、經濟變化和社區擴張而改變。西貢地方的鄉村社會在近代化的歷程中，有着嶄新的面貌，同時也保留了傳統的精髓。在這樣的意義下，傳統是一種重要的文化資料，需要我們珍而重之。

第二部分：
祖先與子孫的節日：粉嶺圍彭氏的洪朝、清明和太平清醮

宗族村落的視角

新界的居住族群主要是宋明以來在此開基的、說圍頭話的「本地」人，以及清初復界以後移入的「客家」人。新界的大族主要是「本地」。自 1950 年代傅利曼（Maurice Freedman）的研究以來，新界的研究多集中在大宗族的問題上（Johnson 2000）。[22] 作為族群構成的主要元素，這些宗族當然定期的在祠堂、墳墓祭祀祖先。同治十一年的《（南頭黃氏）維則堂族譜》謂：「歲時祠祭墓祭、竚立拜奠、昭穆之序、各有定位、由尊至卑、以次而降、不得前後顛越、則威秩然而禮教不失。」（黃 1974：卷上頁 5）祭祀祖先是確定人倫身份、階級次序的重要工具。然而，這些宗族的祠堂裏，大的也不過安奉一百多個神主。墳墓祭拜也分始祖、先祖，儀式的隆簡及參與群體的多少皆有顯著的差別。同時，也有很多祖先不在祠祭、墓祭之內。祖先祭祀通過定期的節日不斷在子孫的生活中重複。假如祭祀是把對祖先的記憶不斷強化，那麼，我們是如何選擇祭祀哪些祖先的？

22 關於香港新界的研究，Johnson（2000）有扼要的提要介紹。

本部分以1980年代香港新界粉嶺圍彭氏的洪朝、清明和太平清醮為例，[23] 一方面探討周期性節日如何幫助我們理解地域宗族社會的組織，另一方面嘗試討論祖先和子孫的親和與對立的關係。在香港新界的地域社區，這三個節日都有共同的象徵意義，即：建立人和超自然（祖先、神祇）之間的報和契約關係（許願酬還），以及幫助社區和社區的成員去厄迎祥、重獲潔淨和新生的觀念。進一步來說，節日也反映了人間世界和幽冥世界的互補和對立的關係。無論是在墳墓或祠堂，我們都是有選擇的拜祭某些祖先，因此被祭祀的祖先是有限的，不被祭祀的祖先不斷地通過祧祖的過程而增加，或為綜合的失去個人性格的「先祖」，或為無祀的幽鬼。因此，祖先的庇蔭雖則澤及子孫，生生不息的子孫一方面面對有限的資源分享（祖先遺留的胙和紅金），另一方面面對失祀靈魂帶來無限兇險的可能性。在祀與不祀的選擇過程中，我們可能需要考慮祖先是友善的還是惡意的？祖先與子孫是否有競爭關係？

粉嶺是香港新界北部的單姓宗族的鄉村集落（圖2.1）。粉嶺的鄉民非常強調他們良好的宗教傳統。1960年代以後，雖然很多鄉民移民外地，但在重要的節日他們仍然風塵僕僕地回來參加祭祀活動。在這樣強調傳統的單姓宗族社會中，我們嘗試解構他們的儀式性節日，從而討論地域宗族社會面對的生者和死者的兩難局面，考察節日如何調和地域宗族中的祖先和子孫之間的協和與敵對關係。

23 1980年、1981年，筆者先後考察了香港新界北區粉嶺圍彭氏的三個節日：十年舉行一次的太平清醮（1980年12月12日至16日）、每年正月舉行的太平洪朝（1981年2月18至20日）和清明節（1981年4月5日）。

圖 2.1 香港地圖：本書著者考察過的醮

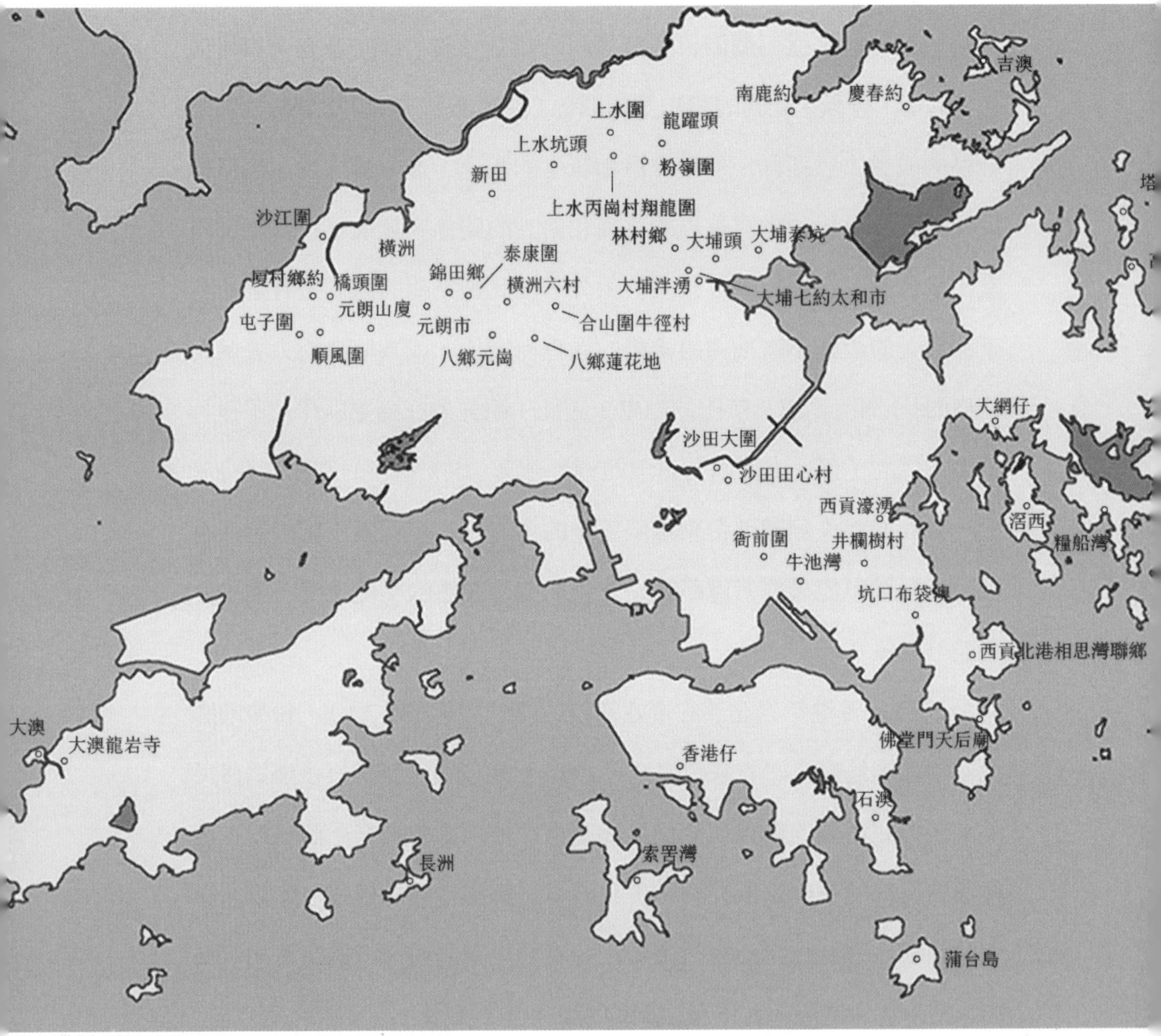

（一）粉嶺圍彭氏的移民、開基與定住過程

粉嶺彭氏的開基祖在宋末時卜居廣東省寶安縣的龍山地方（現香港新界北區的龍躍頭）從事農耕。鄉民傳說桂公是新界北部大族龍躍頭鄧氏的傭工，為鄧氏開闢土地。[24] 彭氏後來從龍山遷徙粉嶺樓。萬曆年間，復遷居粉壁嶺，建立圍村以及在圍之北村外建立宗祠。[25] 隨着人口的增加，彭氏從圍村向周邊擴張。現在的粉嶺圍村包括了圍內村、圍外的北邊村和南邊村以及掃管埔村。彭氏由第三代開始分三房。長房啟崗祖的後人主要在粉嶺村聚居，第三房啟後祖的後人仍然留在粉嶺樓，二房啟璧祖是三房中人口最多、分佈最廣的房派。他的第五代的一支留在粉嶺樓，第八代的一支移居焦徑彭屋村，第十代分支移居掃管埔，第十二代分支移居大埔汀角村（見表 2.7）。從十七代開始，很多彭氏族人移居海外，佔十七世以降 2185 人中的 30% 強（658 人）。

24「宋始祖彭桂公……妻王氏、生一子名迪然。公以稼穡開基。始卜居寶安縣龍山（焉）、後因鄧姓由莞城而來與祖為鄰。後龍山為鄧姓所僭，公之子孫因徙居樓村。後子孫於萬曆年間復徙居於粉壁嶺、遂立圍以居。」載族譜編輯委員會（1989：80）。參考《彭氏家譜》（抄本，1971 年粉嶺樓彭錦華編錄，收於北區文獻第二冊）、《彭氏族譜》（抄本，收於粉嶺文獻第五冊）。鄉民傳說粉嶺彭氏和龍躍頭鄧氏永不通婚。緣桂公為龍躍頭鄧氏傭工、開闢土地。後因於鄧氏祖婆有私被逐。鄧氏後人即彭公後人。參考族譜編輯委員會（1989：60）。

25 彭炳福以為桂公於 1220 年徙居粉嶺樓。明初根據堪輿師的指引，在現在的圍內村立屋四十二間，建立圍村。然而，桂公與子迪然（法廣）的墳塋仍在龍山（彭，1989：59）。

表 2.7.1 彭氏各世代人口數

世代	啟崗祖	啟璧祖					啟後祖	合計
	粉嶺村	粉嶺村	掃管埔	粉嶺樓	焦徑彭屋村	大埔汀角村	粉嶺樓	
1	1							1
2	1							1
3	1	1					1	3
4	1	3					2	6
5	4	5		1				10
6	1	7		1				9
7	3	10		2				15
8	3	19		1	1			24
9	2	23		1	1			27
10	3	30	1	3	1			38
11	7	45	1	1	1			55
12	11	59	2	2	1	1	1	77
13	18	83	4	3	1	3	2	114
14	18	122	6	5	4	5	2	162
15	47	158	15***	19	7	5	2	253
16	59*	185**	14	32	11	4	3	308
17	84(9)	247(13)	19(1)	39	11	8	3	411
18	95(41)	303(77)	39(11)	52	7	12	4	512
19	112(66)	370(160)	34(15)	51	7	19	6	599
20	63(39)	311(156)	9(6)	7	14	27	2	433
21	13(7)	144(71)	4(3)		10	14		185

（續上表）

世代	啟崗祖	啟璧祖					啟後祖	合計
22		30(13)	7(7)		6			43
23		1	1(1)					2

資料來源：《彭氏桂公祖系族譜》，頁 80－358。
* 十六傳根賢公、子林發，1982 年起現任族長（頁 96）
** 十六世加壽公、（1975－1981 年族長）（頁 181）、十六世廣全公、（1968－1981 年族長）（頁 182）（按廣全應為 1968－1975 年族長）
*** 十五世祖興遠公（1940－1951 年族長）、十六世容福公（1951－1956 年族長）（頁 302）
（）僑居外地族人

表 2.7.2 粉嶺彭氏有關的村落的人口

	1899*	1911**	太平清醮上榜人口（不包括粉嶺樓、汀角村及未登榜者）***					
			1930	1940	1950	1960	1970	1980
粉嶺村	1200（本地）	472+442=914	970+	1100+	1600+	2200+	2454	2762
掃管埔		22+21=43						
粉嶺樓		46+45=91						
焦徑彭屋村								
大埔汀角村	650（本地）							

* "Extracts from Papers Relating to the Extension of the Colony of Hong Kong", Appendix 5, *Sessional Paper 1899*, no. 7, p. 22.
** "Report on the Census of the Colony for 1911", *Sessional Paper 1911*, no. 17, p. 103 (32)
***《彭氏桂公祖系族譜》，頁 50

根據彭炳福的推斷，粉嶺彭氏的發展大抵可以分為幾個階段：(1) 宋末移民到龍山地方；(2) 明初定居粉嶺村、建立祠堂；(3) 明萬曆期間建立圍村、聚族而居、建立保護地域社會的社壇（本境庇佑社稷大王神位）；(4) 清初遷界令人口流失、復界後有落籍他鄉者不再返回粉嶺者。汀角、焦徑和掃管埔的彭姓族人，據說是在復界時候定居下來（族譜編輯委員會，1989：60）。彭炳福進一步指出：「於數百年以來，我族村民往外謀生或航海生涯者，因時局戰禍驅使，未能回鄉，落籍海外或不知所蹤者甚多。」[26]（族譜編輯委員會，1989：60）人口聚居和流散的結果，使社區需要建立認祖歸宗、身份確認的機制，一方面強化族群的關係，另一方面防止族產、祖嘗被掠奪。常規性的節日具備了這樣的定期強化族群身份的任務。1980年代，屬於粉嶺一圍三村整體的廟有一間（三聖宮，有乾隆時候的匾額）、大王爺（土地社稷之神，雍正時已立）一座；屬於所有彭氏族人的祠堂一座（彭氏祖祠）。此外，每一圍或村都有一擁有嘗產的堂，如圍內村的保合堂、南邊村的南慶堂、北邊村的大慶堂。過去每村之間都有地界以及屬於本村的土地（社稷神）。彭氏祖祠屬於「公頭」。房支則有跨村的家祠，如同協堂、積慶堂、拾桂堂、大德堂、寅峰家祠等。

為了報答倡議復界的兩廣總督周有德與廣東巡撫王來，新界北區

---

26 據「本圍彭族系支及僑居海外者分佈概略圖」（族譜編輯委員會，1989：52），粉嶺圍彭氏分支的關係如下：

粉嶺圍	南邊村	大益村、中心村、南邊新村
	圍內村	大埔汀角村、焦徑彭屋村、掃管埔村
	北邊村	
	粉嶺樓	韶關河源

在海外的族人人數人下：中南美洲80人、北美洲160人、紐澳及南洋100人、亞洲大陸及其他1500人、歐洲大陸500人、英國1600人、中東非洲30人。

的鄉民在上水石湖墟建立報德祠奉祀周王二公。掌握報德祠資源的族群，就是所謂的新界五大族（廖、鄧、文、侯和彭）（Baker, 1966: 25-48）。[27] 管理報德祠嘗產的地域宗族原來並不包括粉嶺彭氏。1904 年報德祠改組，成立新約，粉嶺彭氏才加入這個地域精英的集團。[28] 彭氏沒有顯赫的科舉功名，二十世紀初地域宗族地位的改變，不僅因為它是二十世紀初新界北區人口較多的鄉村，而且和它的土地擁有率有關。彭炳福指出，粉嶺彭氏「祖、堂及族人土地闊源，東至龍躍頭、南至和合石、西至丙岡、北至上水之地域。1903 年，新界租屬英廷，遂編訂土地糧冊，管業執照第五十一約及九十一約及其它毗鄰與山頭之地，多屬我族族堂及族人所有」（族譜編輯委員會，1989：60）。陳蒨（Selina Chan Ching）整理香港政府田土廳的土地糧冊（Block Crown List）指出，彭氏在地段 DD51（demarcated district 51）擁有 176 英畝土地，其中 71% 屬於祖堂嘗產，在 DD91 的 396 英畝土地，屬於祖堂嘗產的有 18%。她進一步指出，在 1905 年粉嶺彭氏擁有的 571 英畝土地中，34% 屬於祖堂嘗產。粉嶺在 1905 年一共有 133 個祖堂登記擁有土地。這些祖堂擁有的土地大部分不足一英畝。133 個擁有土地的祖堂中，最重要的祖堂是保合堂（2.13 英畝）、大慶堂（1.78 英畝）、南慶堂（14.17 英畝）、大德堂（11.70 英畝）、璧峰祖

27 我們必須指出香港新界不僅廖、鄧、文、侯、彭五大姓氏，如屯門陶氏、蓮麻坑李氏同樣有悠久歷史。同姓之間的競爭（如夏村、屏山和錦田鄧氏，雖然同屬追溯共同的入粵始祖，但在清代不乏械鬥），也使之不能成為統合的宗族群體。事實上，Baker 的五大族，是指以上水報德祠為中心的五個地域宗族。

28 參考陳（2006：20－21）。所謂新界的五大族，主要指新界北區、有份報德祠嘗產的五個地域宗族，並不包括新界其他地方的地域宗族如屯門陶氏、和坑李氏等，即使同一姓氏也不包括如中北部的錦田鄧氏、西北部的屏山和廈村鄧氏。

（6.41 英畝）、啟璧祖（8.72 英畝）和啟崗祖（3.75 英畝）（Chan 2001: 265-266）。「我村的祖堂物業，是承先祖遺下、由其子孫權持，收益供春秋祭禮，子孫教育及公益發展用途。」（族譜編輯委員會，1989：61）必須注意的是，這七個祖堂中，有三個是粉嶺村的地域組織，其他四個是以彭氏開基首三代的祖先為中心的祖宗嘗產。因此之故，地域成員和宗族成員的身份，決定了是否擁有、管理和分享這些嘗業的權益。這也是傅利曼以及功能學派強調的嘗產和地域宗族建構的關係（Freedman 1966; Baker 1968; Watson, R. 1985）。地域組織和繼嗣組織、不同等級的神祇和祖先，交錯地在彭氏族人的生活中起着作用。

要言之，粉嶺彭氏移民、定居以至成為地域社會精英的過程，顯示出地域和血緣兩層身份的重要性。作為成員權的「份」和祖先有密切的關係。常規性的節日和儀式，是建構和確認這樣的身份的重要時間。

（二）節日和地域、宗族身份認同

「粉嶺（彭氏）以其宗教的傳統為榮。」（Faure 1986: 95，族譜編輯委員會，1989：61）「除於農曆二月初二祭宗祠，新年燈會及太平洪朝，清明、重陽拜祭祖先，端午之裹粽，中秋吃月餅，放孔明燈，皆是常年性之風俗習慣，而習俗儀式隆重的，每十年一屆之太平清醮，為期四晝連宵，公演名劇，九名緣首集醮壇，虔誠膜拜，藉此酬答神恩，祈求賜福。」（族譜編輯委員會，1989：61）這些節日中，屬於社區性的、社區整體參與的，有正月的元宵和太平洪朝、春秋二季的祖先祭祀（祠堂祭祖和墳前祭祖）和十年一次的太平清醮。

（1）元宵開燈與太平洪朝（田仲 1985：721－843；區、張 1994：24－38）

和其他新界的村落一樣，粉嶺圍每年元月都有開燈儀式。如上文所述，這個儀式一方面登記了過去一年出生的男丁人口，使其正式成為社區的一分子。另一方面透過儀式，祈求社區人口繁衍平安。和其他村落不一樣的是，粉嶺彭氏不在祠堂而是在臨時搭建的神棚掛燈。每年正月初八日，鄉民由八名「神頭」（或稱「朝首」）及一名道士領導，前往粉嶺的主廟三聖宮迎請神明到棚前坐廠。粉嶺彭氏的男性成員一生只能充當「神頭」一次。他們在結婚時登記，按結婚登記的先後充當神頭。據說，過去一年只有四名神頭，後來因為人口增加，輪候費時，1960 年代開始，每年的神頭人數由四名增加到八名。神頭負責迎送神明，每天代表鄉民供奉神明，在太平洪朝的三天期間代表鄉民酬神祈願。

初八當天，父母替每一名在過去一年出生男孩在神前登記。登記後的小孩可以在派人丁時領取胙肉。登記後的名冊為廟祝所保管。初八日下午 11 時點燈。過去一年有男丁出生的家庭每天早晚到來拜祭。男孩的家人向神明祖先供奉牲果祭品，每日上香許願祈福，希望神明保佑男孩。元宵節結束，男孩的家人就會將這些被神明祝福過的祭品捧回家中。神棚前懸掛兩個大花燈，花燈內各放四碟油燈（也就是八位神頭的人數）。油燈的燈芯由專人早晚燃點，一直到元宵節結束為止。初十六儀式完畢後，各神頭各取八角花燈的兩面，連燈內的油燈以及一片扣布（白布），放在一個放了米、芋頭、柚葉、柑和間尺等象徵吉祥的東西的斗桶中，然後由一名頭鑼、一名鎖吶引導下捧回家中，安放在神台上。就這樣，在粉嶺兩個花燈內，初生的男孩帶回了神明的祝福，神頭帶回延壽的象徵。[29]

粉嶺的元宵不僅為初生者登記，也為有家室者延壽。祖先在這樣的為生者延壽祝福的節日，沒有扮演任何的角色。

粉嶺的開燈儀式不是在宗祠內祖先神主前舉行，也不是孤立地慶祝，它是與祓禳再生意義的太平洪朝儀式連接起來的。粉嶺圍每年正月十四晚上開始到正月十六日舉辦太平洪朝。十四晚道士啟壇後，迎請三界四府神明。第二天（十五日）道士和神頭在新年仔帶領下，扛抬紙船，在粉嶺圍的三圍四村的範圍下，向有份的每一戶「拜年」，每戶把代表骯髒的、不潔的東西如雞毛、炭屑、麻豆等丟到紙船。然後道士向每戶的神樓和灶君噴符水潔淨祝福，紙船和髒物在村境燒掉。然後在村境的土地壇進行落簕圍土地儀式。這是一個代表去穢、不讓污穢邪惡進入鄉村界線的儀式。十五晚鄉民把寫在紅紙上的有份被祝福的戶口名單，貼在粉嶺圍圍牆外。晚上道士唱代表逐疫的蘇歌。第三天早上，由神頭送符（聖人牌）和斗到每個掛燈的戶口。送符後由神頭分別在神前以銅杯、木杯及豬手骨（豬手骨分為二）杯卜，祈求來年人口興旺、是非不生和六畜平安。然後道士率領神頭在神前劈沙羅（灌水豬肚）。儀式完畢，由道士代表鄉民酬神許願，送別三界四府之神。神頭各捧斗桶回家後，至此節日完畢，神頭與鄉民送廟神回宮。

29 在新界的其他圍村，花燈內放着一碟碟的油燈，數目取決於開燈的、新生男孩的人數。元宵節結束，男孩的家人就會將這盞被神明祖先祝福過的油燈，放在一個放了米、芋頭、柚葉、柑、間尺等象徵吉祥的東西的斗桶中，然後捧回家中，安放在神台上。

地域社會的家庭結構因為出生和婚姻而改變。上燈和太平洪朝是一個為子孫登記、可以生產後嗣的已婚者為生者向神明祈求家宅社區平安、延壽的節日。他們借助神明的力量，酬還許願，把家庭、社區不斷潔淨再生。這是一個子孫的、生者的節日。整個節日中沒有祖先的介入，也沒有祭祀祖先。

(2) 祭祖和食山頭

香港新界的宗族每年都會用上很多天祭祀祖先。除了春、秋分在祠堂祭祀祖先外，在每年的春、秋二季，有數天到一個月的時間祭掃始遷祖、分房祖以及家庭的直系祖先的墳塋。和新界很多宗族圍村一樣，粉嶺彭氏每年春、秋分在祠堂祭祖，清明、重陽拜祭祖墓。春秋祠祭、墓祭，是根據生者(子孫)和死者(祖先)的關係確立子孫在建構宗族集團(房、支)的身份位置，同時接受祖先庇蔭的節日。粉嶺彭氏並沒有祭祀四百多年來不斷去世的所有祖先。2010 年宗祠內只供奉了八十七個祖先神主。這些在祠堂內祭祀的祖先，都是對宗族「有功」、「有德」者，或是子孫有力供奉祖先於祠堂中者。每年二月初二和秋分，[30] 族長和族中司理以及六十歲以上的男性父老(壽員)在祠堂內祭祀祖先，祭祀後在祠堂內席地吃盆菜。同時，分配各祖堂嘗產的紅利、花紅。粉嶺的祠堂祭祀由該年嘗產司理負責。除「公頭」彭氏祖祠外，粉嶺圍村內有不少的家祠(如同協堂、積業堂、拾桂堂、大德堂和寅峰家祠等)。家祠往往只供奉四到五代的直系祖先(即每一

---

30 香港其他地域宗族春季的祠在春分舉行。然而，粉嶺的「做社」日在二月初二日。

世代一位祖先）。旁系的祖先，假如後人沒有能力建祠的話，就只有在家內的神龕供奉。與其他宗族社會一樣，在粉嶺很少見到家庭內供奉多於五代的神主。[31]

每年清明和重陽，粉嶺彭氏男性族人會到開基祖以及各房祖墳前祭祀。開基祖祖墳的祭祀在清明、重陽的當天，祭祀由族長和壽員執行，並不需要道士等執行儀式。祭祀用品和祭祀後在山頭（墳前）食用的盆菜，由「山頭頭」及其家人負責籌辦。粉嶺彭氏男丁出生必須登記，每名「丁頭」在清明和重陽墓祭時可以分得一份胙肉（生肉。1981 年，一份胙肉重四兩）。他們按出生先後到達二十歲便要充當「山頭頭」。每年「山頭頭」共二十人。如該年有多於二十名有資格的「山頭頭」，餘下則需待到翌年充當。他們一生只能充當「山頭頭」一次，負責春秋墓祭。在 1981 年，每個「山頭頭」的家庭需要煮十五斤米飯，並且準備墓祭後在墳前食用的盆菜。祭祀儀式只有十分鐘。重要的是祭祀後各成員在祖墳前享用盆菜。祖先祭祀的過程不僅認定哪些人可以享受哪一位祖先的庇佑，可以分享祖先的靈力，而且通過祭祀的過程，分享實際的財產和利潤。如在 1960 年代以前，僅粉嶺圍村內糞肥的利潤，可以提供各戶十斤的豬肉。對有份的族人來說，祖先無疑是善意的。

31 新界西北部的廈村鄧氏有些沒有家祠，但有公共嘗產的房支成員，會在家裏供奉五代以至十多代的祖先。參考本書第六章。

（3）太平清醮

醮是為了一個特定社區、特定群體在特定時間舉行的大型社區性的宗教節日。它的目的是保護這個社區，令這個社區從危險的「陰」的處境重新回到「陽」的境界。哪個地域範圍、哪些社會群體可以通過這個節日而得到神明的保護，並且可以從骯髒污穢的世界再生？從社會功能來看，醮是確認社區和群體界線的節日，有份的社區和群體便可以得到庇佑和再生。從象徵層面來看，醮蘊涵了社區人群的宇宙再生的世界觀。那就是說，社區和人群在日常生活的過程中無可避免犯下罪孽，受到污染，所以需要通過宗教媒介（喃嘸或經生），進行一系列的儀式，把人間世界重新回復潔淨。參與醮事，不僅是社會責任或信仰的問題。社區和群體是宇宙世界之所以可以生生不息的動力，是作為宇宙循環再生過程的不可分割的環節。

香港新界農村社會的醮，多是十年舉辦一次。粉嶺也不例外。粉嶺彭氏每逢庚年舉行三朝醮（見表 2.8）。1980 年正月在三聖宮前杯卜選取九名奉侍神明的未婚的男性緣首。緣首代表宗族整體，負責醮務、奉事神明。鄉村在醮事開始前進行三次上表三界四府諸神的儀式。正醮前一日（12 月 12 日）取水、揚幡、迎神（土地圍門井泉神以及三聖宮內諸神），傍晚啟壇建醮。啟壇後全村齋戒。翌日早、午、晚三朝（諸神）三懺（為鄉民懺悔）、晚上分燈（祈願人丁繁衍）、禁壇及打武（清淨壇場）。12 月 14 日早上迎榜（登錄所有有份的彭氏男性、他們的妻子和未嫁的女兒的人名榜）及行香（由道士和緣首帶領，前往報德祠所在的上水石湖墟、開基祖最初定居的粉嶺樓鄰近友好村落），晚上迎聖（迎請玉皇及三界四府大神）、祭小幽（小規模的祭幽儀式）。12 月 15 日三朝三懺外，下午走社書（由紙箚的使者，捆上登載有份子孫名字的人名榜，走村中社壇一周後，道士朗誦人名，祈求神明赦免眾人罪孽）及放生，晚上祭大幽（救贖遊魂野鬼以及墮落煉獄的祖先的儀式。除公家祭品外，每戶主要由女性到祭幽場「化衣」並燒「神魂執照」一紙，作為超生的路引）。祭大幽儀式完畢，監控壇場的大士王（鬼王）燒後，三日醮事也正式完結。鄉民以燒豬酬神。12 月 16 日緣首奉聖神牌位回家、送神及行符（如洪朝，每戶把代表污穢的東西倒在紙船上）、晚圍土即落箚如洪朝（圖 2.2）。

「醮」是服務地域社會、重新確認地域人群身份的節日，祖先的參與似乎不大重要（Faure 1986）。無疑，香港新界的宗族社會的醮，並沒有邀請個別的祖先或朝拜地方的宗祠、家祠。然而，在這些宗族社會舉辦的醮，祖先是以集體的名義參與。無論是錦田或龍躍頭鄧氏的醮或粉嶺彭氏的醮，他們都是以「歷代祖先神位」的方式參與醮事。在錦田，過去一個周期（十年）內嫁入的「新新抱（媳婦）」在正醮日會穿上裙褂到醮場的祖先神主告祖。錦田也在正醮當天由道士進行「八門」儀式（喪禮中，裝扮目蓮救母的儀式），拯救沉淪煉獄的祖先。在粉嶺，祖先同樣地以集體形式參與醮事，在臨時搭建的神棚旁有一特別供奉一塊歷代祖先神位的棚廠。祖先在整個醮事過程中，既是救贖的，也是被救贖的。粉嶺雖然沒有如錦田的「八門」儀式，但在祭大幽儀式時，同樣地有象徵救贖沉淪煉獄的祖先的儀式。在太平清醮最後一天的走社書儀式中，代表祖先的鄉民把應該被上天赦免罪孽的人名單（社書）帶走到山上。後面追趕的鄉民跪在山崗下，半懇求半賄賂地方請「阿公」交回社書，讓他們帶上天

表 2.8 粉嶺圍建醮儀式的記錄

醮例（喃嘸）《粉嶺文獻》第八冊〈信氏門〉	吉課（蔡步真堂）	1981 年觀察	世俗行為	其他鄉村的附加儀式
	醮棚、神棚、戲棚			
	緣首、耆老年生			
	發奏上頭、二表			
	開工紮作			
	開搭醮棚			
	作齋灶			
	上三表	12 月 12 日（14：00）		
取水至開啟	取水淨壇	12 月 2 日（5：45）		
	揚幡	12 月 12 日（9：00）		
	迎神登壇	（14：30）		
	啟壇建醮	（1630）		
第一日三朝三懺		12 月 13 日		
第一日晚分燈禁壇及打武（隨用）		晚（20：00）	演戲	
第二日迎榜及行香	啟人緣榜	12 月 14 日	正醮、頒旗	
第二日晚迎聖、小幽		12 月 14 日		禮斗（林村等）八門（錦田）
第三日走社書及放生		12 月 15 日		
第三晚大幽	超幽散醮	12 月 15 日		
第四日早送神及行符	送神回位、酬謝神恩	12 月 16 日緣首奉聖神牌位回家、送神及行符		
即晚圍土		12 月 16 日		

圖 2.2 1980 年粉嶺太平清醮佈置圖以及行朝路線

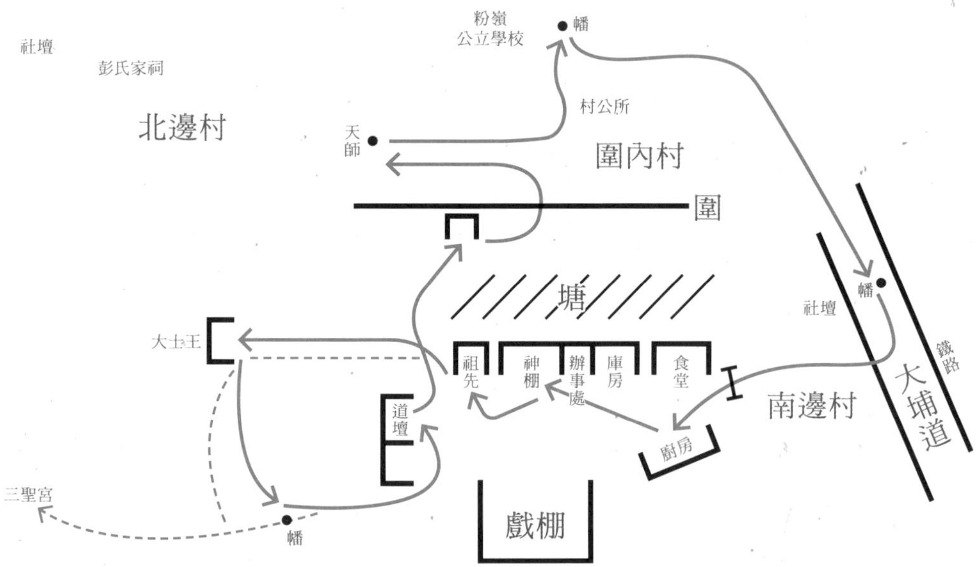

庭。[32] 也許我們可以說祖先並非慈善的。可以永久被拜祭的祖先是有限的，因此祖先對生生不息的子孫是有敵意的。

彭炳是八十年代粉嶺圍的喃嘸師傅。他家世代以道士儀式為生。他的手稿有很多內容和粉嶺彭氏的儀式生活有關。在 1960 年（庚子）抄錄在太平清醮和洪朝時邀請的神明中，醮和洪朝最大的差別是，太平清醮時有彭氏歷代祖先和粉嶺開基祖桂公的神位，而每年舉行的洪朝則沒有（表 2.9）。[33] 在整個為生者登記，由通過婚姻而取得生育後代的神頭（朝首）侍奉神明、為地方社會祈求人丁興旺、地方安泰、六畜繁衍的節日裏，祖先並沒有參與，所以代表生的、陽的太平洪朝就不用祖先參加。清明、重陽祭祀祖先，是子孫分享祖先庇蔭的節日。祖先是賜予者，也是為子孫所服侍者。在強調再生的太平清醮時，祖先是救贖者，也是被救贖者。

---

32 走社書記事：下午二時開始。最前面跑的是一位拿着紙紮的「天馬」年青人、馬上紙紮的使者背上帶着一紮黃卷的人名表（赦書、社書）。後面一位年青人扛着一旗子，兩位「保鏢」保護紙馬。二十多名陪跑的年輕人。之後就是九名緣首。他們經過道壇、貼在圍內的天師像、經南邊村社壇、沿大埔路到粉嶺樓外、內的社壇。再跑到聯和墟社壇然後回彭氏宗祠外的社壇。跑者向鬼王叩頭後，跑到掃管埔的社壇，然後跑上雞嶺。緣首跪在山崗下，請求把紙馬帶下山崗。

緣首們喊道：「阿公下來。」

公：「阿公聽不到。」

緣首：「阿公我們來帶您回家。」

公：「你們在哪裏，我看不見。」

緣首：「阿公您很累了，跟我們回家休息吧。」

公：「我口渴，不能再走了。」

緣首：「您下來我們帶您回家。」（注意：緣首們不能上山崗）

公：「我很口渴。」

緣首：「回去給您飲品。」

公：「現在。」

（很長的討價還價的過程，最後緣首答應給十七罐汽水給山崗上的十七人才完結）

下午四時回到神棚。

33 見《信氏門：本村醮期及洪朝神舍》，載《新界文獻：粉嶺文獻》第八冊及十一冊。

表 2.9 1981 年洪朝和太平清醮的比較

	醮	洪朝
村落的儀式代表	九名未婚的緣首。杯卜決定。	八名已婚的朝首（「神頭」）。按結婚順序。
周期	十年	每年
參與村落	四	四
組織者、受庇佑者	彭氏	彭氏
友好村落	上水、粉嶺樓、友好鄉村致送的花牌	沒有道賀花牌 上水、粉嶺樓沒有份
儀式執行人（喃嘸）	九名	最多三名、一般一人。儀式在初八、十五和十六。
表演	五夜四日粵劇	二夜歌台（1960 年代以前山歌）
神祇	包括祖先、鬼和四方神祇	沒有祖先、鬼。強調井神
舞獅	有	無
支出	1200000	40000－50000
棚	戲棚、神棚、祖先棚、值事棚、道棚、膳食棚	神棚、歌台
榜文	家長名下每一柱記錄包括嫁入和未婚的女性、小孩	只記錄戶主名。包括女性戶主
儀式	陰、陽	陽
貢品	茶酒等三套	五套

族譜強調粉嶺彭氏慶祝的節日是與地域社區和血緣群體有密切的關係。無論是洪朝、祭祖或太平清醮，子孫有多重的身份：他們是作為祖先的子孫、作為生育子孫的成員，也是未來子孫的祖先。祖先也有多重的身份：他們是子孫福祉的賜予者，也可能是子孫禍患的加與者。因此子孫是作為祖先庇蔭的分享者而侍奉祖先，還是作為災難的可能承受者而救贖祖先？粉嶺的例子說明了子孫對祖先的協和與對立的身份，通過不同的、周期的節日和儀式而強化。

（三）小結：子孫（生者）和祖先（死者）的關係

香港新界的鄉民強調「一處鄉村一處例」。不同的村落對於祖先的祭祀不完全一致。如厦村鄉鄧氏在太平清醮開始前，舉行祭祀為鄉村打殺（械鬥）去世的英雄（「莆上祭英雄」），以及在鄧氏大宗祠外的角落，祭祀失祭的、不能進入祠堂的祖先（「祠堂角祭幽」）（蔡 2006：247－276）。錦田鄧氏在正醮日執行破地獄、救贖祖先的「八門」儀式，粉嶺彭氏則在祭大幽時超薦先人。雖然如此，這些宗族村落在歲時節令以至祠祭、墓祭等關於祖先的祭祀，大體和與他們對明、清以來大傳統的理解有關（見本書附錄 2）。他們祭祀家裏的祖先、墳墓的祖先、家廟的祖先和祠堂的祖先。然而，並不是所有的祖先皆具備人格的身份。如屈大均引《龐氏家訓》謂：「其四代之主、親盡則祧……有德澤於民者不祧……凡支子能大修祠堂、振興廢墜、或廣祭田、義田者、得入祀不祧、不在此者、設主於長子之室、歲時輪祭、歲正旦、各迎已祧、未祧之主、序設於祠隨舉所有時羞、合而祭之……吾族將舉行之。」（屈 985：464）華琛（James L. Watson）同樣指出，在香港新界的宗族社會，也有這樣的「殺祖先」的儀式行為（Watson J. 2004: 443-451）。也就是說，在宗族社區裏，喪失「個人身份」的祖先，或成為綜合的祖先（collective ancestor），或成為幽魂野鬼。

「明代的祭祖禮制實際上是（朱熹）家禮的官方化。」（常 2005：33）朱熹強調「祖宗雖遠、祭祀不可不誠」[34]，「時祭用仲月、前旬卜

34《朱子治家格言》在香港鄉村廣為流行的、每年出版的《通勝》中轉載。也就是說，鄉民對祖先祭祀的理解，通過《通勝》不斷在日常生活中呈現。

日、前期三日齋戒、前一日設位陳器：高祖考妣、曾祖考妣、祖考妣、考妣……冬至祭祀始祖、立春祭祀初祖以下高祖以上之先祖、季秋祭禰、三月上旬擇日墓祭」（家禮卷五、祭禮）。原來四代以上的祖先以至始基之祖「……想亦只存得墓祭。……始祖親盡、則藏其主於墓所、然則墓所必有祠堂以奉墓祭。」[35] 很多研究已指出明代以來親屬範圍擴大（科 2003：1－20），國家容許的祖先祭祀範圍從「洪武十七年將庶民祭祖由兩代改為三代，嘉靖十五年允許官民祭祀始祖，要求官員立家廟」（常 2005：33）。以祖先為中心的宗族成為合理化社會生活和行為的文化語言（Faure 1989: 4-36）。親屬範圍的擴大，我們在香港新界裏，可以從兩方面觀察到：一方面是與祖先祭祀的節日和儀式的增加。也就是說，在家庭和墳塋之外，加上了祠堂內的祭祀活動，同時也把原來屬於地域社區的祈報和拔禳的祭祀活動（做社）融入祖先的祭祀活動（見圖 2.3.1 及圖 2.3.2）。此外，對國家、宗族和地域社區「有功」「有德」的祖先、留有嘗產的祖先，以配享、附主的形式繼續祭祀。另一方面，不能澤惠子孫的祖先，無論祭祀範圍在禰、四代、五代或七代父母，始終面對的是喪失個人性格，或為綜合的沒有人格身份的「先祖」，或為乏人祭祀的幽魂。也就是說，祖先始終面對的是不斷被新生的子孫取代被祭祀地位。社區裏有不斷增加的子孫，也同樣有不斷增加的幽鬼。祖先庇蔭的子孫是無限的生息不斷，然而資源的分享則是有限。故此子孫和祖先時常存在一種依

35「問：而今士庶亦有始基之祖、只祭四代、四代以上、則可不祭否？先生曰：若是始基之祖、想亦只存得墓祭。楊氏曰：按祠堂章云：始祖親盡、則藏其主於墓所、然則墓所必有祠堂以奉墓祭。」參見《欽定四庫全書· 經部》「家禮附錄」頁 4，上海古籍出版社，第 142 冊，頁 580。

賴而緊張的關係。傅利曼認為中國人的祖先一般是善意的（Freedman 1967: 85-103），然而埃亨（Emily Ahern）卻指出祖先是歹毒的、善變的和嫉妒的（Ahern 1973: 263），「事死如事生，事亡如事存」。在家庭裏，我們可以根據祖先的庇蔭，選擇祭祀和祭祀的範圍。不祭祀的祖先，仰賴過去國家的「祭厲」儀式、宗族社區的太平清醮時的祭幽儀式，以及中元時「燒街衣」的方式而得到安撫。在宗族社區裏的祖先既善意又懷惡意。粉嶺彭氏的祖先，不能參與為子孫生生的節日。祖先被選擇的受特定的子孫服侍。在不能理解幽冥世界的境況下，於祭祀中，子孫小心翼翼地將既親近又疏遠的「先祖」與「祖先」和「孤魂野鬼」相區別，小心翼翼地進行祭祀。

圖 2.3.1 節日和祭祀關係（明中葉以前：庶人祭四代祖先）於寢

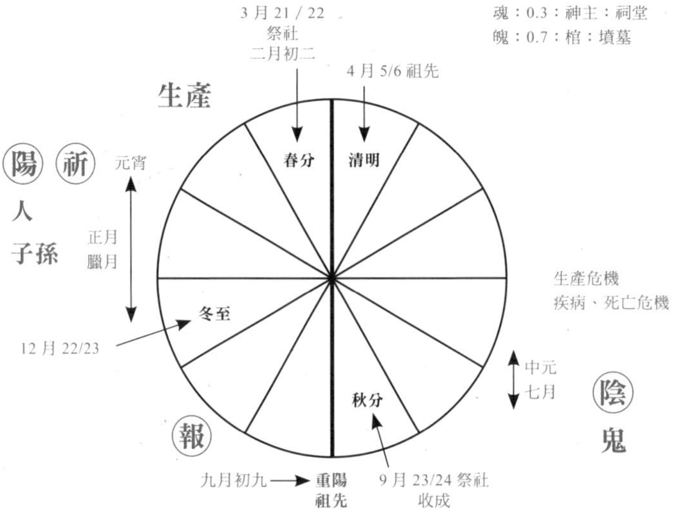

圖 2.3.2 節日和祭祀關係（社區祭祀和宗族祭祀重疊）

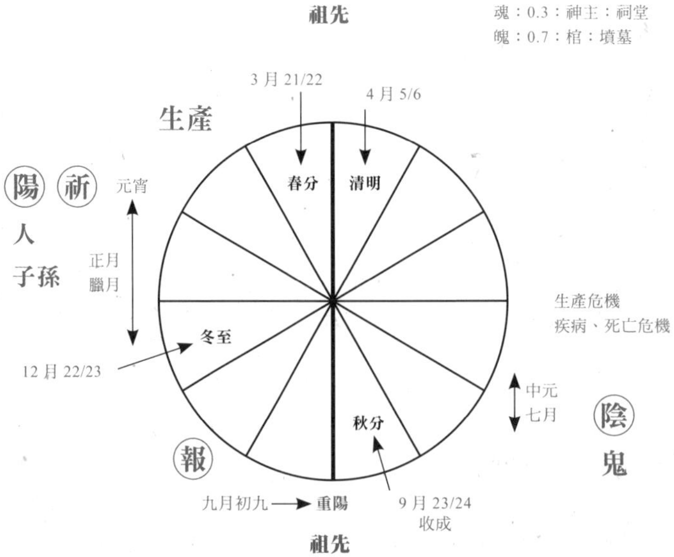

第三部分：生和死節日傳統

1983 年筆者留學日本時，與一位來自香港的同學 Edith 聊天時談及拜祭祖先的問題。Edith 說因為祖先不再保佑她們，因此家裏已經不再拜祭祖先。對於祖母新葬不久，每年清明、重陽攀上無數石階，祭掃墳塋，中元坐數小時船、車到齋堂拜祭神主，以及逢年大節，到家居長洲島的同鄉會館拜祭祖母神主等，每一兩個月就要祭祀祖母的我來說，拒絕拜祭祖先，是吃驚而且不可理解的事。我們通過節日不斷祭拜祖先、提點祖先死後仍然「活」在我們生活的周邊。Edith 的例子，是否意味着當祖先的靈力不再惠澤子孫時，祖先是否會由善意的變為惡意的？

先父 1992 年初辭世，墳塋、神主依舊，只是沒有如祖母一般，有另一神主置於齋堂。由於與祖母的葬處距離很遠，加上父親生辰、死忌，家裏每年的祖先祭祀更加頻繁。然而雖然家裏神龕有一塊歷代祖先神位的牌位，我確切知道需要祭祀的祖先止於祖母和父親而已。至於祖父，我沒有見過，也不知道何時去世。他的名字與祖母的同刻在會館的神主上，因此在會館的祭祀也澤及祖父。對於這樣選擇性的拜祭祖先，原來也沒有構成怎樣的思想上的難題。如果人死後魂附於神主、魄葬於墓的話，我們也許可以理解為什麼去世的祖先需要在不同的地方拜祭。然而不能理解的是，為何要把祖先分而裂之？究竟分後之魂魄能否輪回再生？我總是百思不解。家庭內的祖先祭祀如此，宗族社會的祖先祭祀也是有選擇性的。

祭祀亡魂、消災解厄（祖先和厲鬼）以及祈求生者福祉（酬神、開燈），在鄉村社會同樣重要。鄉民的節日傳統時常圍繞祈和報的關係上。祈和報一方面表現在社會如何面對因為生產關係帶來的期待和不安，另一方面表現在社會選擇祭祀對象的過程中，因為不能操控神明、靈魂而產生的緊張和對立關係（圖 2.4.1 及 2.4.2）。許願和酬還是一種契約關係。個人對神明、祖先、厲鬼的契約關係可以因為靈驗而決定延續與否。地域社會是成員共有的，社區節日是維持社會繁榮安定的心靈保障。我在鄉村時常聽到一些對宗教節日的反對聲音，認為這些節日迷信、不規範、勞民傷財。然而未來的不可預知，也時常令到鄉民對擔當因為取消傳統節日可能帶來的災厄的責任有所猶豫。因此周期性的、無間斷的維繫與神、靈的契約關係，是保障和延續成員共用的繁榮安定的社會生活要素。

圖 2.4.1 子孫和祖先的關係（以節日儀式為中心）

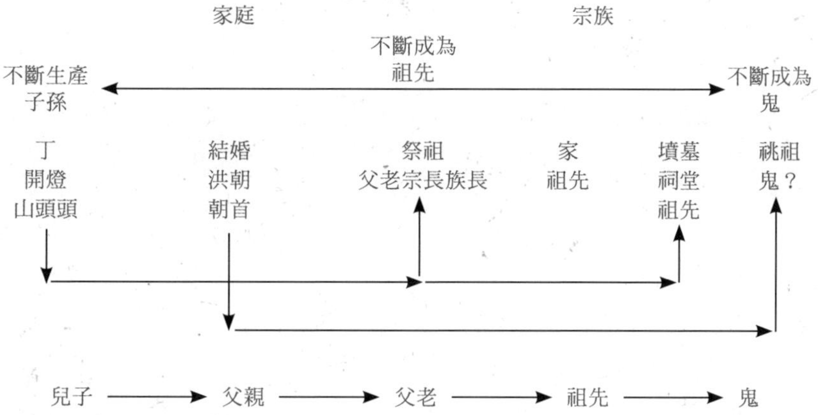

圖 2.4.2 子孫和祖先的關係（以子孫為中心的祭祀關係）

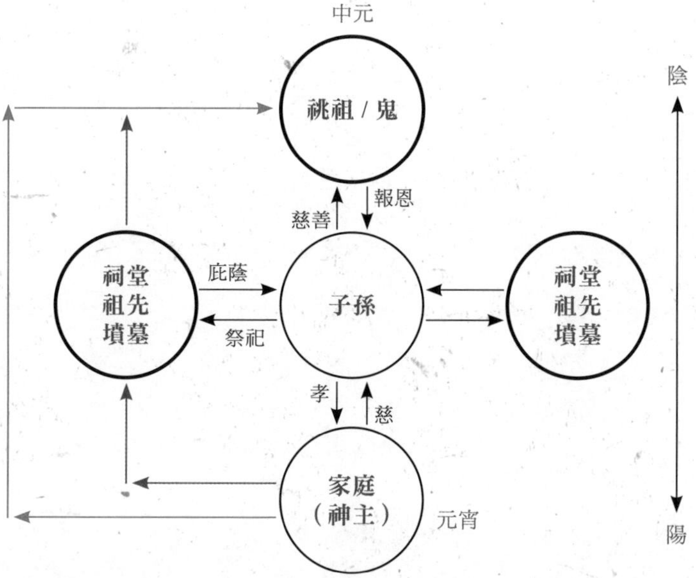

第三章

醮：社區和儀式專家的節日

打醮是與社區活動不能分割的宗教儀式。換言之，它不是由個人信仰而決定的隨機性的活動，也不是純粹由宗教集團決定的恆常性活動。打醮是特定社區在特定的歷史時間和空間中進行的活動。個人是以集團成員的身份參加打醮，而施行儀式的喃嘸是受聘於社區的。社區是主宰打醮活動的命脈。在田野考察的時候，我們時常聽到執行清醮儀式的火居道士（喃嘸師傅）強調「一處鄉村一處例」、「主家說怎樣就怎樣」的說法。也就是說，鄉村社會不僅是進行合理化、正規化儀式的場所，而且是儀式表演者因着社區歷史、文化傳統的展演空間。儀式執行人同時是表演者和文化的指導者。因此要了解打醮，就必須了解各個社區的同異。如本書附錄 1 所示，雖然各個社區的打醮程序大致相同，但是在細節上卻因社區不同而有所差異。這些差異一方面與社區的經濟狀況、構成、生計條件等息息相關，另一方面鄉村的節日是承傳着明清以來的國家規範。

一　打醮：鄉村的視角

對於鄉民來說，建醮有兩個重要的作用：一是祈求社區福祉、保境平安、許願酬還；二是重新確認社會關係和人群身份。兩者皆是大傳統容許的社會行為。前者有象徵性的意義，與國家容許的春祈秋報、驅瘟逐疫有關；後者與傳統的里社、保甲和人口登記制度相配合。兩者是相互關聯的。社區建醮從籌備到完隆往往須要約一年時間。在打醮進行的前一年冬天，就要籌組「建醮委員會」來負責統籌一切打醮的行政事宜。很多地方的「委員會」的核心是該社區的最高行政單位，如鄉事委員會或村公所。據 1993 年厦村鄉約的通告：「一如以往，約內各村之村代表得任醮務委員之外，更須要由各村自行委派人選，加入為醮務委員，協助推動有關之工作。」但是，並非所有鄉中的村代表都會自動地成為醮務委員。例如林村鄉的二十四村中，有六個村的村代表沒有成為 1981 年打醮的醮務委員。建醮委員會是打醮的最高權力機關，它統籌所有和打醮有關的籌備工作，以至負責所有世俗性的行事。1980 年代後期以來，新界旅外鄉民逐漸以他們的經濟力和人脈關係，進入打醮的最高權力機構。他們的積極參與、對傳統的強調和解析，改變了不少的形式內容（蔡 2011：65－88）。

建醮委員會成立後，第一件工作便是選擇在打醮時侍奉神明的代表。除了長洲、元朗等墟市稱這些代表為總理或值理外，大部分地區都稱這些代表為緣首。緣首是在打醮儀式進行的時候，代表「闔鄉醮信人等」拜神的人。緣首的數目各地不同。一般來說，大部分地方的緣首數目是九人。可是泰坑是十人，錦田是六十人，而在厦村鄉約 1984 年的打醮，稱為緣首的共有三百多人。在厦村鄉約一個緣首「柱」基本上是一個未分家的戶頭（父母其中一人尚在的家庭）。這些「柱」在很多其他社區是稱為「醮信」的。我們在第四章談及人緣榜時，會再詳細介紹這些分類，以及緣首的數字與其社區的關係。無論如何，厦村鄉約中那些在神前被選的、在打醮的大部分儀式進行時代表鄉民侍奉神明的緣首只有十人。

選緣首一般都在各該社區中最重要廟宇的主神前進行。例如龍躍頭在天后廟，厦村鄉約在沙江天后廟，長洲在北帝廟。粉嶺圍則在元宵時候（農曆一月十五）在圍前臨時蓋搭的神棚內北帝像前打緣首。

選擇緣首的方法，大抵都是在神前杯卜，然而杯卜的細節則各地有所不同。一般來說，首先打到規定的「茭杯」數目者便是頭名緣首。很多地方是用連續三次或五次「勝杯」（一正面一反面），或打得連續勝杯最多來決定緣首的次序。例如廈村鄉約的頭名緣首必須連續打到十勝（杯）一寶（杯）。頭名緣首選出後，連續打到九勝一寶的為二名緣首。如此類推，第十名緣首只要打到一勝一寶則可以。

有資格打緣首的，一般是該主辦集團的男性成員。筆者從來沒有見過一個讓女性當緣首的醮，也沒有聽說過有哪些社區是容許女性當緣首的。[1] 打醮既然是社區性的活動，因此也只有社區的成員才可以代表社區來服侍神明。林村鄉、廈村鄉約等由多個異姓村落組成的地域社區，只有原居民才有資格當緣首。在長洲則規定只有惠潮府的成員才有資格成為總理或副總理。錦田、粉嶺、龍躍頭、泰坑等單姓鄉村，則只有宗族成員才能被選為緣首。大部分社區的緣首都是以個人身份被選。如林村鄉和粉嶺圍的緣首，都必須是未結婚的男丁，以個人身份打緣首，在高流灣則必須是已結婚的男性戶主。然而一些社區如廈村鄉約、錦田和泰坑，打緣首的人並非代表個人，而是代表一個社會單位，也就是說還沒有分家的戶，或者是一個宗族集團的分支。因此在打醮的時候，戶或宗族分支的其他男性成員，是可以互相替代來侍奉神明。

一般來說，能夠當上緣首是一件無上光榮的事。很多人一生之中也沒有機會當過緣首。筆者見過不少已經移民外國多年的鄉民，特別

---

1 有些地方，如北港，在儀式進行時，可以見到一些婦女代表當上緣首的丈夫，上香拜神。但必須注意的是這些村落的緣首依然是男性成員。

從外國飛回香港，或請其家人代替他來打緣首。1980 年粉嶺圍打醮時，九名緣首中就有兩人是已經移民外國的。很多鄉民都相信只有有緣人才會被神明選中為緣首。1984 年厦村鄉約的頭名緣首是鳳降村的胡姓村民。很多鄉民告訴筆者一個戲劇性的故事：打緣首當天，從早打到黃昏，還是沒有人打到「十勝一寶」的規定。大家都恐怕要擇日改天再打緣首。就在這個時候，這位姓胡的施施然而來，一擊即中。「真命天子」對許多沒有被選中的鄉民來說，無疑是最好的安慰。但是對被選中者而言，虔誠或「神心」是更重要的原因。1980 年粉嶺圍的頭名緣首對筆者說，他第一次跌杯時打不到規定的連續九個勝杯，覺得自己不夠「神心」。所以他特地跑回家洗頭，再到三聖宮內叩頭，然後才重回神棚輪流跌杯。這一次他一擲即中，被選中為頭名緣首。

被選中為代表鄉民來侍奉神明的緣首，既然是非常難能和榮耀之事，許多鄉村和鄉民都很重視選緣首的時刻。據筆者的觀察，1994 年初厦村鄉約在沙江天后廟選緣首時，從早上到中午，廟內廟外都擠滿百多兩百的人群。被選中的緣首不單需要參加所有和醮事有關的儀式，他的家屬還需要準備祭品。厦村鄉約的緣首，就如長洲打醮時的總理一樣，需要付出較其他人更多的醮金。

可是也有一些地方需要用金錢上的報酬吸引村落成員來打緣首。1993 年龍躍頭的頭名緣首的酬金是三千港元，其餘則得到二千元。即使如此，報酬也不一定可以吸引到鄉民來打緣首。在 1981 年初，林村鄉原定選緣首的日期便因為太少人參加而被逼改期。當時有些父老感慨地說：「現在的年輕人怕辛苦。當緣首雖然可以有點零用錢，他們也不願意來。」在 1980 年初以前，長洲的太平清醮本來有一些叫「拜官」的小男孩，他們穿著白色長衫，每天跟隨喃嘸先生拜神。可是自此以後，因為找不到願意當選的小男孩，委員會就取消了「拜官」。以此推設，除了些微的報酬不能吸引鄉民當緣首外，鄉民對打醮當緣首的看法，和他們對社區的認同有密切的關係。所以在如長洲等墟市中的打醮，就漸漸不須要「拜官」；在如林村鄉等雜姓鄉村中，選緣首就遇到困難。反之，在單姓或單姓主導的社區，緣首的命運常常是與家族或宗族在未來一個周期的興衰有密切的關係，因此這些社區的鄉民就比較積極地、殷切地希望當上緣首。

決定緣首後，會聘請堪輿風水師擇定儀式的日期。[2] 這個稱為吉課的建醮行事曆羅列的，是堪輿風水師認為與鄉村社會利害相關的儀式和行事，內容涉及它們的日期、方位以及與行事相沖的生肖和時辰。以大埔泰亨鄉[3]為例，2005 年吉課列出的儀式包括：上頭、二、三表、開搭各棚（神棚及戲棚）、開工紥作、進火用齋灶、取水、淨壇、揚旛、迎神登壇、起壇建醮、啟人緣榜、超幽散醮、送神回位。吉課強調的是與有份接受神明庇佑的社區和人群有關的儀式和行事。至於宗教儀式的內容，則由儀式執行人或社區本身決定。因此以村落聯盟為中心的社區如大埔林村鄉、廈村鄉約等的正一派清醮儀式中，包括了祈求長壽的禮斗儀式，而在以宗族為中心的社區如錦田、泰亨

2 一般來説，香港新界大型的醮都會請蔡伯勵蔡真步堂擇日。假如是一天的醮（即喃嘸師傅所説的洪文清醮、或鄉民所稱的化衣），只是鄉民請負責的道士擇日，如橋頭圍、新田。泮涌圍則是請碗窯樊仙宮的廟祝擇日。

3 大埔泰亨鄉，又稱泰坑或太坑，是單姓（文氏）聚居的村落群，他們每五年舉行一次五晝連宵的太平清醮。

鄉等，則包括了把祖先從煉獄中拯救出來的走八門儀式。[4]

我們可以從大埔泮涌圍和泰亨鄉的醮簿，進一步討論鄉民社會所重視的建醮內容。泮涌圍的醮簿比較簡單，主要記錄了 1962 年、1972 年和 1982 年建醮的收支細節。從收入來看，我們可以考察到 1982 年以前建醮主要的收入是依靠四個姓氏（麥、陳、羅、葉）的戶口捐輸。1982 年則有四分一的收入來自僑居居民（見表 3.1），顯示了這個原來以戶丁、門頭（擴張家庭）為中心，以四姓為主幹（大眾）的村落構成，逐漸加入了僑居居民的元素。從太平清醮的支出來看，除了祭祀的供品和雜用外，我們可以考察到泮涌圍一晝連宵的醮中，鄉民重視的儀式內容包括：上頭表、豎幡竿、龍虎榜、攬榜（迎榜）、大士巡圍、祭幽和行船。村落的神明系統包括本地的里社和地域神祇，以及村落依附的大埔舊墟天后廟的天后和在碗窯鄉樊仙宮的樊公先師。建醮時備有紙造的鬼王仔、官曹馬、幡竿亭；也有登記各戶丁人口的貼在牆上的龍虎榜和稱為「意者」的人名冊。也就是說，太平清醮時，人口登記（榜、意者）、驅瘟逐疫（大士巡圍、祭幽、行船、行符）和許願酬還（迎神、送神）是鄉民所最重視的儀式和行事。

---

4 泰亨鄉在 1985 年的醮，仍然有執行走八門的儀式，但在 2005 年已經沒有執行。錦田鄉是單姓（鄧氏）村落群，2005 年雖然改用全真派的青松觀經生執行清醮儀式，但仍然執行八門的儀式。

表 3.1 洋涌圍丁口及戶（門頭）數目

年份	丁口	1	2	3	4	5	6	7	8	9	10	11	12	13	14	15	16	17或以上	合計
1962	麥	1	2**	1	4	2	0	1	4	3	3	0	1	0	0	0	0	0	22
	陳	1	0	0	3	0	3	3	2	2	0	1	2	0	0	0	0	(21)	18
	羅	0	0	0	0	0	0	0	1	1	0	0	0	0	0	0	0	0	2
	葉	1	0	0	0	0	0	0	1	0	0	0	0	0	0	0	0	0	2
合計（戶）		3	2	1	7	2	3	4	8	6	3	1	3	0	0	0	0	1	44
合計（丁）		3	4	3	28	10	18	28	64	54	30	11	36	0	0	0	0	21	310
1972	麥	1	0	3	3	2	2	3	1	4	3	2	0	0	0	0	0	0	24
	陳	0	1	1	2	1**	3	3	1	0	2	0	2	1	0	0	0	(17)	18
	羅	0	0	0	0	0	0	0	0	1	0	1	0	0	0	0	0	0	2
	葉	1	0	0	0	0	0	0	0	0	1	0	0	0	0	0	0	0	2
合計（戶）		2	1	4	5	3	5	6	2	5	6	3	2	1	0	0	0	1	46
合計（丁）		2	2	12	20	15	30	42	16	45	60	33	24	13	0	0	0	17	331
1982	麥	0	3	2	7	5	2	3	2	0	0	3	2	0	1	0	1	0	31
	陳	0	2**	2	2	2	1	1	0	0	1	1	2	0	0	0	1	(18) (29)	17
	羅	0	0	0	0	0	0	0	0	0	0	0	0	1	0	0	0	(20)	2
	葉	1	0	0	0	0	0	0	0	0	0	0	0	1	0	0	0	0	2
	其他	15*	0	0	0	0	0	0	0	0	0	0	0	0	0	0	0	0	15
合計*（戶）		1	5	4	9	7	3	4	2	0	1	4	4	2	1	0	2	3	52

（續上表）

年份	丁口	1	2	3	4	5	6	7	8	9	10	11	12	13	14	15	16	17或以上	合計
合計 *（丁）		1	10	12	36	35	18	28	16	0	10	44	48	26	14	0	32	67	397

* 僑居捐款人名，不算人丁，因此不計算在門頭數目上。僑居戶其中一人為女性
** 其中一門頭為女性（嫁進之妻子）
根據 1899 年戶口統計，泮涌圍居民有 100 人；1911 年統計，人口為 127 人。屬本地。Extracts From Papers Relating to the Extension of Hong Kong, *Sessional Paper*, 9/99, Appendix No. 5, p. 23; 及 Report on the Census of the Colony for 1911, *Sessional Paper* 17/1911, p. 103(34).

泰亨鄉的醮簿較詳細。這部大概在 1920 年抄寫的冊子共六十頁，內容包括：（1）各棚廠的對聯（醮簿開首及最後部分）；（2）總規，說明每一名緣首、每個圍村、每一房以及「大眾」（宗族）在建醮時的責任，包括醮金的捐輸、用品的分擔、各項儀式時擔任的角色等，也規定對違反者的罰則；（3）從擇日、祈緣首開始，包括每項和建醮有關的行事和儀式的細節：物件內容和數目、各參與者的角色（如緣首、吹手、道士）以及鄉民在某些儀式時應有的行為。[5]（4）建醮須用物品開列；（5）各單位負責人數；[6]（6）各項合同。[7]

從泰亨鄉的醮簿，我們可以考察到什麼是鄉民建醮時所注重的

5 如「開啟第三日……是晚祭小幽（四眼者來米不合用），先接判官，後祭小幽，祭妥乃迎聖。……祭小幽，衣化過，切勿燒炮。若燒炮，是逐客去也……迎聖，接宮曹馬二隻（唯罪人不用幫錢）」。見文仁炳先生藏，泰亨鄉醮簿（手抄本，原本缺書名、抄寫年代，原稿編纂者可能為文木生先生）

6 如「守大壇一人……擔水二人……（天后）未出位，先一、二日請便三位婆，潔淨（天后）衣服……」。泰亨鄉醮簿（抄本，無頁碼）。

7 包括：南巫先生合同、做半班戲棚合同、做戲併公仔戲合同、吹手合同。泰亨鄉醮簿（抄本，無頁碼）。

事項，以及在歷史發展的過程中，除了物價變動外，鄉民對於醮有些什麼結構性的修正。在傳統的宗族社會，儀式和宗族房支有密切的關係。在節日中，地方社會的各層階分別擔當不同的角色，而宗族（醮簿稱為「眾」）則負責監督，確保節日可以順利完成。例如各戶（門頭）除了出醮金（丁口錢）外，還需要出桌子一張以及幫助迎送棚木。每個門頭可以得到丁口肉、列榜、領衣（在祭大幽時用）。「醮金……不許人不出，亦不許人不做份。不做份，『不在此居住』……合眾將他名字，於神前稟明。」[8] 假如欠交丁口錢，則不能列榜、領衣；不提供桌子，則由公家扣除其丁口肉；不迎送棚木，則需要出錢由公家請人迎送。從泰亨鄉醮簿的記錄，我們可以理解傳統社區成員共同分擔社會責任的重要性。宗族和宗教的制約是規範社區成員共同承擔的手段。違反責任的成員，一方面不能得到神明的庇佑（不得列榜，合眾將他名字於神前稟明），不能救贖他們的祖先（不得領衣）；另一方面，不僅會受到宗族金錢上的制裁，而且會有被逐出村、出族的可能。

泰亨的醮簿雖然記錄了各個儀式所需的用品、各緣首在儀式中的責任和權利（可以取得那些供品）（參考表 3.2）、各參與者（南巫[9]、吹手等等）的酬勞（包括金錢和實物如米、肉、生熟煙等）；從記錄的內容及其詳略，我們也可以理解鄉民心目中，對於祈福、保境平安的儀式的重視。首先是對於違反者的處罰是：不能登榜，接受神明庇佑；

---

8 泰亨鄉醮簿（抄本，無頁碼）。

9 按：即喃嘸

不能領衣，救贖先人；不能分丁口肉，分享神力。其次，醮簿中對下列各項有詳細的說明：

（1）地域範圍的確認：所屬範圍的各層階的祖先和神祇，[10] 以及地域通過行香儀式確認的地域聯盟關係；[11] 神明的階序。里社井泉、廟宇的神祇都是大傳統容許祭祀的神祇。

（2）成員身份的確認：單姓宗族或雜姓村落或村落聯盟皆重視人口登記。

（3）春祈秋報、許願酬還（迎神、迎榜、迎聖、送神）。

（4）驅瘟逐疫：大士巡圍、行船。

（5）祭厲和慈善（祭大、小幽。尤其是對於幽籙內容的描述和領衣〔紙〕、化衣的行為 [12]）

---

10 醮簿列出三十個建醮時邀請的神祇和祖先，他們包括七位泰亨鄉附近地方的土地神（土地福德正神），五位圍、村的土地神，五位祠堂、廟宇的土地神，三位社稷神（社稷庇民大王），四位廟宇神明（金花、文昌和兩位觀音），在上水石湖墟報德祠崇祀的、清初請恢復界的兩廣總督周有德和廣東巡撫王來任，開山宿老，各戶香火福神，文氏歷代祖先，以及三界神仙。

11 泰亨鄉現在沒有舉行行香儀式（扛台神輿繞境）。醮簿中記錄行香隊伍需要進入本鄉的觀音廟、天后廟和文廟外，要到林村（林村廟天后廟）、太和市（文武廟）和大埔舊墟（天后廟）。又、泰亨文氏與廖氏（上水）、鄧氏（龍躍頭、大埔頭）、侯氏（河上鄉、金錢）和彭氏（粉嶺），共同組織報德祠。所以如上註，祭祀對象也包括報德祠崇祀的周、王二公。

12 泰亨鄉醮簿關於小幽的描述是：「是晚祭小幽（四眼者來米不合用），先接判官，後祭小幽，祭妥乃迎聖。36 對。祭小幽，衣化過，切勿燒炮。若燒炮，是逐客去也」；對於幽籙和化衣的描述是：「幽籙中間，上有清玄上帝四字、下有一公仔開首兩行有施主二字、收尾有某年某月某日數字。於施主下，即寫文（明）某某收。尾寫主科某某頒行，或寫某姓頒行。……一副（幽）衣，定一張幽籙，切勿簽多。倘或簽錯，須用水浸濕扯碎，撚成一粒，放於字紙盒中，用更香與寶化……（幽籙）再（在）祠堂交與各緣首分派……是晚酉刻將各幡竿、燈籠、並路燈點明，以照人客往來。……化衣時要接出大士……化衣後回家，不可呼名，亦不可多言。只許拍門，不可叫門。明朝到衣處，看其衣化得過否。……化衣完後，則許燒炮。待炮響時，即倒幡竿。」

表 3.2 1920 年代以前泰亨鄉建醮時緣首的責任

緣首	通表	一般責任			迎聖	
1	出錢60文	總管數目，齋料，頭、三、二通表，寶燭雜物	每名出氈條一張	南巫、吹手、搭棚人、往來寫合同、通表時食用（改革：歸眾負責、每餐錢50文）	龍牌各物	得到迎聖後之：饗糖、大壽餅、仙菓、蜜糖菓、齋、生口、包卷、百寶湯、糖果
2		南巫先生銀兩				
3		迎送壇色				
4		符張衣寶			服侍天后元君	
5		棚廠、迎送、枱凳			眾神壇	
6						
7						
8		吹手壇錢銀、公仔箱迎送、開齋丁口肉所分之銀長短				
9						
10						
11	出錢30文	看守大壇物件、朝懺香燭、兼往大埔各處買物	催收各鄰舍醮（金）			
12						
13						
14		天師神處香燭				
15		大士神處香燭				
16		幡竿香燭				
17		各幡竿香燭				

（泰亨鄉醮簿，手稿，編纂者不詳）

要言之，鄉民進行的周期性的太平清醮，是在國家規範下的既合法也合理的儀式行為。他們奉祀里社、祖先和有功於民的神明；實行的是國家容許的報賽行為；人口的記錄是類似國家要求的黃冊人口登記制度；他們代替地方官司，對無祀鬼神的祭祀（祭厲）。我們在香港新界地區觀察到的太平清醮，可以說是大傳統規範下的鄉村儀式行為。在他們視角下，正一派道士執行的儀式，並非左道異端。他們是在大傳統的規範下，為鄉民達致「保境平安、許願酬還」的宗教訴求。因此雖然在明清的國家規範中，祈禳災祥和祭祀無祀鬼神，原來是屬於地方官司會同城隍神的責任。《大清律例刑案彙纂集成》卷十六〈禮律祭祀、褻瀆神明〉條規定：「……僧道修齋設醮而拜奏青詞（用青紙書黃字）、表文（用黃紙）及祈禳火災者、同罪還俗。」又，「……告天拜斗、焚香燃燈皆敬禮天神之事，祀典各有其分、私家所得祭者祖先之外、惟里社五祀、若上及天神則僭越矣。」[13] 然而，在編戶齊民的香港舉行的周期性的醮，不單具備皇朝國家容許的「春祈秋報、驅瘟逐疫」、「春秋迎賽、祈年報穀」的元素，而且更重要的是在本地的醮的儀式中，鄉民把原本由國家官僚負責的祈禳和祭厲儀式地方化。而為他們執行儀式的道士，不過是幫助他們實踐國家容許的宗教訴求的代理人。

二 打醮：儀式執行人的視角

在香港農村社區由正一派道士執行的大型的醮，一般稱「保境祈陽羅天太平清醮」。[14] 在香港新界北區的喃嘸師傅之間流傳的《道教源

13 見《大清律例刑案彙纂集成》卷十六、「禮律祭祀、褻瀆神明」條。
14 根據梁承宗師傅，一晝連宵的醮稱為「洪文清醮」。

流》抄本中強調「修齋設醮」的目的是「保安人物」，在一系列儀式之後，「驅邪出境……迎百福歸堂」。[15] 換言之，從儀式執行人的喃嘸師傅的視角，醮是為了一個特定社區、特定群體在特定時間舉行的大型社區性的宗教節日，它的目的是保護這個社區，令這個社區從危險的「陰」的處境重新回到「陽」的境界。然而，哪個地域範圍，哪些社會群體可以通過這個儀式而得到神明的庇佑、並且可以從骯髒污穢的世界再生？故此喃嘸師傅對太平清醮的儀式行為的象徵意義的解析，不能避免的和社會群體扣上緊密的關係。從象徵層面來看，醮蘊涵了社區人群的宇宙再生的世界觀。那就是說，社區和人群在日常生活的過程中，無可避免的犯下罪孽、受到污染，所以需要通過宗教媒介（喃嘸或經生）進行一系列的儀式，把人間世界重新回復潔淨。從社會功能來看，參與醮事，不僅是社會責任或信仰的問題，醮是確認社區和群體界線的節日，有份的社區和群體便可以得到庇佑和再生。社區和群體是宇宙世界之所以可以生生不息的動力，是作為宇宙循環再生過程的不可分割的環節。因此醮的儀式，有其內在的、合理化的邏輯。（參考圖 1.1）

（一）道統與理想的模型

為香港新界鄉村執行醮儀的喃嘸，並沒有從屬於宮觀。他們一般是家庭式的作業，缺乏龐大的、制度性的組織支援。喃嘸主要服務自身居住的鄉村以及鄰右地方，執行紅、白事儀式。各個喃嘸掌握本

15《道教源流》抄本，無著者、年代、頁碼。

身所在鄉落的需要，強調鄉落差異和勢力範圍。一般來說，鄉村社區舉行清醮儀式時，都會由服務各該社區的喃嘸負責承接醮儀（在醮儀的職位為主科）。醮儀一般用五至九名喃嘸，其中包括位置最尊崇的高功在內的五名會在大榜（或稱金榜、人緣榜）上簽押的喃嘸。[16] 由於醮儀須要多名喃嘸執行儀式，而社區本身一般未能提供足夠的有資格的喃嘸，[17] 因此從儀式執行人的角度來看，醮必然是跨境而且是具備同質性的。[18] 例如在 1970 和 1980 年代，經常擔任醮儀的喃嘸：林培（上水）、張海（沙頭角）、林財（上水）、簡耀（北區）、梁安（元朗）等皆各自有其服務的範圍，但又互相支援執行醮祭儀式。[19] 由於是同一群喃嘸執行的儀式，各村落社區的醮儀大致相同。典型的香港新界正一派醮儀大概包括正醮前三次的上表儀式；正醮前一日的取水、揚幡和開壇啟請儀式；正醮開始後分燈禁壇、祭小幽、啟人緣榜、迎聖、走赦、放生、祭大幽以及每天的三朝三懺儀式；正醮完畢後的酬

---

16 泰亨鄉的醮簿稱這些在醮儀上有職位的道士為「先生」，沒有職位的為「學生」。後者主要的職責是行朝、拜懺，俗稱朝腳或朝墩。

17 新界的鄉村很少有多過一戶的道士家庭。有些社區如粉嶺有本身的道士（彭炳），所以到 1980 年、1990 年粉嶺圍十年一屆的醮的主科都是彭氏擔任。可是除了醮事完畢後的酬神和行符儀式外，彭氏並沒有足夠的資格擔任醮儀的其中一名主要的儀式執行人。在筆者觀察的 1970 年代以來新界各地舉行的醮儀，彭氏除粉嶺以外，都沒有參與。同樣，1981 年林村鄉建醮時的主科謝貴，居住大埔舊墟，為附近鄉民執行紅、白事儀式。但是與彭炳一樣，除了在醮事完畢後的酬神和行符外，並沒有參與其他儀式，也沒有參與其他地方的醮。

18 據梁仲師傅，新界東面和西面東莞系道士的唱腔雖有差異，但儀式基本相同。

19 林培、張海、林財、簡耀俗稱四大天王，在香港新界北區活動。1970 年代末簡耀去世後，由中國沙井鎮移居香港屯門的陳九參與醮儀。1980 年代中期，梁安去世，其位置由子梁仲取代。1990 年代以後，林培、張海等田仲一成稱為「舊派」的正一道士相繼辭世後，新界的醮儀主要由陳九家族和梁仲家族成員和徒弟擔任（黎 2005:20－61）。

神和行符儀式等。[20] 儀式的先後順序、壇場的佈置有一套合理化的邏輯關係。如迎聖必須在啟榜之後，走赦在迎聖之後；鬼王（大士）不會朝向有份建醮的村落。

新界北部道士之間流傳的《道教源流》中的〈道統永傳〉條指出：「夫天生道名，有師傳道之人不一。其習或為黃冠羽士、或為告斗星巫、或演法茅山、或為設送邪煞。此各道巫，俱尊老君為道教之主。孰之道，名雖同而道之術各異也。」道統本來同源，書中解析不同的道教師傳，有其不同的道術，各有專職：

> 何謂黃冠羽士：乃自軒轅黃帝制黃冠與羽服及如意，以謁上帝求兵信以制蚩尤，所以有此黃冠羽服。後人為道者修醮以迎天真，皆效之以從事焉。何謂禳星告斗之道巫也：因周天星曜，五行少和，是仗道人點星燈以歡解凶星，祈福而禱也。始自虞帝。熒星禱疾，後人效之，以保病拜禮星辰保安也。何謂演法道巫也：蓋神農及黃帝禱以祈仙，積薪擊彭演法以契之，封南天火門，開北天水門，命巫祝台佐，方水竈務以神符法咒以祈而後以效者。何謂設送邪煞之巫也：因高陽氏之子為疫鬼所害，即命巫驅之以逐疫鬼，後人效之為然。⋯⋯黃冠之道士，其物當用之建

20 參考蔡（2000：43－58）。田仲一成認為1970年代由於來自沙井的陳華承接不少新界地方的醮儀，因此產生了所謂「舊派」和「新派」的差別。黎志添則認為差別在於陳九、陳華以及東莞道士的師承關係。我們必須注意的是：（1）雖然陳華引介二十世紀初以來廣東地方舉行的萬緣勝會中的「附薦（先人）」棚，他們執行的醮的基本儀式構造並無很大的差異；（2）田仲和黎氏以打武的有無作為與傳統東莞道士的差異。然而包括林培在內的東莞道士，有執行打武的儀式。這也可以參考泰亨鄉1920年編的手抄本醮簿；（3）梁仲以及陳九的長、次子皆拜陳華為師，因此1990年代以後在新界所見的醮，是糅合了傳統東莞道士的傳統和來自寶安沙井的傳統（黎2005）。

醮；靈寶之教，其物宜用修齋；混元之教，其物用之袪邪；無婦之教，其物用之修禊；他如遣秏禁煞，皆修禊之端也；即難以逐疫，亦驅邪之類也。

《道教源流》強調皇朝國家的規範，指出：「……嗣後道學分歧，而師巫日熾，黃老之教相行，奶娘之法亦出，盡從邪教，正道少行，故後人迷奉驅邪之院，致有夜中跳鬼之端。亦思老君前朝之禳災告斗，請福演經，何用多端妖巫也。」因此在新界見到的道士執行的清醮儀式，是皇朝國家認可的儀式。他們的儀式強調文字，[21] 所以《道教源流》有特別兩節，分別解析「陽醮文字」[22] 和「符式」[23] 的意義，從而說明道教與國家禁止的師巫假降邪神、書符、呪水、扶鸞、禱聖、自號端公、太保、師婆，或者是彌勒佛、白蓮社、明尊教、白雲宗等左道異端不同。

《道教源流》列出道家三個不同的壇場：正壇，「乃存其正心誠一，以昭格而修齊，陳於日以為修醮壇場也」；靈寶壇，「乃醮修於夜，以人心之靈，以格神為寶，以超度之壇場也」；混元法壇，「乃奉混元皇行法除邪而請福之壇場也」。也就是說，原來香港新界道士理

21 科大衛認為文字的強調把喃嘸的儀式正統化和國家化（Faure 2007，廖、張、蔡合編，2001）。

22《道教源流》「始序陽醮文字之義」條，列出在醮時用的文字，包括意文、榜文、表文、詞文、章文、關文、狀文、檄文、詔文、誥文、赦文、牒文、劄文、經文、懺文、科文等。

23《道教源流》「符式名義紀」條，符式包括：總召、開天、度火、解穢、金樓、玉殿、化壇、入戶、出戶、發鼓、發壇、伏爐、五老符、十傷符、惠光符、召陰符、召陽符、金符、大振符、召將符、奏疏、給帖、道牒、道職、道籙、壇靖、曹治、花押、字型大小、合同、封套、方極、印信、簽押等。

想的醮儀是以三個不同的祭祀工具和傳統，達成祈福、驅邪和超度三種不同的祭祀目的。這樣的分壇祭祀，也許和閩、粵、贛邊境、粵北以至高雷一帶地方舉行醮事時的文壇和武壇相若（譚 2005：1－26；章 2008）。然而在香港新界地區的醮，我們觀察到的是另一模式。

（二）1990 年代以前香港新界的正一清醮儀式：角色轉換與傳統交錯

黎志添比較科儀文本，指出香港新界正一派道士的建醮科儀一方面和宋代以來道教的科儀有很多相近之處，「仍然保存着這個既古老但仍有宗教生命力的道教科儀傳統」（黎 2005：48）。另一方面，「新界的正一派建醮傳統的淵源應是出於明代以來正一派道教在廣東東南部東莞縣和新安縣等地區的鄉化醮儀傳統……與來自閩、粵（東）兩省的台灣靈寶派及正一派科儀有所差別」（黎 2005：50）。香港新界的正一派道士所執行的清醮儀式的內在邏輯基本是沒有改變。可是喃嘸受僱於鄉村，他們會因就鄉村的要求而增減儀式及其細節。他們強調「一處鄉村一處例」。也就是說，正一清醮的儀式框架大體一致，但不同鄉村也有細節上的差異。最明顯的是禮斗、八門、行香、圍土（即落箭）等儀式，並非所有鄉村都施行。[24] 或如錦田鄉要求正醮的每一天寅時頌觀音經，在他處則沒有。「一處鄉村一處例」的地域特殊性，賦予屬於當地的道士優越的條件，構築鄉村社會儀式執行人的服務範圍，令外來的道士難以介入爭奪地域社區的儀式行事。然而太平

24 關於香港正一派道士執行的醮儀和地域性差異，參考蔡（2000：第一章）。

清醮需要多位道士執行儀式，因此鄉村的喃嘸必須擁有相互扶持的協作關係網絡，而儀式本身也需要具備共通的性格。

喃嘸強調建醮的主要目的是「保境酬恩、許願酬還」。醮是為了一個特定社區和人群，在一個特定的周期執行的過渡儀式。這些儀式，有一定的基本架構和一定的程序。由邀請各界神祇（上表）、劃定被庇佑、保護的社區的範圍（取水、揚幡）、為社區群體懺悔（三朝三懺）、被庇佑的群體迎接玉皇等大神參與醮事（啟榜、迎聖）、從而得到神祇赦免罪行（走赦）、行善（祭幽、放生）以至去污穢迎吉祥（行符）等醮的儀式都有一定的合理次序，不能混亂。例如玉皇必須由有份者迎接，有份者的罪孽必須借玉皇之力而赦免，因此迎聖儀式必須在啟榜儀式之後、走赦儀式之前。同時醮事的舉行，是社區報答神祇在一個周期內賜予的恩典、祈求與神祇再次訂立契約關係，庇佑社區人群。因此周期性的醮具備兩重意義，那就是祈禳和祈報的關係。這兩種關係與皇朝國家對民間信仰的控制有密切關係。

新界的太平清醮並沒有如其他地區或如《道教源流》所述，不同的祭祀目的由不同的儀式執行人、在不同的壇場執行。在醮場內，只有一個道壇。[25] 假如祈福、驅邪、超度同樣是太平清醮的宗教目的的話，香港新界的醮無疑是混和了不同的傳統。同樣的儀式執行人，在太平清醮時改變身份，執行不同傳統的儀式。以下分別舉例說明：

25 這個大部分儀式進行的地方，鄉民一般稱為「喃嘸棚」。來自沙井的陳華，則名之為「經棚」。在龍躍頭，道壇設在祠堂內，林村鄉 1999 年以前在天后廟內。其他大部分的地方，道壇皆是臨時搭建。

（1）禁壇和打武

從地域層次來看，醮可以分為幾個不同的範圍。首先是道士為鄉民執行主要儀式的道壇。這是非常神聖的地方，所以需要進行一系列的儀式（禁壇、打武）來保護壇場。其次是由幡竿象徵性圍繞的醮場範圍，這是神明、幽鬼和人交流活動的地方。醮場內有臨時搭建的神棚、演戲（人戲或傀儡戲）的戲棚、統管孤魂的大士棚（鬼王）、判官、城隍或玉皇棚、鄉村負責醮事的值理棚等。道士和代表鄉村服侍神明的緣首每天三次行朝，供奉場內各神明。祭幽、放生、走赦和行船的儀式，在醮場外的村落範圍內舉行。有些鄉村有到友好村落的行香儀式。無論如何，從儀式的層面，道壇是最重要的地方。在啟壇建醮的儀式中，高功踏罡潔淨道壇、邀請五方神明和龍虎二將保護壇場。打武和禁壇一樣，皆有召集神祇、天將保護壇場的意義。[26] 然而喃嘸在執行打武儀式時，並非穿著道服。他的頭戴紅巾、穿上半截紅裙的服飾，是所謂「混元之教」或閭山派的傳統。香港的新界地方如粉嶺每年正月十四至十六日舉行的洪朝儀式，道士也以同樣的裝扮執行儀式吹號角、唱蘇歌、劈沙羅。[27] 需要注意的是 1990 年代以前，執行洪朝儀式的張海是新界地區林培以外，德望最高的道士。林培辭世後，香港新界主要村落的太平清醮時的高功，一般都是由張海擔

26 黎志添認為是 1970 年代末從寶安縣沙井鎮移居香港的陳九「將武場表演加進至新界鄉村的道教儀式中」（黎 2005：32）。然而，打武、八門等所謂「武場表演」，是新界一些村落的建醮傳統（見泰亨鄉醮簿）。林培、張海皆執行過這些武場儀式。1984 年厦村建醮的打武儀式開始前，當時年過八十的林培在興致勃然下，也表演了一些打武儀式的工架。陳九和他的兒子在 1970 年代以後一直擔任武場儀式的執行人，主要是因為他們較年青、地位較低而已。同樣地，八門功德一直是錦田鄧氏建醮的傳統儀式，並非自陳九開始。

27 關於粉嶺洪朝，參考區、張（1994：24－38）。

任。張海去世後，在粉嶺執行洪朝儀式的是林培的侄子。陳永海指出閭山派的傳統在南中國有很長的歷史（Chan 1995: 65-82）。在啟壇儀式時施行兩次的、有同樣意義的儀式，也許說明了正一儀式取代閭山派儀式成為新界鄉村建醮儀式的正統後，武場儀式是一種把過去的傳統修正後，融入當代的正一派傳統的方法。從另一角度，當正一派的道士脫下羽服，紅帕包頭，腰繫飛衣時，他代表的是一個古舊的地方傳統。

（2）判官、城隍與玉皇

根據《道教源流》的〈壇儀紮作紀〉，建醮時醮場內除了大人（即鬼王或稱大士王）和小鬼外，只有判官一個紮作的神像。判官「乃主幽魂注簿之官，始自玄帝委黃官主事也」。「主州縣陰陽之事，而正直無私」的城隍只是列在〈壇色神儀紀〉中眾多神明的一個。在1980年代的考察，大部分東莞道士執行醮儀的鄉村，都有兩尊較大的紙紮神像：一為控制醮場上孤魂野鬼、負責分衣施食的鬼王（或稱大士）；另一為城隍神像；在城隍像（約高六、七尺）旁有紙紮的判官像（約高四、五尺）。[28] 也有一些村落，把城隍神像稱為玉皇。由陳華主持的醮，只有玉皇棚，沒有城隍棚。現在大部分鄉村的醮，都只有玉皇棚。大抵來說，判官和玉皇是道教神祇的系統，而城隍自明初以來，就如地方的郡縣官員，代表國家監察鄉村里社的祭厲儀式。從道教的角度，判官為記錄幽魂之官，所以駐在醮場。而道教神明系統中至尊

28 泰亨鄉可能是唯一的例外，該鄉建醮時，只有玉皇像，沒有城隍像。

的玉皇，只是在醮的迎聖儀式時，才象徵性的到達醮場。神祇的階序和神祇在醮的過程中出現時間，皆有軌可循。過去香港老一輩的喃嘸如已故的林培師傅等深明此理。新一輩的喃嘸則強調道統多於皇朝國家的傳統，因此也安於稱城隍為玉皇。

也許我們可以說，城隍像在醮場的出現，是鄉民理性履行國家祭厲傳統的結果（蔡 2008：49－63）。至於稱城隍為玉皇，顯然搗亂了醮祭儀式的邏輯性。然而太平清醮的主體是鄉村社會，與宮觀道士不同的是，鄉村的喃嘸是受鄉村僱用的。因此皇朝國家不再主宰鄉民社會，祭厲的傳統也很容易地為鄉民想像的道教正統所取代。

（3）多層次的超度

香港新界鄉村的正一道士執行的醮，都有兩次的祭幽儀式（即祭小幽和祭大幽）。在一些宗族社區如錦田和泰亨，有裝扮目蓮救母的走八門的破地獄儀式。此外，如厦村鄉約，在正醮前舉行一次祭祀為鄉約打殺犧牲者的祭英雄儀式以及在正醮開始前在主導鄉約的鄧氏的宗祠後角，祭祀不能進入祠堂的祖先。這樣的多層次的超度行為在同一的儀式出現，也許展現了地方社會對付幽鬼的不同傳統。把皇朝國家容許的祭祀祖先、有功於民的神格人、拜祭無祀鬼神的鄉厲，以及佛教的普施儀式糅合。新界鄉村的道士，在同一的醮中，擔負了不同的身份。如在醮場內執行的八門儀式，道士穿麻衣、執水火棍、招魂幡的孝子（目蓮）裝扮；在醮場外設臨時的壇，面對城隍執行的祭小幽儀式時，穿著黃衣素服；建醮最後一晚，在醮場外搭建臨時的靈寶壇，執行祭大幽的儀式時，在儀式的中段，高功坐蓮花，換僧伽、戴五法冠、打手結等。在不同的超度儀式中，道士以不同的裝扮轉換身份，執行不同傳統的儀式（見表 3.3）。

表 3.3 儀式與神、鬼、祖先的關係

祖先	無祀祖先	英雄（非宗族）	地方無祀鬼神	超地域的孤魂野鬼
走八門	祠堂角祭幽	祭英雄	祭小幽	普施
祖先				厲鬼
宗族		地域	國家	佛教（普世救贖）

（4）國家的榜和宗教的榜

從鄉民的視角，能否在太平清醮時登錄上榜，不僅表示鄉民能否得到神明庇佑，而且確保鄉民的成員資格。如泰亨鄉的醮簿，不能「列榜」是對鄉民違規行為的一種懲罰。田仲一成認為在啟榜儀式中，道士、緣首對飲，「很像於儒禮之一，所謂『鄉飲酒之禮』」，而「大榜的形式，很向（像）從前的黃冊」。因此，田仲認為「迎榜儀式與其說是道教典禮，寧可說是儒教典禮」（田仲 2003：14－15）。

在香港新界的鄉民社會，迎榜（或稱啟榜）之日，也是太平清醮的正醮日。醮榜不僅如田仲指出的和黃冊的人口登記制度有關，也是鄉民對科舉功名的金榜題名的期望。在儀式進行的過程，從緣首和道士之間的對飲、道士和緣首在榜上署名、高功在榜上點紅後，把榜交予緣首以及鄉村福祿壽全（好命公）的長者貼榜等，也許可以視為道士與鄉民之間建立師弟關係。對鄉民來說，迎榜儀式並非純然是宗教

的儀式，道士的角色也不是純粹的宗教執行人的角色。現在的太平清醮時上表儀式的表文，啟榜儀式用人緣榜、走赦書儀式的赦書等，道士都會用雞冠血潔淨人名。《道教源流》的〈混元法器名義〉條謂：「桃花雞乃將雞冠剪紅和酒集將飲之，以吐雄威，齊心助法也」。雞冠剪紅和酒來潔淨人名，一方面可能因為「雞公乃王太母始有也。取五德能報曉以報達神明以迎恩也」(《道教源流》〈奉神供器義名紀〉條)，另一方面，顯示「混元之教」滲入正一儀式之中。用雞冠剪紅和酒潔淨人名的儀式行為，可能是十九世紀中後期的創新行為。根據泰亨鄉的醮簿，「前數界(屆)發文書不用雄雞。至同治九年十二月初四日，開啟先生取雄雞血點關文，以便上天，故用雄雞」。這樣的轉變把原來的國家行為，轉為道士憑依法力，把國家規制下的人口，轉為神明庇佑的人口。道士也由代表國家的身份，轉為神明的代表。

三 皇朝國家與鄉村節日

道教正一派的醮儀，被新界鄉民認受為鄉村建醮當然的儀式，除了宗教性外，也加入近代化前鄉村社會缺乏的娛樂表演。武場表演外，祭小幽時的「賣雜貨」儀式也是鄉民所謂「聽喃嘸佬講鬼古」是即興的，加入了地方社會本身的故事的相聲娛樂。事實上，晚上進行的醮儀，各有不同的表演。正一道士通過所謂吹(音樂)、打(音樂)、彈(音樂)、唱(儀式腔調)、跳(功夫)、喃(儀式腔調)、寫(榜文)、紮(各種紙紮神像)，在鄉民的世界展演娛樂、藝術、文化的能力，在鄉民社會展演的是一種全能的、文武兼備的宗教能力，從而建立在鄉民社會的正統的、不可替代的位置。

具體地說，香港新界正一派道士的清醮儀式模擬了皇朝國家，在民間社會中展現了很多皇朝國家的規範和制度。他們也把鄉村社會不同的宗教傳統加入。傳統的融會，建構了他們在近代化以前，在沒有新競爭以前，在鄉村社會的權威和正統性。

從另一角度來看，儀式舞台上道士的演出，並非純粹的、權威性的宗教行為。明、清政府規定祭祀是不可以褻瀆與僭越。大清律例謂：「褻瀆之罪實則僭越之罪。不能備其物則褻，不當行其禮則瀆。」（《大清律例刑案匯纂集成卷十六、禮律祭祀、褻瀆神明》條）皇朝國家強調民間宗教必須具備教化的意義，不能破壞國家的身份層級結構。庶民「私家告天、拜斗、焚燒夜香、燃點天燈告天、七燈拜斗」（《大清律例刑案匯纂集成卷十六、禮律祭祀、褻瀆神明》條），這些都是褻瀆神明，僭越（不合身份）的儀式行為。律例規定「告天拜斗、焚香燃燈皆敬禮天神之事，祀典各有其分，私家所得祭者祖先之外，惟里社五祀，若上及天神則僭越矣」（《大清律例刑案匯纂集成卷十六、禮律祭祀、褻瀆神明》條）。也就是說，皇朝國家規定平民老百姓除了祭祀祖先之外，唯一可以做的就是祭祀社壇，即祭祀地主。庶民不可以祭祀天上的神，否則是褻瀆神明。皇朝國家希望通過這些方法來控制社會，所以在大清律例裏指出「以邪亂正，愚民易為搖動，恐致蔓延生亂，故立重典，所以防微杜漸也」（《大清律例刑案匯纂集成卷十六、禮律祭祀、禁止師巫邪術》條）。國家禁止師巫假降邪神、書符、呪水、扶鸞、禱聖、自號端公、太保、師婆，或者是彌勒佛、白蓮社、明尊教、白雲宗等左道異端；禁止隱藏圖像則非民間共事之神佛；禁止「燒香集眾、夜聚曉散」；因為這些行為「往往藏奸、因而作亂」。雖然如此，「民間春秋義社，以行祈報，不在此限……民間社、會，雖所不禁，若裝扮神像，鳴鑼擊鼓，是亦惑眾之端也」(《大清律例刑案匯纂集成卷十六、禮律祭祀、禁止師巫邪術》條)。皇朝國家一方面不希望人民舉辦大規模的祭祀活動，希望庶民向自己的祖先祈福，然而皇朝國家也理解執行的困難。農民生產，需要一些超自然的力量說明，所以春天生產的時候，就有春祈；秋天收割，因為神明保佑，所以要報答神明，這就是秋報。春祈秋報，皇帝覺得禁不到，故此，「民間所建義社，而鄉人春秋迎賽以祈年報穀者，雖用鑼鼓，聚集人眾，不在此應禁之限」(《大清律例刑案匯纂集成卷十六、禮律祭祀、禁止師巫邪術》條)。從律例來看，皇朝國家一方面希望控制社會，另外一方面又做不到，所以在文字上可以看到一種模棱兩可、禁與不禁之間的矛盾。

鄉村社區的醮儀可以說是在僭越和合法之間實行，因為祈禳是官司的祭祀行為，祈報則是國家容許里社進行的行為。在這樣的矛盾下，受僱於鄉民的香港新界正一派道士，不但是鄉民社會的代表，同時是神明和皇朝國家在地方社會的指導者。他們執行的清醮儀式，糅合不同的傳統。他們在執行儀式時，通過身份的轉換，把這些傳統展演出來。我們在香港新界所見的醮，無疑是明清以來規範的延伸。

第四章

地域組成的原理：從醮榜看地域社會的親屬關係

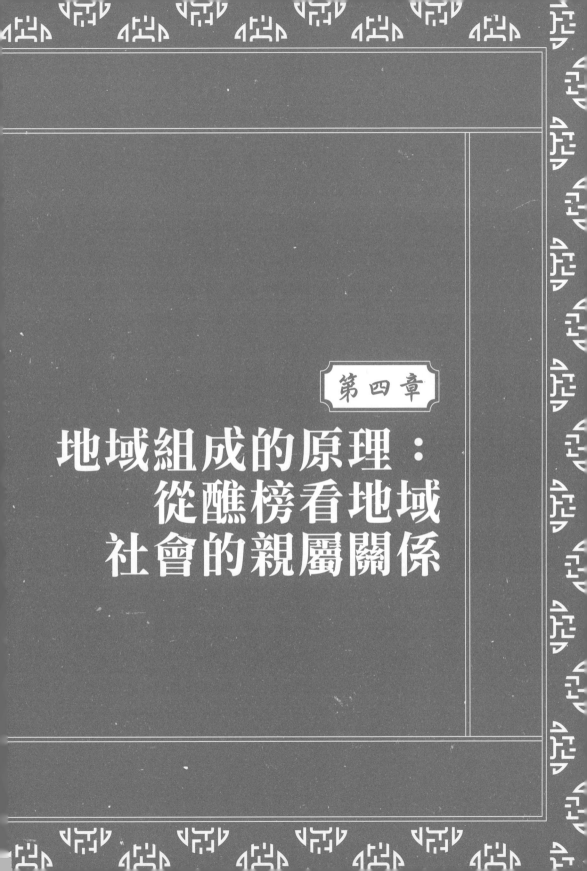

打醮的時候，在醮棚內張貼着很多不同種類、由喃嘸書寫的「榜」：介紹喃嘸在正醮期間每日工作程序的叫「款榜」；說明喃嘸和緣首在打醮時的任務的叫「職榜」；令幽魂超渡往生、知恩圖報的叫「大幽榜」；告誡其守法依規的叫「小幽榜」；監督齋戒的叫「齋榜」。然而與鄉民直接相關的，是寫上鄉民名字的「人緣榜」。打醮的時候，鄉民的名字會在三種內容大抵一致的人名表上登記。第一種人名表是一本稱為「意者」或「意文」的人名簿。這本人名簿與紙紮的「意亭」放在一起，在儀式進行時，總是由頭名緣首用手捧着「意者」和「意亭」。喃嘸在行朝、拜懺等儀式舉行時，會從頭名緣首手上接過「意者」，誦讀緣首的名字。「意者」在正醮完結翌日的酬神儀式終了之後焚化。第二種人名表是卷軸形式的。在上表儀式時用的叫「表文」，在走赦儀式時用的叫「赦書」或「社書」。這些卷軸形式的人名表會在各該儀式完成後，立即與紙造的使馬同時焚化。第三種人名表叫「人緣榜」。「人緣榜」是用紅紙黑字書寫的一覽表。在啟榜儀式完結之後，人緣榜會貼在牆壁或木板上，待酬神儀式完結後才除下焚化。為了行文方便，我們統稱這三種人名表為醮榜。

緣首們的名字在所有打醮的儀式進行時，都會由喃嘸讀出。但是喃嘸只有在上表、啟榜、迎聖和走赦四個儀式舉行時，把所有在醮榜上登記的人名誦讀一次。以下，首先介紹這四個儀式與鄉民的關係，並且分析在這四個儀式舉行的時候，為什麼要耗用一兩個小時來把醮榜上登記的人名誦讀一次？然後嘗試從三個案例中，探討醮榜所表現出來的地域社會關係和組成原理。

一 醮榜與儀式

(一)上表儀式

在正醮之前會舉行三次的上表儀式。上表是鄉民通過喃嘸的中介，通知各界諸神本社區舉行打醮的儀式，同時也透過上表儀式邀請諸神涖臨參加打醮。喃嘸把載在醮榜上的所有人名誦讀一遍之後，會用雄雞的雞冠血沾水，把所有的人名潔淨。之後，喃嘸把醮榜和表文放在紙函之中，然後用繩把紙函縛在紙製的使者背後，一同焚化。上表儀式代表着各界諸神是被所有在醮榜上登記的人所邀請的。

(二)啟榜儀式

在正日啟榜儀式之後，鄉民便會把長約數十米的醮榜貼上。啟榜時用的人名榜一般稱為「大榜」、「金榜」或「人緣榜」。儀式進行時，五至九名喃嘸及頭名緣首在榜末署名。署名之後，榜就會由喃嘸之手，交到鄉民的祭祀代表的手上。在1980年粉嶺的打醮，榜是由喃嘸交到頭名緣首，以及被稱為「攬榜公」或「好命公」的老人手中。頭名緣首身穿馬褂、「簪花掛紅」，腳穿紅木屐。據鄉民說，他的服飾代表了人世中三項至高的幸福：簪花代表新科狀元、掛紅代表新婚郎君、紅木屐就如有些年老的婦女笑說的，像她們嫁進來時的服裝。「好命公」必需是鄉中年齡最大的，家庭中世代最多的三代，甚至四、五代同堂的，而且妻、子、媳、孫都齊全的宗族成員。因此之故，榜是由神明，通過其代表的喃嘸之手，交到鄉中代表福、祿、壽、全的人世中最高的幸福的人手中，再貼示出來。喃嘸用雄雞冠血將醮榜潔淨之後，再將榜上登記了的人名誦讀一遍。這個時候，鄉民都很小心地查看他（她）們的親屬的名字有否錯漏。若有，便會立即更正。在榜上有名的人，因此而得到神明的祝福和庇祐。這個榜會在酬神儀式完結之後燒掉。

（三）迎聖儀式

在啟榜儀式完結之後的晚上舉行迎聖儀式。迎聖儀式是道教最高的三清及其弟子（鄉民）恭迎神明系統中地位最高的玉皇大帝等到臨醮會的儀式。在這個儀式的進行途中，一名喃嘸會把意文上登記的人名一一誦讀。讀完之後，意文會放回意亭。透過這一儀式，玉皇大帝就會記着鄉民的名字，從而向他們一一祝福。

（四）走赦儀式

最後一項需要誦讀所有鄉民名字的儀式是「走赦書」。簡言之，鄉民祈求通過這一儀式，得到上界諸神赦免他們在過去一個周期（譬如十年間）所犯的罪孽。赦書是黃色的卷軸，用黃色的絹布縛在紙製的使者背上。然後理論上，由鄉中跑得最快的青年捧着，疾走繞鄉一周。在粉嶺和龍躍頭，手捧使馬的青年要用最快的速度，不能稍作停留地向鄉內各社壇報告。返回醮棚後，赦書就會交到喃嘸之手。喃嘸坐在放在桌上的椅上，誦讀赦書上的人名。筆者曾見過喃嘸在桌子的四足之旁，化符紙以防邪穢的入侵。人名誦讀完畢之後，赦書就會與使馬一同化去。通過這一儀式，在赦書上有登記名字的鄉民的罪孽，就會被神明赦免。

如上所述，不管醮榜的形式如何不同，它在打醮時都扮演了很重要的角色。那就是說，只有在醮榜上有份登記名字的人，才是舉辦是次打醮和招待各界諸神的人，只有他們才有資格求神賜惠，祈神赦罪，也只有他們才可以得到諸神的庇祐。然而，究竟他們是誰？一般而言，鄉民都會說只有「原居民」才有資格在醮榜上登記。不過「原居民」並不一定指在當地居住的人。在粉嶺、龍躍頭、泰坑等單一宗族社區中，所謂「原居民」是包括了地域宗族的不在成員，以及他們的外籍妻子。反之，屬於其他宗族的人，即使長期住在社區內，也不能在醮榜上登記。要言之，可以在醮榜上登記的，是在祠堂裏上過燈登記了的男丁、他們的妻子、未嫁的女兒，以及拜過祠堂登記的養子。

在林村鄉、泮涌鄉等複數宗族社區裏，沒有在祠堂、廟或社壇上過燈登記的人，他們的名字原則上是不能在醮榜上登記。但是假如他是在社區內居住十年以上（一周期）而又願意付出規定的醮金的話，該戶的戶主的名字，就可以在其居住村落的「原居民」的名字之後登記。然而居住未滿十年的，即使捐錢，他們的名字也不能在與儀式有關的醮榜上出現。

在錦田等由一個宗族支配的大社區中，佃農、僑民等非宗族成員，假如捐款的話，就可以在人名榜之未，以信農、信僑等與鄧氏一族不同的類別來登記。也許我們可以視此為地主集團的錦田鄧氏，賜給居住該地的佃農等的恩惠。

至於雜姓社區如合山圍等鄉村，以及元朗或長洲等墟市中所舉行的醮，所強調的是地緣的關係。在墟市的場合，商店的名字也在醮榜中登記。此外，如長洲打醮的醮榜，也包括了一些透過祭祀組織的總理或值理的人際關係或族群關係而捐納醮金，但並非住在島上的人。

綜言之，單一宗族社區所舉辦的醮，其醮榜登記條件是嚴格地限制在血緣關係的基礎上，而地緣的條件則顯弛緩。反之，社區內的血緣團體愈多，在醮榜上登記的條件就會從血緣上解放出來，強調的反而是地緣或族群的關係。

以下，我們嘗試從泰坑、林村鄉社山村和錦田三個社區的醮榜，來分析其中所表現出來的親屬關係和各社區的構成關係。

二　泰坑：單姓社區的醮和醮榜

泰坑是由三個村落組成的單一宗族的社區。住在這裏的人，據說都是十五世紀初定居此地的文高的子孫（多賀 1982：61）。泰坑所舉行的是五年一屆的三朝醮。在打醮那一年，各房房長在廟內集合，杯卜緣首的順序。據鄉民說，十名緣首分別代表宗族的十房。在醮榜上的緣首，就是各該房的房長。緣首及其名下集合登記的房內成員共同構成一「柱」。各戶或「戶頭」分別在其所屬的緣首柱之下登記。在打醮時的祭祀組織中，有擔任工作的戶主，稱為「醮信」；沒有職務的，則稱為「信士」。緣首、醮信或信士類別之下的戶主，年齡如果是超過六十歲以上的話，就會在該類別之後加上「壽官」的頭銜，所以他們的分類就會寫成「緣首壽官」或「醮信壽官」。其他的宗族成員，就會在戶主之後，按輩份、年齡和性別一一列出。

在 1985 年的時候，泰坑的打醮共登記了 58 戶頭（包括緣首）、779 人，其中男性 391 人，女性 388 人。但是人數和戶頭數並非平均地在各柱（房）分佈。例如十柱中其中的三柱各只有一戶頭。它們的平均人數為 19 人。但是頭名緣首這一柱中，則包括了 19 個戶頭、161 人。58 個戶頭中有 8 個是核心家庭，即只包括一對夫婦及其未婚子女。其他的戶頭都是包括了一對以上夫婦的擴大家庭，46 個戶頭包括了二代以上的成員。這些戶頭都是由戶長或其守寡的母親為中心而組成的金字塔形的家族組織。

如圖 4.1 所示，圖 4.1 I 的戶主 A 是家族中輩份最高的男性。不論他的子、孫是否已婚或者是否住在一起，他們的名字都會在 A 的名字之下登記。假如 A 去世之後，而他的妻子還在世的話，他的長子便會成戶主。假若長男也去世的話，就會依據輩份和年齡的順序來決定誰是戶主。也就是說，年紀最大的最長輩的男性，會成為戶主。在這情況下，他的其他已結婚及別居的兒子，都仍然會在 A 的長男的名下登記（圖 4.1 II）。假如兩親皆去世的話，結了婚的兄弟則各自成立自己的戶頭（圖 4.1 III）。因此平輩的兄弟戶頭較金字塔式的戶頭分裂得快，所以數目也較少。

此外，雖然我們不大清楚同一柱中的戶頭之間的關係。但是可以推測，他們大抵在數代以前有共同的祖先。舉例來說，如圖 4.2 所示，在頭名緣首的柱之下的第三至六名戶頭，皆是十七世成衍的兒子。成衍死後，他們分別成立自己的戶頭。頭名緣首與他們同屬第十八世。他們的宗族關係是藉第十五世，他們的共同的曾祖父而連結起來的。

圖 4.1 戶頭的發展

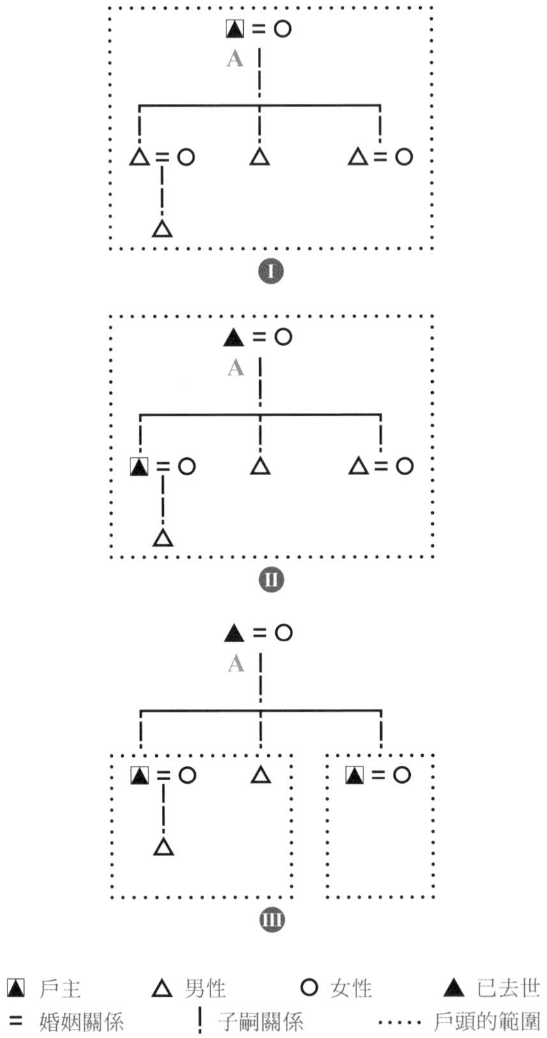
A
I
II
III
戶主
男性
女性
已去世
= 婚姻關係
子嗣關係
戶頭的範圍

圖 4.2 泰坑的頭名緣首與柱內第三至六名戶頭的關係

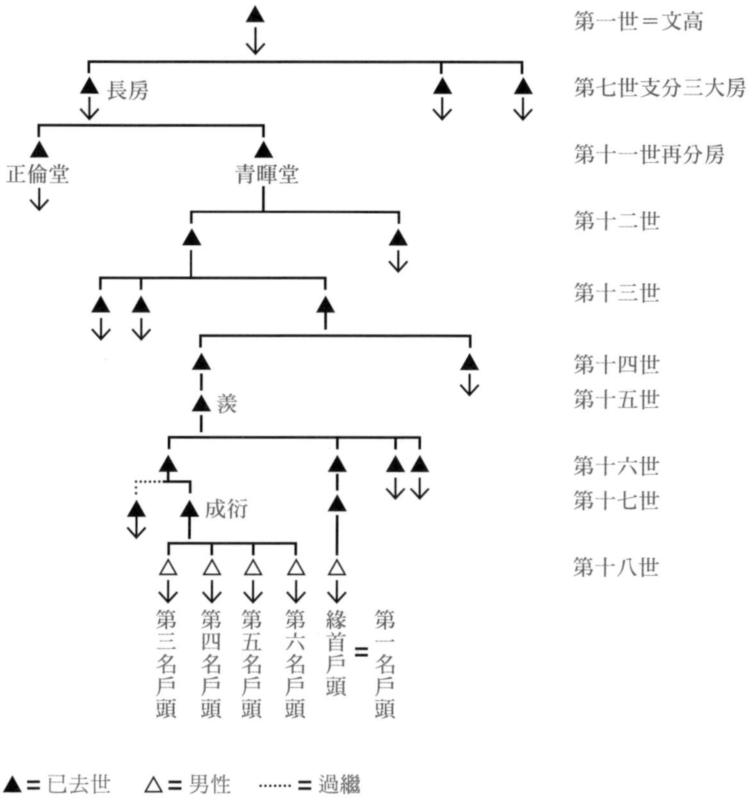

圖 4.3 單姓宗族社區的結構

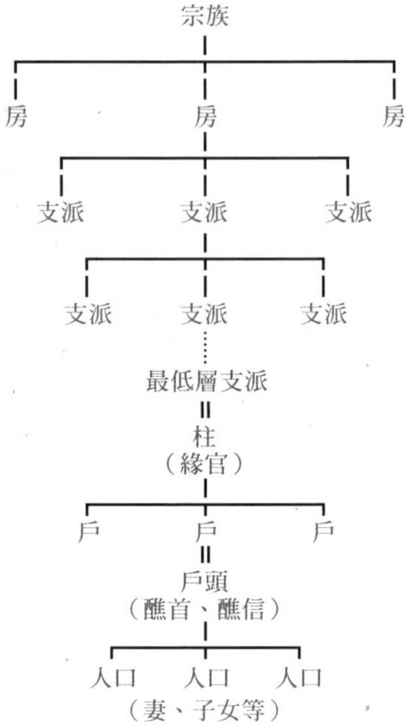

根據《文氏族譜》，泰坑文氏自第四世開始分為三大房。但是在打醮時見到的房「柱」是三大房和戶之間的中間血緣單位。也就是說，泰坑的宗族社會結構在主要的宗族房支和戶中間，有着多重的關係。這種重層關係，就如圖 4.3 所示，在打醮時的醮榜中表現出來。

三　林村鄉社山村：雜姓社區的醮和醮榜

社山村是林村鄉二十四條村落之一。住在村裏的，據說都是清初到此定居的陳行可的後裔。社山陳氏分為四房。然而，其中一房仍然住在社山村的後裔不多。陳氏有一宗祠，祠中供奉「陳氏堂上伯高曾祖妣考神位」。據 1945 年修的《社山陳氏族譜》所載，第四房的第十四世祖的子孫，是唯一擁有共同財產的宗族支派。

十九世紀中葉以來，林村鄉各村以天后廟為中心，組織了一個類似保甲制度的「六和堂」的組織。各村分為六甲，社山村屬於第三甲。林村鄉打醮的大部分資金，是來自六和堂的共同財產。在 1981 年的打醮，社山村共有 48 戶登記，其中男性 224 人，女性 188 人。48 戶中有半數（26 戶）以上只包括兩代的成員。這 26 戶中有 22 戶是核心家庭。48 戶中的其餘 22 戶包括了三至四世代的成員。這 22 戶包括兩代以上的戶頭中，有 20 戶是如上文所述的金字塔式的擴大家庭。餘下的兩戶中，一戶包括了戶主的養父的兄弟的妻子，另一戶則包括了戶主已去世的兄弟的孫。由此看來，社山村的醮榜中，並沒有如泰坑的由祖先的關係而連結起來的柱。所有的戶主都分別以醮信的名義登記。在人名榜上，戶主家族的成員是根據輩份、年齡及性別的順序登記的，但是屬於同一房的醮信，是分散地登記在醮榜上。據建醮委員會的委員說，醮榜上醮信的排列順序是由抽籤決定的。

在泰坑，女性或養子皆不能成為戶主。但是從社山村的醮榜，可以發現最少二名戶主（即醮信）是女性。假如再比較族譜的記錄的話，在醮榜中最少有五位養子，其中四人為醮信。此外，48 名醮信中，有一人的父親為養子。從而在社山村，寡婦和養子不單可以被承認為「原居民」，他們還可以在打醮的醮榜上登記為戶主（醮信）。在打醮時，筆者時常聽到鄉民說「這是六甲的醮，同祖先無關係」的說法。換言之，這個醮是重視地緣關係的結合多於血緣關係的結合。因此如果死去的丈夫或養父被承認為是「原居民」的話，寡婦和養子也順理成章地成為「原居民」。再者，林村鄉打醮的收入有兩個主要來源，其一是來自六和堂的全鄉性的共同財產，其次由個人及各戶的醮金。打醮的收入與戶以上的血緣組織無關。因此在醮榜上登記的是捐納醮金的戶，而非血緣團體的房。所以在社山村的醮榜中，我們所見到的大部分是核心家庭以及三至四代的擴大家庭。連繫每個「柱」的，是活着的父母的其中一人，而並非祖先。

四　錦田：單姓主導社區的醮和醮榜

錦田是由五圍六村組成的社區。鄧氏為錦田的地主和主要居民。此外，還有相當數量的佃農和其他血緣團體的僑民在錦田居住。眾所周知，鄧氏是新界最具影響力的宗族之一。他們的祖先據說自南宋初期便在此定居。他們不單是新界最古老的宗族，而且他們強調為宋朝皇姑後裔的關係而擁有新界西部偌大的土地。

在錦田舉行的是十年一屆的五朝醮。錦田的打醮是錦田鄧氏的打醮，也是為了鄧氏的繁衍而舉行的節日。不論是否仍然住在錦田，只要是宗族的成員，他們的妻子及未結婚的女兒都可以在醮榜上登記。在打醮的那一年年初，族內的男性聚集在周王二公書院，杯卜選緣首。1985 年的打醮，錦田有 60 名緣首，他們各自代表了宗族的房以下的支派。所以無論支派的任何一位成員杯卜成為緣首，緣首的名銜都屬於該支派內輩份最高、年齡最長的成員。支派內的所有其他成員，都在其名字之後登記。未能當上緣首的支派，就會在醮榜中的其他類別之下登記。例如如果是祭祀組織的成員的話，就稱為醮首。沒有職位的六十歲以上的族人稱為信耆，六十歲以下的稱為信士。此外，在第四名及第五名緣首之間，是族長及其家族。60 名緣首中最後的四名是屬於由錦田枝分到英龍圍居住的鄧姓的支派。在 1985 年錦田的醮榜中，鄧氏共有 120 柱。除族長外，包括了 60 名緣首（其中 4 名屬英龍圍鄧族）、19 名信耆、31 名信士，以及 11 名醮首。在這 120 柱中，共登記了 3,056 人，其中男性 1,557 名，女性 1,499 名。

在錦田居住的外姓人是可以自由捐款參加打醮的活動，他們的名字可以登記在醮榜上鄧氏的後面。1985 年時登記為「信農」的佃農共 39 戶，登記為「信僑」的僑民共 63 戶。據鄉民所說，雖然一般只有在錦田住了數代的人才會捐納醮金，可是與林村鄉不同的是，錦田的打醮並沒有規定在鄉中居住的年限。不管在鄉中居住多久，只要捐納醮金，便可以在醮榜上登記。然而即使可以在醮榜上登記名字，英龍圍鄧族和這些外姓人都不可以加入祭祀組織之內。

在 1985 年錦田打醮時，原則上一個人丁派三百元。然而在英龍圍鄧族的緣首之下登記的人口，以及信農和信僑之下登記的人名，只需要付一半的醮金。據鄉民說，這是「因為他們是客人，而且沒有錢」。相對而言，屬於富裕的房的支派的成員所要繳納的醮金，則會由支派的共同財產支付。以第四名緣首為例，在第四名緣首之下共登記了 103 人，其中包括了緣首鄧餘衍的家族、餘衍的兄弟的家族，以及他的「堂兄弟」的家族（見圖 4.4）。在這裏登記的所謂「堂兄弟」，並非父親的兄弟的兒子，他們之間的族譜關係是超出五服親的範圍。如圖 4.4 所示，廿四世的餘衍與屬於同一柱的廿五世的衍堂的共祖是十八世的君亮。君亮是國賢的次子。在國賢名下有 40 石的共同財產（祭田），和以國賢為祭祀中心的「國賢鄧公祠」。祠內奉祀國賢的祖父、父親、兄弟和四個兒子。據《錦田鄧氏族譜》所載，國賢的兒子分為四房。第二房的子孫（即君亮的子孫）大部分都居住在永隆圍內。從永隆圍圍內各家庭中奉祀的祖先牌位來看，我們可以發現只供奉五代以內的祖先的牌位不多。反之，大部分家庭所祀奉的祖先，都是由十七世祖國賢或十八世祖君亮開始。從而我們可以說餘衍和其他的 102 人所組成的柱就是君亮支派的子孫。在君亮之下，再沒有其他擁有共同財產的支派。在打醮的時候，在君亮一派的共同財產中支付其成員的醮金達港幣三萬餘元。由此看來，錦田打醮時的柱的成員就是擁有共同財產的支派成員。換言之，在錦田的人名表中登

圖 4.4 錦田第四名緣首名下的戶頭之間的族譜關係

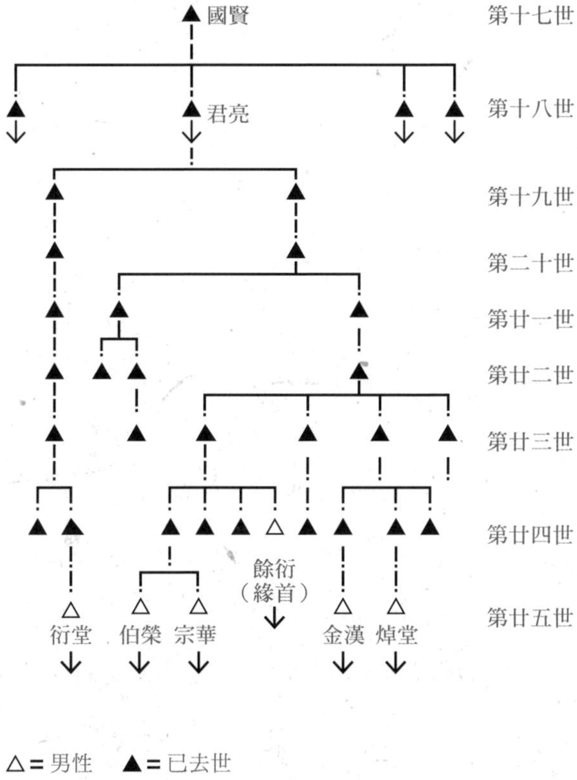

記在同一柱內的成員之間所構成的親屬團體，是由祖先及共同財產來連繫起來的。他們並非如上述社山村的例子，只是由在生的父、母來連繫。

五 打醮和地域社會的家庭和宗族關係

從上文中，可以看到不同的社區，用不同的方法來登記血緣和非血緣的成員。由血緣團體主辦的醮的醮榜中登記的，如果不只限於宗族成員的話，就是把無血緣關係的人放在與宗族成員不同的類別。在族譜關係上，屬於同一個柱的人都是由一個共同祖先連結起來。這個共同祖先，就是他們在家裏祀奉的最高輩份的祖先。在經濟上，他們是憑藉此一共同祖先名下的共同財產而連結起來，從而一個柱就是一個以此一共同祖先為中心所結合而成的祭祀團體。同時，他們也是擁有管理此一祖先名下財產的權利和向政府繳納有關稅金義務的經濟團體。就這樣，一個柱的成員就是在戶以上、房以下的有共同祭祀和經濟關係的中間性血緣團體。他們的成員身份是在周期性打醮時再規定和再確認。

從錦田的例子來看，在柱和戶頭之間，沒有如五服親等中間性的血緣結合。換言之，從表 4.2 人數的比較和表 4.3 世代的比較，可知在單一宗族社區的醮榜中所見到的親屬範圍是比較深和廣的。從表 4.1 中，可以看到在醮榜中，錦田醮榜的柱是由本人、兄弟和堂兄弟三個不同的家系所組成。因此單一宗族社區的「柱」所包含的親屬範圍是超過五服親的範圍。反之，像林村鄉等複數宗族村落的社區所強調的是地域的結盟，所以在打醮時，也相對地對地域內居住的人開放。例如在社山村裏，即使是養子或妻子等無血緣關係的人也可以登記為戶主（醮信）。故此，當在社區中居住的無血緣關係的集團愈來愈多時，在醮榜上登記的條件也逐漸由血緣關係解放出來，所以在醮榜上所見到的親屬範圍也愈來愈狹窄。與單一宗族社區不同的是，在這些社區的醮榜中登記的人，是由在世的男性戶主或其寡母所連結起來。在這些地區的醮榜中所登記的戶頭大部分是核心家庭或三四代的金字塔式的擴張家庭。可是金字塔式的擴張家庭分裂的可能性較高。也就是說，在頂點的中心人物去世的話，由其所維繫的家族也就分裂，因此醮榜中以核心家庭或個人的形式登記的也較多。由於這些社區的打醮所強調的是地域聯盟，所以地域內的血緣團體的支派也沒有在打醮中擔當重要的角色。例如社山村陳氏在系譜上分了四大房。以第四房的第十四世祖瑞新為中心的支派有祖嘗，但是在打醮的醮榜中卻沒有與這個中間性血緣團體有關的痕跡。

表4.1 打醮的人名榜中所顯示的親屬關係

	輩份	稱呼	人數及類別							
			錦田						社山	泰坑
			緣首	信耆	信士	醮首	信農	信僑		
分類I本人的家系	+3	曾祖母	0	0	1/1	0	0	0	0	0
	+2	祖母	0	0	1/1	1/1	0	0	0	0
	+1	伯母（繼母）	2/2	0	0	0	0	0	0	1/1
	+1	母	17/16	4/4	17/16	2/2	5/5	1/1	15/15	27/24
	+1	姑	0	0	0	1/1	0	0	0	0
	0	妻	60/55	17/16	28/27	13/11	18/18	29/29	32/31	53/51
	-1	男	186/55	41/17	54/24	28/11	63/26	72/28	95/37	133/50
	-1	媳	99/40	22/12	9/6	12/6	15/11	16/9	30/15	53/26
	-1	女	62/30	28/11	47/19	16/7	29/12	8/4	40/24	74/36
	-2	男孫	139/37	24/11	6/3	17/5	22/10	12/5	36/13	74/22
	-2	男孫媳	0	0	0	0	0	0	2/1	4/2
	-2	女孫	107/35	27/10	4/3	9/3	7/5	9/3	20/12	55/19
	-3	曾孫男	0	0	0	0	0	0	2/1	2/1
	-3	曾孫女	0	0	0	0	0	0	0	2/2

（續上表）

	輩份	稱呼	人數及類別							
			錦田						社山	泰坑
			緣首	信耆	信士	醮首	信農	信僑		
分類II本人兄弟的家系	0	兄	0	0	0	1/1	0	0	0	1/1
	0	嫂	17/10	2/2	0	2/2	0	0	2/2	3/3
	0	弟	40/22	8/4	15/10	8/4	7/4	5/3	19/11	44/18
	0	弟婦	31/23	9/4	12/10	7/3	4/3	0	11/9	31/17
	0	姊	0	0	0	1/1	0	0	0	
	0	妹	9/4	0	5/3	1/1	2/1	0	11/6	11/6
	-1	侄	141/32	26/6	15/9	28/6	9/4	0	22/10	58/17
	-1	侄媳	72/21	10/4	1/1	5/1	0	0	4/2	13/6
	-1	侄女	41/20	13/5	13/7	15/2	5/2	0	16/7	37/13
	-2	侄孫	113/20	8/4	1/1	6/1	0	0	3/2	15/5
	-2	侄孫媳	19/6	0	0	0	0	0	0	4/3
	-2	侄孫女	99/17	8/3	1/1	3/1	0	0	3/1	14/4
	-3	侄曾孫	23/3	0	0	0	0	0	0	6/3
	-3	侄曾孫媳	2/1	0	0	0	0	0	0	0
	-3	侄曾孫女	7/4	0	0	0	0	0	0	3/3
	-4	侄玄孫男	7/4	0	0	0	0	0	0	0

（續上表）

	輩份	稱呼	人數及類別							
			錦田						社山	泰坑
			緣首	信耆	信士	醮首	信農	信僑		
分類III本人堂兄弟的家系	+2	叔婆	1/1	0	0	0	0	0	0	0
	+1	叔	0	0	0	1/1	0	0	0	0
	+1	嬸	7/7	0	2/2	3/2	3/3	0	0	0
	+1	堂叔	1/1	0	0	0	0	0	0	0
	+1	堂嬸	11/7	0	0	0	0	0	0	0
	0	堂嫂	13/10	1/1	1/1	0	0	0	0	0
	0	堂弟	50/17	2/2	1/1	1/1	1/1	0	0	0
	0	堂弟婦	51/21	2/2	0	0	0	0	0	0
	0	堂妹	6/5	0	0	0	0	0	0	0
	-1	堂侄	153/28	6/3	8/2	0	1/1	0	0	0
	-1	堂侄媳	72/23	4/3	7/2	0	0	0	0	0
	-1	堂侄女	64/13	6/2	0	0	0	0	0	0
	-2	堂侄孫	140/23	6/3	17/2	0	0	0	0	0
	-2	堂侄孫媳	39/13	0	2/1	0	0	0	0	0
	-2	堂侄孫女	90/21	11/2	10/1	0	0	0	0	0
	-3	堂侄曾孫	55/7	0	3/1	0	0	0	0	0
	-3	堂侄曾孫媳	9/2	0	0	0	0	0	0	0
	-3	堂侄曾孫女	23/6	0	0	0	0	0	0	0
	-4	堂侄玄孫	5/1	0	0	0	0	0	0	0
	-4	堂侄玄孫女	16/2	0	0	0	0	0	0	0

資料來源：錦田（1985）、林村鄉（1981）及泰坑（1985）人緣榜

註：母包括庶母、妻包括妾。泰坑六十歲以上者之妻子稱同緣。

錦田的緣首類別中包括族長。又由於登記之親屬關係不詳，不包括緣首、信僑及信士各一名。

數字（x/y）上段為實際人數，下段為類別數

表 4.2 錦田、社山及泰坑的人名榜中人數的比較

	類別	類別數	總人數	最多人數	最少人數	每類別平均人數
錦田	緣首	61	2208	119	4	36.2
	信耆	19	305	31	4	16.1
	信士	31	351	56	3	11.3
	醮首	11	192	49	6	17.5
	信農	39	227	26	1	5.8
	信僑	63	219	17	1	3.1
社山	緣首	48	412	39	1	8.6
泰坑	緣首	10	779	161	18	77.9
	戶頭	58	779	52	2	13.4

資料來源：同表 4.1

表 4.3 人名榜中所記錄的世代關係

	類別	一代				二代				三代				四代				五代			
		A	B	C	D	A	B	C	D	A	B	C	D	A	B	C	D	A	B	C	D
錦田	緣首	0	0	0	0	3	1	0	0	5	14	4	7	0	3	12	7	0	0	1	3
	信耆	0	0	0	0	2	1	0	0	4	6	1	2	2	0	1	0	0	0	0	0
	信士	0	0	0	0	7	1	2	0	9	7	0	0	0	1	1	0	1	0	0	1
	醮首	0	0	0	0	0	0	0	0	3	5	1	1	1	0	0	0	0	0	0	0
	信農	11	0	0	0	15	0	0	1	8	2	0	0	1	1	0	0	0	0	0	0
	信僑	30	3	0	0	22	0	0	0	7	0	0	0	0	0	0	0	0	0	0	0

（續上表）

類別	一代				二代				三代				四代				五代			
	A	B	C	D	A	B	C	D	A	B	C	D	A	B	C	D	A	B	C	D
社山	3	0	0	0	16	7	0	0	14	3	1	0	3	0	1	0	0	0	0	0
泰坑	1	0	0	0	7	4	0	0	25	13	0	0	4	4	0	0	0	0	0	0

資料來源：同表 4.1
A＝由本人或其寡母所維繫的家系
B＝本人及兄弟的家系
C＝本人及堂兄弟的家系
D＝本人、兄弟及堂兄弟的家系
按：本人的家系中包括未婚之兄弟姊妹。

再者，在錦田打醮的醮榜中見到的信農或信僑，都是以個人或核心家庭的形式登記。除了經濟原因外，這也許是由於他們參加錦田打醮的目的只是為了維持與地主錦田鄧氏的關係。相對地，作為地主的錦田鄧氏，為了使這些佃農和僑民納入自己的世界，不論他們是否原居民，只要繳納醮金，就可以在醮榜中登記。

由上文所見，單一宗族社區打醮的目的，是要再次規定和確認擁有共同財產和共同祖先的次宗族集團的成員資格。他們透過醮榜，正式地確認了這些共同祖先的祭祀集團。同時通過醮榜，成員的身份亦相應地被其他的宗族成員所承認。即使輩份和年齡高，但如果是養子的話，就不能夠成為緣首，即不能成為支派之長。如 1985 年錦田打醮的時候，由於一些鄧氏宗族的成員不承認第 31 名信士為宗族的成員，所以強把其類別由信士改為信農。也就是說，將其由血緣的類別改為屬於非血緣的類別。

其次，在強調村落聯盟的複數宗族社區中舉行的打醮，強調的是戶口的登記。在醮榜上登記的人，不管是養子或寡婦，只要是活着的，就可以擔當社區內的防衛和互助的工作。故此只要在醮榜上登記了，即使不屬於任何的血緣組織，也可以被確認為社區的成員。

在打醮的醮榜中表現出來的親屬關係因此是受到社區的形態而決定。一個人的血緣的地位和地域的地位，藉着打醮時的醮榜而被再確定。換言之，周期性的打醮是中間性的宗族集團較多的地區，用來把支派乃至宗族成員的身份作定期性再確認的手段。在受到械鬥的威脅或須要互助而結成同盟的社區中，周期性的打醮是用來確保同盟的關係和地域內的人力資源的一個重要手段。所以打醮的醮榜也是登記那些生活在社區內成員的方法。對於鄉民來說，他們通過打醮的醮榜而得以再次確認其在社區內或血緣團體中的身份。

第五章

族群關係：長洲島的神廟、節日和社區

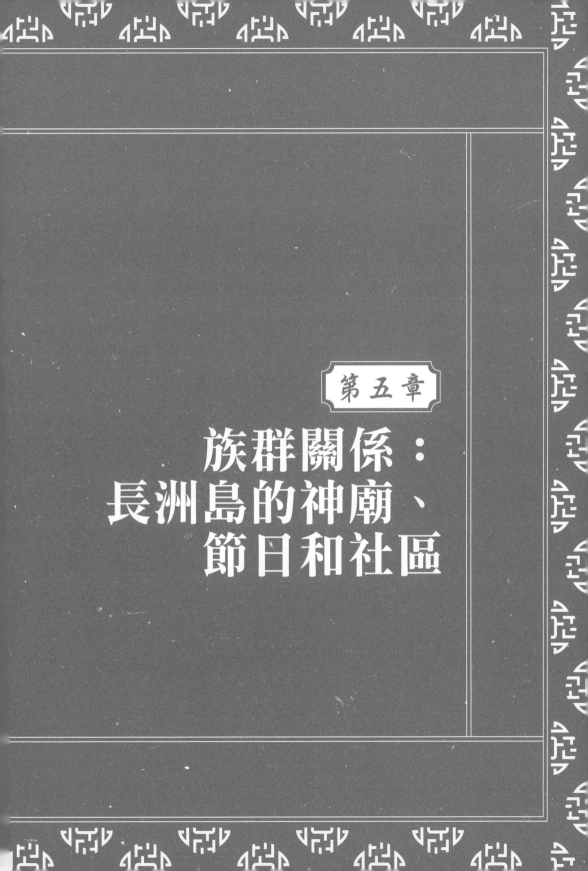

族群關係（Ethnicity）是一種建構的過程而非純粹客觀存在的實體（Honig 1992: 9）。建構族群關係的元素，無論是語言、種族、宗教信仰、歷史經驗或籍貫等都是可塑的，隨着人群的自我詮釋、自我界定而改變。族群關係的成立與人群所在的環境脈絡息息相關，而族群關係的界線，與界定社會範疇和類別的媒介密不可分。族群關係的建構時常是相對的、整合的，也是排他的。[1] 人群社區對地域範圍和身份認同的詮釋隨着歷史的發展而改變。因此要了解族群關係的建構，就需要了解社區、媒體和社群的發展過程。本章嘗試以香港西南方的長洲島為例，考察在社區歷史發展的過程中，由神廟和節日中所顯現出來的族群的重層關係，從而指出長洲島的族群透過建立神廟、舉辦節日，不斷地重新劃定其族群關係及地域範圍。通過民間宗教建立的族群關係，一方面再確立地域的關係，另一方面強化了地域族群間隱藏了的對立關係。民間宗教加強或重新建立了族群固有的身份認同，同時界定了族群外的關係網絡。

本章的資料，主要是根據筆者在 1980 年、1981 年、1989 年及 1992 年的田野調查。1997 年香港回歸中國之後，島上的人群對節日的解釋，我們在終章稍作說明。

1　關於族群關係的研究，可以參考 Hutchinson and Smith (1996)。

一 長洲島的地域與歷史

長洲是距離香港島西南約 17 公里，面積約 2.3 平方公里的一個小島。它是由南、北兩個高約一百米的小丘，以及中間狹長的沖積平原所構成。由於土地貧瘠，島上一般只能種植雜糧。為維持生計，早期很多農民皆兼業捕魚。[2] 農業並非島上的主要生業。一直以來，長洲島的居民主要是從事與捕魚或漁業有關的生業。直至二十世紀初，島上人口主要仍是以漁民為主，據 1901 年南約理民官的報告，長洲島的八千多人口中，有一半是以打魚為生。[3] 在岸上的工業和手工業也大部分與漁業有關，如醃製鹹魚和蝦醬，製造和修補魚網、漁船等。[4] 商業方面，除了服務本島人口生計的雜貨店、茶樓、金舖外，魚欄批發是島上最主要的商業。島上最早被任為太平紳士的周理炳和鄺炳有，兩人皆是從事魚欄批發的商人。

記載有關十八世紀以前長洲島歷史的文獻很少。據《南頭黃氏族譜》所載，寶安縣南頭鄉黃氏在十八世紀取得了島上的土地擁有權（黃 1976：卷上〈嘗業〉，頁 8－9）。雍正十二年（1734）八月初一日，黃氏祠堂備價從馮立異贖回「土名外長洲，周圍等處魚埗及牽灣一帶課米，載在黃保戶內」（黃 1976：卷上〈嘗業〉，頁 7）。乾隆十一年（1746），「土名外長洲荒地莆畝，原墾劉東文等，見系洋海孤

2 〈高太爺給發黃禮貌金長洲稅地執照〉及〈汪太爺給發黃金進承墾長洲執照〉，載黃（1976），卷上〈嘗業〉，頁 8 及 10。

3 *Hong Kong Sessional Papers* 1911: 103 (26 and 38), Hong Kong: Hong Kong Government.

4 *Hong Kong Government Blue Book*, 1906, pp. V2-V11。

洲，荒熟無定，不願墾耕，示召附近貧民墾升管業。」（黃 1976：卷上〈嘗業〉，頁 10）此時，在外長洲捕魚度活，替人做農覓食的二都七圖花戶貧民黃金進申請乘墾，列冊報升稅五十畝，俾世藉耕養（黃 1976：卷上〈嘗業〉，頁 10）。十三年後，乾隆二十四年（1759）十月內，南頭黃氏以價銀三拾兩紋馬買受黃金進在土名外長洲周圍田莆山地一帶稅畝（黃 1976：卷上〈嘗業〉，頁 4）。乾隆四十四年（1779），黃氏以印契被竊，重新登記所擁有的稅畝錢糧時，其所管土名外長洲的稅地共有 105 畝，其中包括了「二都七圖十甲黃保的名黃慶祥，稅四十九畝零」，又「的名黃慶聯，乾隆二十四年買黃金進稅五拾五畝」。這個時候，雖然「該地乃屬孤洲，東西南北四至皆海，並無別姓田園夾雜。內有莆地，僅堪栽種雜糧，未成丘段，無從開列」，但是在同一文獻中，可以知道這個以捕魚耕墾為主的小島，最晚在 1763 年已有舖戶李德珍等爭取在島上建舖的權利（黃 1976：卷上〈嘗業〉，頁 8－9）。

長洲島在乾隆中葉之後發展得很快。一方面，島上主要的廟宇都是在這個時候建立的。[5] 另一方面，島上的商業在這個時候也有長足的發展。據島上北方的北社天后廟一個香爐上的刻記，最晚在 1785 年時，長洲已被稱為「墟」（科大衛等編，1986：678）。進入十九世紀，尤其是中葉以後，島上的發展加快，這可以從幾方面考察：首先是作為地主的南頭黃氏，在島上辦納的錢糧，由 105 畝增加到 290

5　島上的北社、大石口和西灣三座天后廟的最早碑銘，分別是乾隆三十二年（1767）、三十七年（1772）和三十九年（1774）所立的。北帝廟是在乾隆四十八年（1783）所建。另外兩座主要的廟宇：洪聖宮最早的碑銘的年份是在嘉慶十八年（1813），而觀音灣水月宮則在道光二十七年（1843）（科大衛等編 1986）。

餘畝。[6] 由於收租利潤激增，黃氏在長洲島所收的租，也由族長獨自收用改為由各房公舉殷紳包收，利潤由族眾共用（黃 1976：卷上〈例規〉）。此外，自從 1810 年清朝政府招降海盜首領張保和鄭一嫂，控制南中國海後，長洲島則日趨繁榮。在 1820 年修的《新安縣誌》中，長洲島正式被記錄為新增的「墟」（黃 1979：32）。南中國海面的平靜促進了海上貿易的發展，加上在十九世紀中葉大量人口因為逃避太平天國的動亂渡海南來定居，長洲島成為沒落中的澳門和新生的香港的中介之地，成為環珠江口海洋世界的一個重要市集。域內地方官紳如大鵬協千總劉其盛、辦理長洲粵海關稅務廣東補用分府吳家興等，與一些貢、廩、增生等紛紛在這個時候，捐輸修建廟宇和公共設施。[7] 十九世紀中葉，長洲島除了是香港域內其中一個中國的厘關外

6 1872 年黃氏辦納的錢糧如下：

大灣周圍田地嶺莆沙壩	下則民税九拾九畝零陸厘九毫
中灣周圍山場田地莆嶺沙壩	下則民税九十七畝九分陸厘一毫五絲
巽寮灣周圍山地田嶺沙壩	下則民税七拾七畝
大小西灣嶺地田莆沙壩	下則民税一拾陸畝八分五厘貳毫八絲

以上錢糧皆歸黃堡戶內的名慶祥辦納（290.8833）（黃 1976：卷上，〈嘗業〉，頁 11）。

7 科大衛等編《香港碑銘彙編》共記錄了七座廟宇，一間醫院，學校和會所裏的六十六種碑刻，其中包括了鐘（五種）、爐（四種）、石獅（一種）、對聯（七種）、匾額（二十四種）、神桌（八種）、神樓（二種）、神輿（一種）、石碑（十一種）和木牌（三種）。這些碑刻，在 1800 年之前的有六種，1801－1860 年間的有六種，1861－1910 年間的有三十四種，1911－1950 年間的有十八種，1950 之後的兩種。六十六種碑刻中有十種共記錄了八十八人次的地方官紳和機構的名字（科大衛等編 1986）。

（Wesley-Smith 1980：19, 49, 137），[8]以黃氏為首的廣府人更在 1863 年建立了島上的自衛組織鎮安公局。到了 1872 年，島上商人興建了一所稱為方便醫院的公立醫院（科大衛等編 1986：149，379）。族群和商人在地方建設上的努力，加速了長洲島的發展。正如 1913 年，香港新界南約助理理民官沙也（G. R. Sayer）對 1912 年長洲島的發展評論云：「雖然長洲屢受疫病和海盜的侵擾，但它都可以面對困境。在逆境中，它的當舖還可以加建兩層，而且在島上建立新的街市和發電廠。」[9]長洲島是二十世紀初香港新界南約地區中發展最好和人口最多的漁業中心，[10]因此吸引了不少商人來此定居。1910 年的香港政府報告指出，島上的土地供不應求，空置房屋絕無僅有。[11]自 1920 年代，開始有蒸汽船行走香港島和長洲島之間。同時，長洲島也成為外國傳教士養修之所，並且是外國人渡假之地。然而傳教士和外國人主要集中在島上南北兩個小山，在平地及沿海聚居的主要是中國人。辛

8 在長洲的碑記中，有十種有長洲島官紳的捐獻記錄，其中下列四種記錄了清政府在島上的官方機構：

同治十二年觀音灣水月宮匾	辦理長洲粵海關稅務廣東補用分府
光緒一年洪聖廟匾	長洲埠
光緒十五年北社天后廟碑	長洲汛大鵬協右營左部副分府
	長洲稅厘廠、長洲鹽埠
光緒三十三年棲流所碑	長洲鹽埠、長洲厘廠、長洲洋藥捐抽海防廠、長洲海關船、長洲抽厘船

（科大衛等編 1986：225－231、379－383、787）

9 Hong Kong Government, *Hong Kong Administrative Report,* 1912: I13.

10 Hong Kong Government, *Hong Kong Administrative Report,* 1910: I11.

11 Hong Kong Government, *Hong Kong Administrative Report,* 1910: I11, I11-12.

頓（William J. Hinton）指出，以方言劃分的話，在1920年代長洲的居民主要是說廣府話的本地人和蛋家人、說閩語的包括潮州人和海陸豐人的學佬（鶴佬）和說客家話的客家人（Hinton 1977: 134）。許舒（James Hayes）在他的研究中指出，在長洲島居住的客家人很少。蛋家人主要聚居島的西面，島的北部多是岸居的海陸豐漁民，而中部地方住的多為廣府人（Hayes 1977: 58, 70）。族群聚居的情況，到1960年代仍然不變（Choi 1995: 107-108）。換言之，族群的結合可以從聚居的情況凸顯出來。下文嘗試指出族群的認同可以更進一步地從宗教和節日活動中體驗出來。

二 地域族群

長洲的發展，與十九世紀初以來大量人口的移入有關。據口碑資料，長洲在十九世紀末以來最具影響力的黃、盧、朱、羅四大姓中，朱、羅兩姓的祖先都是在十九世紀中期移居長洲。據朱氏後人說，朱氏的開基祖是在太平天國之亂時，從海豐避難而來，以收販魚為業。[12] 羅氏來長洲的確實日期並不清楚。但是我們從《羅氏族譜》的記載，可以知道在1992年初去世、享年八十多歲的羅天恩先生的曾祖父，是定居長洲的羅氏的開基祖。從此推測，羅氏大概也是在十九世紀中期之後才移居長洲。朱氏在新興後街有一家祠，約建於1920年。而羅氏在北社街有一類似家祠的「豫章堂」的建築，建於二十世紀初。

12 1985年3月19日，訪問長洲朱北生先生。

島上另一個擁有祠堂的家族，是上述的寶安南頭的黃氏維則堂和俊英堂，它們都位於大新街。黃氏雖然是田仲一成所說的長洲島的墟主，然而其祠堂建於南頭（田仲 1985：227－246）。黃氏在長洲的祠堂要到 1970 年代才建立起來。要言之，宗族和祠堂在島上並沒有扮演很凸顯的角色。島上人很少以宗族的名義參與島上的公眾活動。

長洲島的公眾活動一向都是根據地域範圍所結成的組織而進行的。這些組織包括了以原鄉成員為組織對象的同鄉會，和以現在居住地成員為對象的街坊組織。二者都與廟宇和宗教節日有很密切的關係。

據許舒的研究，長洲島最早的同鄉組織是惠潮府、東莞會所、寶安會所和四邑益善堂（Hayes 1977: 61-62）。包括惠州和潮州人的惠潮府可能是島上最早的同鄉組織，他們在 1783 年推舉歸善縣的林郁武領導創建北帝廟。[13] 從廟宇碑刻的記載可知，最晚在 1858 年，他們就以惠潮府的名義捐輸修繕北帝廟（科大衛等編 1986：785）。許舒認為東莞會所的建立是在 1800 年至 1801 年。從同治五年（1866）的〈寶安書室重修碑文〉可知，在咸豐末年，寶安人創建了關帝廳。到了同治初年，寶安籍人士與在島上逐漸增多的東莞籍商人共同修復關帝廳。[14] 東莞籍商人，以蔡良為首，於同治、光緒年間先後建立了義

13 見羅天恩藏〈創建北帝廟歷史〉，手鈔本。

14 科大衛等編（1986：125）載：「蓋此（長洲寶安書）室之關帝廳，係本邑（寶安）前人創造。自咸豐迄今十餘載，至茲荒朽……正宜復整門閭，重修棟宇。況（東）莞邑寄商於此，隨漸尤多。而東都以爰集同寅，共成美舉。」

祠、義塚和用以祭祀的嘗產。[15] 許舒指出，在 1898 年英國租借香港新界地方時，東莞籍人在長洲島已經擁有一個會所和一間學校。同時他們亦贈醫施藥和提供義塚予島上貧民（Hayes 1977: 62-63）。寶安會所的記錄主要見於藏在會所內的碑文。同治五年的〈寶安書室重修碑文〉中，記錄了寶安人士在咸豐年間建立關帝廳。在重修時復在書室內旁，立敦善祠一所，放置倡首者長生祿位，並且獲贈在大灣肚的店舖一間（科大衛等編 1986：125）。寶安會所在島上的地位，可以從會所內的〈重修鎮安公局碑記〉略見。這個在同治二年（1863）建立的團練公局，在同治九年（1870）定名鎮安社。碑記除了有 208 人或店舖捐獻外，亦包括最少 23 名有功名祿位的人捐獻倡修，這包括了貢生、廩生、邑增生、生員、都司、誥員、職監和信員各一人，軍功三人、監生五人和職員七人，並得到「鄔明府出示曉諭，舖戶居民人等，督率勇壯團練，首尾相應」（科大衛等編 1986：142－146）。這是島上官紳捐獻出力最多的機構，也是整合長洲的官認機構。在民國初年，寶安書室與惠潮書室、東莞書室整合，共同建立島上最早的公立國民學校。四邑益善堂包括了來自肇慶府的恩平和開平籍人士，以及廣州府的新寧和新會籍人士。許舒認為四邑益善堂是在 1897 年至 1898 年之間建立的，置有邑人神主的會所（Hayes 1977: 62, 64）。

長洲島雖然在二十世紀前有四個同鄉會，但是只有惠潮府是以

15 科大衛等編（1986：379－380），〈創建棲流所義碑〉：「同治十一年，歲次壬申，傾囊捐金，創建此棲流所一間，並洲邊義塚一區，以為安置流亡，檢埋骸骨……光緒三年歲次丁丑，承九龍大鵬協鎮都督府賴鎮邊大人獎勵，並蒙勸捐，得數百金。幾經屯積，購得舖戶兩間，在大橫肚廟右上街級，一連兩間。年中出賃，租項以為濟施祭祀之需。」

原鄉里籍名義，集體捐輸修建廟宇的。東莞、寶安和四邑並沒有以個別同鄉組織的名義捐輸修建廟宇。他們是以廣府（嘉慶十八年〔1813〕洪聖廟鐘，咸豐十一年〔1861〕北帝廟香爐和石獅，民國元年北帝廟匾額）、廣肇府（民國二年北帝廟匾額）或肇慶府（民國二年北帝廟匾額）信士人等的集體名義捐獻的。[16]

二次大戰後，隨着人口的增加，以縣為單位的同鄉組織亦紛紛建立。這些組織包括了廣府語系的長洲坪洲中山同鄉會、順德同鄉會、五邑同鄉會，以及閩潮語系的潮州會館、海陸豐同鄉互助社和海陸豐聯誼會等。同鄉團體的活動主要集中在島內會員的聯誼和福利、與島外鄉親之聯繫，以及崇祀先人、奉祀神主或公祭塚墓。就如 1962 年正式註冊的長洲潮州會館，每年農曆正月舉行元宵慶燈暨聯歡晚會，三月以花炮會的名義前往西灣天后廟進香，四月參加太平清醮，十二月在會館內之崇先祠舉行冬祭。此外，致送帛金予會員及其直系親屬（包括在中國內者）去世者，協助會員辦理紅白二事，成立鑼鼓隊及音樂訓練班、足球和籃球隊，商科訓練班；參與慈善工作，捐助家鄉，訪問國內外鄉親團體等（香港長洲潮州會館 1990：41－42，48－51）。個人參加同鄉團體，不單可以聯繫鄉鄰，在紅白事上得到團體的助力，而且可以透過同鄉團體，參加地方祭祀活動和地區事務。然而就如二十世紀前一樣，除了惠、潮系的同鄉會外，長洲島的同鄉團體都沒有以團體的名義，參與如太平清醮等的全島性的公眾活動。

---

16 共有七個廟宇碑刻是以集體名義捐獻的，分別是：1813 年廣府眾信捐鐘一座與洪聖廟，咸豐八年（1858）惠潮府捐匾額與北帝廟，十一年（1861）廣府和惠潮府人捐石爐和石獅與北帝廟，民國元年廣府眾信士捐匾額，二年廣肇府眾信士捐匾額和肇慶府眾信士捐匾額（科大衛等編 1986：682、785、866－868、797）。

三 街坊社壇和廟宇

長洲的舊市集範圍主要包括了北社、新興、大新、中興和興隆五條街和與各街平行的後街（如北社後街、新興後街等）。市集的南、北分別有一座天后廟。這兩座島上最古老的廟宇，標示着舊市集的兩端。住在這範圍內的族群，無論是惠、潮或廣府人，一向都被視為岸上人或陸上居民。迄 1960 年代為止，長洲島上各個族群大抵都各自聚居一起。惠州人和潮州人主要聚居在北社街和新興街，廣府人則在大新、中興及興隆街。廣府人聚居的這三條街，亦是島上的商業中心，主要的金舖、茶樓、銀行和街市皆集中於此。在島西南端的西灣地方，有第三座最古老的天后廟。在廟附近聚居的，是被稱為蛋家人的水上居民。

在舊市集範圍的每條街，都有一個社壇。社壇提醒着人們土地神是他們最接近的保護者。例如住在新興街的人，拜祭此街的社壇，同時也受此土地神的保護。一般來說，很少人會到另外一條街的社壇拜祭。根據口碑資料，在街上住的老街坊會輪流到社壇早晚上香。我們尚不清楚這是否與香港新界一些地區的社牌制度一樣，由各戶輪流負責社區祭祀活動。然而，社壇無異與各街的街坊組織有密切關係。長洲各街的社壇，也是各街坊組織的保護神。而街坊組織一方面是維護地方治安的組織，另一方面是一個慈善團體，推動地方公益。據許舒的研究，街坊組織是長洲島的地域精英的基礎構成，進入島上政治殿堂的踏腳石（Hayes 1977: 75-76）。街坊組織通過參與島上的節日，把基層社會的關係紐帶與島上的上層架構結連起來。

除了社壇的土地神外，島上還有廟神。一般來說，島上的廟宇神明是跨街區的：只要那位神明能為其帶來好運，居民們便會到那裏拜祭。長洲島有八座主要廟宇，其中四座崇祀天后。人們認為天后是保護在海上生業的人，並且能令其帶來好漁穫。在四座天后廟中，南氹天后廟據說是 1960 或 1970 年代由漁民建立的。它位於偏遠地方，從來不被認為是重要的廟。其他三座天后廟皆最遲建於乾隆中葉。北社天后廟是島上最古老的廟宇。從現存的碑銘記載中，捐輸修葺北社天后廟最早的記錄是乾隆三十二年（1767）。其次是大石口天后廟，最早的碑刻記錄是乾隆三十七年（1772）。這兩座天后廟位於長洲舊市集的兩端。島上最主要的節日，即每年舉行一次的太平清醮儀式，就是在這兩座廟之間的地域範圍內進行。第三座是位於主要是水上居民的西灣地方的天后廟。雖然長洲島有四座天后廟，然而從口碑資料，島上的人認為北社天后和西灣天后的誕期為最重要。農曆三月二十三日天后誕的正誕日，居民會到北社天后廟祭拜。西灣天后的誕期雖然不在正誕日，而是農曆三月三十，但卻有很隆重的包括演戲、搶炮等活動。廖迪生在有關香港天后誕的研究中指出，誕期是否在正誕日，可以是各天后廟及其所屬地域的經濟和資源協調的結果（廖 2000：118－119）。這兩座天后廟的重要性也許說明長洲的居民，無論是捕漁的或做魚類買賣的、生產的或批發的，皆需要天后的保護。但是大石口天后廟的所在位置，顯然具有象徵意義：它不僅標示出舊市集的範圍，更將水上人劃出陸上人居住的區域範圍之外。

儘管島上有多間天后廟，但是北帝（又稱玄天上帝）卻逐漸被長洲人接受為島上的保護神。很多旅遊書籍都把北帝塑造為長洲島的象徵。然而直至十九世紀末，崇祀北帝的北帝廟只是由惠州人所擁有及管理的廟宇。

北帝的香火是1777年由惠州商人從惠州玄武山北帝廟帶往長洲。最先並沒有建立崇奉北帝的廟宇。六年後，才由惠州歸善縣人林郁武發動建立廟宇。北帝廟曾經三次重修，主管其事者皆為林郁武的後裔。管理北帝廟的其他成員亦常為惠州和潮州人。換言之，北帝廟是由以林家為中心的惠、潮府人士所管理的。[17] 然而，十九世紀中期以後，由於廣府人捐款日增（科大衛等編 1986：866－868），惠、潮府人與廣府人對北帝廟控制權的爭執也隨之頻生。1903年，惠、潮府人士為擴建廟宇，尋求廣府人的經濟支持。惠州、潮州和廣府三族群因而達成協議，三者平分廟宇的祭祀和控制權。據〈光緒二九年北帝廟重修記〉和〈長洲廣惠潮三府弟子重建北帝廟合約〉，三族群分別負責每年三次獻給北帝的神功戲（田仲 1981：122－123）。[18] 自此，北帝不僅是惠、潮府人士的保護神，而且成為廣府人的保護神。北帝從此成為全島的保護神，北帝廟成為全島人都前往膜拜的廟宇，北帝

17〈創建北帝廟歷史〉，此記為島中長老羅天恩所藏。文載：「乾隆四十二年（1777）歲次丁酉，我惠府眾弟子在長洲貿易，共往玄武山古廟請玄天上帝香火到長洲奉祀，籍保平安。因神靈顯赫，眾庶輸誠。故於乾隆四十八年（1783）歲次癸卯，惠潮二郡公舉歸邑林郁武為正總理，倡建廟宇。至道光二年（西曆1822）歲次壬午，郁武之子□□倡首重修。三十八年（1838）歲次戊戌郁武之孫□□ 又倡首重修。至咸豐八年（1858）歲次戊午，郁武之曾孫林聯生為總理，又倡首重修。其時協理方義合、良合店、楊世興、許泰記、許永隆、許廣興、陳應魁、黃豐盛、陳懷安等協力重修，總理值事，俱係惠潮二郡之人。」〈光緒二九年北帝廟重修記〉轉載於田仲（1981：122）。

18 馬木池認為從1861年石香爐和石獅子的捐贈者名單，可以說明北帝廟在十九世紀中（1861）已經是長洲的祭祀中心，各族群分別參與北帝的祭祀和北帝廟的營運。1903年重修天后廟立約，讓各族群捐輸公產，只不過是重新强調這種關係。馬氏認為約中所指的三次神功指北帝誕、太平清醮兩次的神功戲和太平清醮的儀式。太平清醮後演出的海陸豐白字戲，最早在1930年代才開始（2015年2月2日和馬氏的討論。馬氏現為香港文化博物館進行長洲太平清醮的口述歷史調查，並撰寫專著）。

誕亦成為全島人慶祝的神誕。作為全島的保護神，每年島上的太平清醮都是以北帝為中心的。也許除了水上人外，沒有人會對這說法有異議。

從廟宇碑刻的數目、捐獻人數等，北帝廟都較其他廟宇為多（見表 5.1）。然而在北帝廟二十六個碑刻中出現的人名，卻沒有一個捐獻者冠有功名、祿位或公職的身份。捐獻修建北帝廟的主要是商戶。在長洲島八座廟宇中，有八種碑刻記錄有功名、祿位或公職的捐獻者。它們包括了北社天后廟嘉慶二十五年（1820）的對聯、同治六年（1867）的匾額和光緒十五年（1879）的碑，觀音灣水月宮道光二十七年（1847）和同治十二年（1873）的匾額及光緒七年（1881）的對聯，以及洪聖廟在光緒元年（1875）和七年（1881）的匾額。洪聖廟位於廣府人聚居的繁華大街：大新街的西端。廟內最早的碑刻是嘉慶十八年（1813）由廣府人捐獻的鐘。光緒元年和七年的匾額分別為島上官紳和署大鵬協右營右哨千總武舉劉其盛捐獻。洪聖廟是碑刻記錄中第四座最古老的廟宇。廟宇內除了主神的洪聖爺外，還供奉了島上其他廟宇沒有供奉的太歲和白虎。據廟祝所言，遠至香港新界西北青山灣的水上人，都會到洪聖廟進行過關解厄的儀式。[19] 廟內香火亦以此為主。長洲島並沒有特別慶祝洪聖誕。洪聖只有在元宵時為大新街廣府系居民供奉於燈棚之內。也許我們可以這樣的推測：在儀式的深層，洪聖廟是與水上人有密切關係，但在社區祭祀方面，卻與廣府人群體有關。這也許是與族群認同的變化有關（即由水上人上岸成為岸上

19 在島上的公眾地方中，舉行過關解厄儀式的，只有農曆七月末的水上盂蘭。

廣府人），或與族群遷徙有關（即原居的水上人被新遷入的廣府人取代）。無論如何，洪聖和洪聖廟並沒有在長洲島的公眾社區祭祀中扮演重要的角色。

表5.1 長洲島的碑刻資料

年代	年份	碑銘種類	捐獻人數	廟宇機構
1760–1769	1767	鐘	2	北社天后廟
1770–1779	1772	鐘	4	大石口天后廟
	1774	鐘	2	西灣天后廟
1780–1789	1783	匾額	1	北帝廟
	1784	鐘	1	北帝廟
	1785	爐	1	北社天后廟
1790–1799				
1800–1809				
1810–1819	1813	鐘	8	洪聖宮
1820–1829	1820	對聯	3	北社天后廟
1830–1839				
1840–1849	1847	匾額	1	觀音廟
1850–1859	1858	匾額		北帝廟
	1859	神樓	9	北帝廟
	1859	路碑	4	觀音廟

（續上表）

年代	年份	碑銘種類	捐獻人數	廟宇機構
1860－1869	1861	爐	22	北帝廟
	1861	獅子	125	北帝廟
	1865	匾額	17	大石口天后廟
	1866	碑	228	長洲書室
	1867	匾額	34	北社天后廟
1870－1879	1870	碑	208	寶安會所
	1871	神桌	1	觀音廟
	1872	匾額	2	觀音廟
	1873	匾額	1	觀音廟
		對聯	1	觀音廟
	1875	神桌	10	洪聖宮
	1875	爐	4	洪聖宮
		匾額	33	洪聖宮
		對聯	5	洪聖宮
	1877	對聯	4	洪聖宮
1880－1889	1881	匾額	1	洪聖宮
	1881	對聯	1	觀音廟
	1882	神桌	3	觀音廟
	1887	碑	435	北社天后廟
1890－1899	1893	神桌	10	北帝廟
	1896	神桌	1	北社天后廟
	1899	神輿	6	北帝廟
1900－1909	1902	木牌	1	觀音廟
	1903	對聯	2	北帝廟
	1904	神樓	1	北帝廟
		神樓	2	北帝廟
		神桌	4	北帝廟
		匾額	2	北帝廟

（續上表）

年代	年份	碑銘種類	捐獻人數	廟宇機構
1900－1909	1906	碑	1444	北帝廟
	1907	碑	265	方便醫院（棲流所）
	1908	匾額	0	寶安學校
	1909	碑	327	北社天后廟
	1909	匾額	2	北帝廟
1910－1919	1910	匾額	4	北帝廟
	1911	匾額	3	北帝廟
	1912	匾額	1	北帝廟
	1913	匾額	1	北帝廟
		匾額	1	北帝廟
	1915	匾額	1	北帝廟
	1915	匾額	39	方便醫院
	1916	匾額	2	北帝廟
	1918	匾額	1	北帝廟
1920－1929	1924	爐	1	大石口天后廟
	1925	匾額	2	北帝廟
	1926	神桌	1	西灣天后廟
	1928	匾額	1	北帝廟
	1929	木牌	246	北帝廟
		木牌	137	北帝廟
		神桌	3	北帝廟
1930－1939	1938	匾額	5	方便醫院
1940－1949	1941	匾額	3	觀音廟
1950－1959	1958？	碑	4	觀音廟
1960－1969	1966	碑	0	洪聖宮
	1966	碑	0	北帝廟

（續上表）

年代	年份	碑銘種類	捐獻人數	廟宇機構
	不詳	匾額	17	方便醫院
	不詳	對聯	23	方便醫院
	不詳	碑	0	南氹天后廟

資料來源：科大衛等編：《香港碑銘彙編》，香港：市政局出版，1986。

長洲島上也沒有特別舉行的觀音誕。觀音廟位於偏遠的東灣灣畔之北。據咸豐九年（1859）修路碑記，道光二十年（1840）方氏一家以「聖母古廟……地處僻壤，道途崎阻」，許願修路（科大衛等編 1986：114），前往觀音廟參拜始稍為便利。廟內並沒有碑文。最早的碑銘記錄是道光二十七年（1847）信監林中梅捐出的匾額。此外，在同治十二年（1873）和光緒七年（1881）分別有「辦理長洲粵海關稅務廣東補用分府吳家興」捐出的匾額和「署大鵬協右營右哨千總武舉劉其盛」捐出的對聯。廟的規模很小，但據說很靈驗。每月初一、十五，年末年始和觀音誕期，很多島上婦女前往拜祭。要言之，這座是北社天后廟以外，最多官紳捐獻的廟宇，與島上的地域族群關係不大。

長洲島的第八座廟宇是關帝廟。關帝廟在 1971 年建立。自此，每年農曆六月關帝誕時有演劇等大型慶祝活動。廟宇由關公忠義亭值理會管理。值理會包括各族群的男女商人。然而據上述同治五年（1866）〈寶安書室重修碑文〉可知，在咸豐末年，寶安人在其書室內建立了關帝廳。關帝不單是寶安縣人的神，而且是保護長洲、由島上官紳支持的團練（鎮安公局）的保護神。然而關帝的崇拜在建廟、成為各族群同時祭祀的對象以前並不彰顯。

綜言之，社壇祭祀和街區有密切關係。至於廟宇神明，從靈驗的角度來看，是跨街區的；從地域族群的角度來看，它們的重要性是可選擇，而且因為族群關係而變化。在下一節，將更進一步從節日來分析島上的族群關係。

四 節日與族群關係

如第一章所述，中國人的節日無論年、節、醮、誕都包括了家庭內或社區內的祭祀活動，而族群關係可以從節日的集團性格中表現出來。在長洲島上的家庭，每年都會進行不同的家庭內外的祭祀（蔡 1994）；在廟宇主神的誕期，一些居民亦會結成「燒豬會」等組織，到廟宇共同酬神。一些同鄉會（如四邑益善堂、潮州會館等）都會有春秋二祭、奉祀先人的活動。然而，在一年中長洲島社區族群集體性的活動大概有七次（見表 5.2），農曆三月三日的北帝誕和農曆六月二十五日的關帝誕除了演神功戲、舞獅、麒麟外，沒有特別的宗教儀式。西灣天后的誕期不在天后誕正日，而是在農曆三月三十日，主辦單位為水上人組織和魚欄組織。除島上居民外，很多外地人組成花炮會前來賀誕。在西灣天后誕的正日，過去有搶炮活動。除了潮州會館外，花炮會一般為漁民或魚欄組織。西灣天后廟是島上唯一有慶祝天后誕的廟宇，然而節日的活動範圍卻限於西灣地區。島上的水上人另兩個重要節日為農曆五月五日的端午節和七月三十的水上盂蘭節。這兩個節日的儀式範圍都在島周邊的海上進行。

表 5.2 長洲島一年中舉行的社區性節日中的地域、族群與神祇

節日	節目	地點	族群	神祇
元宵	唱女伶	五條主要街道	廣府，惠潮	
	神棚	國民學校惠潮書室	惠潮府	北帝，北社天后
		中興街	廣府	大石口天后
		大新街	廣府	老燈棚，洪聖
		新興街	惠，潮	北帝
	投燈，燈宴	各街	各同鄉會	
北帝誕	神功	北帝廟	廣府，岸上人	北帝
天后誕	神功，搶炮	西灣	水上人	西灣天后廟
太平清醮	神功	全島	岸上人	各廟神
	遊神	各街	惠，潮	各廟神
端午節	龍舟	海上	水上人組織，魚欄組織	*
關帝誕	神功	關公忠義亭	全島	關帝
盂蘭節	超幽	渡輪碼頭，海上	水上人	水上盂蘭

資料來源：據各年調查

關於長洲島的端午節可參考：Yoshiro Shiratori (ed.) *The Dragon Boat Festival in Hong Kong*, Tokyo: Sophia University, the Ethnohistorical Research Project, 1985, pp. 66－110.

包括街坊和同鄉會的長洲島上的岸上人群體共同參加的節日，主要是正月的元宵節和農曆四月上旬的太平清醮。

如表 5.3 所示，每逢正月元宵前後，各同鄉會一方面在會館內慶祝，另一方面多張貼告示，舉行敬老燈宴。聯誼之外，燈宴投燈的盈餘，是會館年中主要的收入來源。地域社區方面，各街坊會均有裝飾

表 5.3 1989 年元宵有慶祝的地域族群與機構

機構	節目	日期	費用	免費資格	參加資格		神祇
北社街坊值理會	燈酌敬老聯歡	13	$70	六十以上且歷年對本街坊有副科者		頒發獎學金，11 日有唱女伶	
長洲坪洲中山同鄉會							裝飾
東莞會所							裝飾
寶安會所	新春聯歡燈酌	15	$50	六十以上	我邑鄉親		
四邑益善堂	新春聯歡燈酌	15	$50	六十以上	本邑同人	有唱女伶	
新興街聯誼會	燈棚						北帝行身
潮洲會館		11	$50	屬員及父母年屆六十五以上	同鄉	潮洲鑼鼓	
中興街街坊值理會	燈酌新春聯歡	18	$50		坊眾		大石口天后
惠潮府	元宵街節慶燈聯歡，敬老聯歡	16	$50	六十以上	邑人	燈棚在國民學校惠潮書室內	北社天后，北帝正身
順德同鄉會							裝飾
興隆街公所							裝飾
五邑同鄉會							裝飾
大新後街老燈棚							洪聖
長洲鄉事委員會聯合各界	慶祝元宵佳節歌唱大會					北帝廟廣場	

資料來源：1989 年田野調查

慶祝元宵。除北社街和興隆街外，各街街坊會亦同時設置臨時的燈棚，奉神供坊眾拜祭。舊長洲墟最南端的中興街奉祀大石口天后，島北邊惠、潮府人士為主的新興街奉祀北帝行身。廣府人聚居的大新街的燈棚又稱「老燈棚」，供奉洪聖。「老燈棚」內掛一幅咸豐己未（1859）年張玉堂所書的「壽」字掛帳；神桌祭帳上書「老燈棚洪聖宮」。據坊眾說燈棚約有二百餘年歷史，為島上最早之元宵燈棚。[20] 島上第二個歷史最早之燈棚為惠潮府設在國民學校惠潮書室的燈棚。燈棚內奉北帝正身和北社天后之行身。[21] 據說，全島只有惠潮府才有資格邀請北帝正身離開北帝廟。燈棚的設置，一方面提示了以北社天后廟和大石口天后廟所標示的墟的範圍，另一方面，提示了廣府－洪聖，和惠潮－北帝的族群和神祇關係。

1970 年代以前的元宵節，北社街、新興街、興隆街、大新街和中興街等島上五條主要街道都會各自搭蓋歌壇，邀請女伶演唱流行歌曲。1970 年代以後，各街競唱女伶，行人肩摩爭看的情景已不復見。1980 年代島上唯一的唱女伶的歌台，是由島上最高的行政機構「長洲鄉事委員會」所舉辦。以 1989 年為例，元宵期間，在北帝廟廣場有由「長洲各社團學校聯合教育署離島區公益少年團委員會主辦，離島區議會贊助」舉行的「長洲各界新春嘉年華大會暨公民教育雙周攤位遊戲」。同時，在渡輪碼頭側，有由「長洲鄉事委員會聯合各界」在正月十四和十五兩天舉辦的唯一公眾歌台的「慶祝元宵佳節歌唱大會」。

---

20 據 1989 年 2 月 19 日調查。下同。

21 在二十一世紀，學校以防火安全為理由，不許在校內拜祭，燈棚也因此改置惠潮府會館之內。

這樣的由各街區分別隆重慶祝元宵演變為全島性的慶祝活動，也許和以下原因有關：首先是傳統的街區界限，因為區議會的導入而弱化。選舉地區的一體化也許是打破傳統地域界限的原因之一。其次，1970年代人口的遷出和遷入，一方面令到原居民人數減少，另一方面新遷入人口不僅打破了傳統族群聚居的格局，同時由於沒有傳統關係的束縛，他們積極地參與全社區性的活動。最後，也許是元宵燈節的地方登記功能被政府的登記制度所取代；標示族群男丁進入社區群體的「飲燈酒」演變為敬老聯誼的「聯歡燈宴」。地域社群並不需要再通過傳統的人口登記方法，確定新成員的身份。因為人口變遷，原來的地域族群關係逐漸為全社區性質所取代，而原來的以祖籍關係或長洲島上的地緣關係結成的族群，也只有固守在社區活動的宗教功能上。這一點在島上的太平清醮的節日尤其凸顯。

五　長洲島的太平清醮

本節透過長洲島最重要的節日，進一步說明節日和族群關係。

（一）海陸豐族群與太平清醮

長洲的太平清醮一般在每年四月上旬舉行，醮期三天。確實的醮期在每年的正月在北帝前杯卜決定。[22]

22 二十一世紀初，建醮日期固定在每年的佛誕舉行。據長洲惠潮府有限公司及建醮籌備委員會 2001 年辛巳年〈長洲太平清醮通告〉：「本洲一年一度玄天上帝太平清醮盛事，有

（轉下頁）

在長洲居民中流傳着不少有關太平清醮起源的故事，其中很多涉及清朝時由疫病和海盜所造成的不幸事件。[23] 然而，我在 1980 年代時，聽到惠州籍耆老羅老先生及朱老先生講述一個不同的故事。據他們說，長洲的太平清醮開始於香港島的太平山地區。當年在這個人口過分稠密的地區發生鼠疫，造成很多人死亡。此時，有一位海陸豐居民將在家中神廳奉祀的北帝神像拿到街上，祈求瘟疫停止，其他居民亦上香禱告。不久，疫病霍然清除。自此以後，居民每年以北帝為中心，在太平山街舉行清醮儀式，用以攘災解厄、超渡亡魂。然而不久香港政府為了加強防火安全措施，禁止在該地區舉行太平清醮，所以他們便將每年一次的醮移往海陸豐人聚居的長洲島的北社街舉行。據兩位老先生表示，長洲太平清醮因此最初是海陸豐人的節日。當時所有拜祭北帝的，都是海陸豐人。惠州或潮州其他地方的人，只是在 1945 年以後才開始對此打醮有所貢獻。

上述長洲太平清醮起源與海陸豐人有密切關係的說法，或許可以由打醮時「會景巡遊」的安排來證實：每年巡遊的行列，都是由接載太平山海陸豐人的玄天上帝的神輿帶領，而長洲北帝的神輿則在眾神

（接上頁）
感往昔之建醮日期每年均有不同，期間經常未能與假期刎（筆者按：原文如此）合而遜色！經長洲惠潮府有限公司及醮建值理會多位成員並由馮國良、黃振輝、楊玉麟三位代表於辛巳年正月十八吉時，在玄天上帝殿前虔誠卜杯，欣獲賜准，將每年建醮日期均定於四月初六起醮初八舉行神鑾及會景巡遊（每年之四月初八為香港公眾假期佛祖誕）。祈望藉着公眾假期內舉行會景巡遊，而能帶動地方上之繁榮，及各參與街坊社團之成員較多更能預期推廣地方特色。」載長洲惠潮府有限公司、辛巳年建醮值理會、長洲太平清醮會景巡遊大會編印：《（辛巳年）玄天上帝長洲太平清醮包山節會景巡遊特刊》（無頁碼及出版日期）。

23 轉載自《長洲玄天上帝庚申年太平清醮會景巡遊大會特刊》，1980，頁 39－41。迄 1984 年，本文在每屆的特刊中轉載。

興之後。

海陸豐人在打醮中的重要角色，在其他的社會與宗教範疇中亦能窺見。首先，據田仲一成的描述，長洲打醮的儀式和道士皆為「純粹的海陸豐形式」（田仲 1985：284）。此外緊接着打醮結束後，上演海陸豐戲等，都是顯示長洲的打醮源自海陸豐人的證據。

再者，海陸豐人在打醮的宗教層面上也扮演相當重要的角色。傳統上，長洲的太平清醮都是僱用來自海陸豐的喃嘸主持各項儀式。在島上流傳着有關 1962 年颱風溫黛造成的災害與打醮的關係。據說，1962 年建醮值理會的總理為潮州人，他違反了傳統，邀請一群潮州道士來主持儀式。一向以來，海陸豐喃嘸在替高達五米多的紙紮鬼王（大士王）、山神和土地神開光時，都是站在神像下，以鏡子照出神像的眼，然後在鏡上點上朱砂。但是這些潮州道士卻用梯子爬上神像，直接將朱砂點在神像的眼睛上。這年 6 月，颱風吹襲長洲，造成多人死亡和無家可歸。居民們責備總理，認為他所請來的潮州道士在開光儀式的做法激怒了各神，所以要求他從東面海邊的山腳，以三跪九叩的方式前往北帝廟，以表示其悔過。據說，因為這一事件，無論是海陸豐人或潮州人任建醮值理會的總理，他們皆不再聘請海陸豐族群以外的道士。

第三，最少至 1984 年紙紮師父黎恒祥先生（1923－1984）去世前，鬼王、各種神像和紙紮用品，都是由海陸豐人所做的。黎師父在 1951 年繼承其叔父，負責為長洲的太平清醮做紙紮。據黎師父說，海陸豐人所做的鬼王，與其他族群的人所做的不同。廣府人做的鬼王是坐着的，潮州人的是雙腳站立地上，而海陸豐人的鬼王則是一腳站立，一腳懸空。這一造像至少有兩個作用：首先，人們相信假如他們在鬼王腳下繞過，便會得到其保護，免受邪靈的侵擾。其次，人們亦相信撕下鬼王抬起的紙做的腳的一部分，拿回家中化為灰，將灰混入茶中飲用，便會獲得鬼王的保護。有關鬼王作用的描述，亦為海陸豐以外的族群所接受。黎師父死後，有兩年由其泰籍太太繼承其工作。其後，一群在坪洲的海豐青年，宣稱為黎師父的徒弟，接手其工作，繼續為長洲打醮做海陸豐形式的紙紮。

第四，太平清醮的另一海陸豐特色，是最少到 1965 年止，醮棚都是設在海陸豐人聚居地方的東邊海濱。迄 1980 年代，雖然進行儀式的地方已移往北帝廟前的球場，但是進行祭大幽儀式的晚上，在接近原來打醮的地方，仍有一小規模的祭幽儀式舉行。

第五，長洲太平清醮的象徵是三座高約四十尺的包山。這些包山用竹搭建而成，由底至頂整齊地穿滿包子。直至 1978 年，這三座包山都是由三個海陸豐群體捐出。據地方的閒言，這些群體是與秘密社會組織有密切的關係，他們在太平清醮中扮演着重要的角色。這些組織影響着醮務工作，承擔三座包山的費用，並且以舞獅、舞麒麟、擔旗、領隊等形式參與巡遊活動。1978 年香港警察局借着在搶包山時一座包山倒塌的機會，嚴禁秘密社會介入打醮事宜。1979 年以後，海陸豐人以「長洲惠海陸演戲值理會」和「長洲惠海陸同鄉會有限公司」等名義繼續活躍地參與打醮。除了「惠潮府」和「長洲潮州同鄉會」外，他們是以同鄉會組織名義參與打醮的唯一族群。

長洲太平清醮的行政組織是建醮值理會。它與長洲惠潮府同鄉會有密切的關係。海豐與陸豐為惠州府治下十縣中的兩縣，所以海陸豐人也是惠潮府的成員。只有惠潮府的會員才有資格成為建醮值理會的總理或副總理。1991 年的建醮值理會由九十九人組成，其中包括三位總理和七位副總理。1991 年的建醮值理會雖然有少數廣府人成為值理，但據說，在 1960 年代以前，值理是嚴格限定必須為惠潮府的會員。作為宗教儀式的代表，總理是每年年初在北帝面前以擲杯方式來決定。理論上，總理自被選中的那一天開始，直至打醮結束之日，都需要齋戒。選舉總理之後便開始籌備的工作。首先，是分別向居於長洲墟內的人以及惠州和潮州社區的成員（包括並非住在長洲的成員）收集醮金。不敷之數，由總理個人捐款填補。在 1992 年的捐款榜上，每一值理最少捐獻港幣 600 元，而總理則每位 5,000 元，副總理為每位 2,500 元。

以上可見，海陸豐人在長洲島的太平清醮中的宗教、財政、管理和娛樂各方面都提供了重要貢獻。而其角色並沒有受到地域的限制，他們的聯繫伸展至長洲以外的海陸豐人社區，以至海陸豐人在中國大陸的原居地。例如在 1991 年和 1992 年，太平清醮中的海陸豐戲班，就是直接由惠州聘請回來的。1990 年代中期，一直為長洲島太平清醮執行儀式的魏廣德壇解散後，島民每年從廣東海豐縣聘請道士前來執行儀式。

長洲的其他族群在太平清醮中的參與，都受到不同程度的限制。潮州人所扮演的角色僅次於海陸豐人。他們是惠州人以外，唯一可以被選為建醮值理會總理的族群。事實上，1988 年至 1992 年間，有三屆建醮值理會的總理都是潮州人。潮州人不僅捐款資助建醮，而且熱心向其親戚朋友募捐。潮州同鄉會也是自 1978 年以後，唯一有供奉小包山的同鄉組織。潮州同鄉會也是除了惠州人外，唯一有參加會景巡遊的同鄉組織。在 1990 年，當政府停止資助太平清醮的三座大包山費用時，潮州鄉紳王浩銘就積極地為三座包山尋找經費。故此自政府禁止秘密社會參與打醮後，潮州商人的財富和商業關係扮演着維持太平清醮的重要角色。可是在宗教層面上，醮會仍然沒有聘用潮州道士。

除了惠州和潮州人外，小部分說廣府話的長洲地方領袖也是太平清醮的值理會成員，但是他們卻不能成為總理。在長洲一共有八個同鄉組織，除了惠潮府及潮州同鄉會外，其餘皆是以廣府話為中心的同鄉組織。當中如中山及五邑同鄉組織的領袖從沒有加入過太平清醮的值理會，而順德同鄉組織也要在 1988 年以後才有人加入值理會。換句話說，長期以來，廣府人中只有東莞、寶安和四邑同鄉組織有成員加入值理會。事實上，長洲鄉事委員會內的大部分委員也是來自這三個廣府族群及惠州、潮州兩府人士。雖然太平清醮的目的是保護長洲全島，但是長洲的廣府人通常只是以個人身份參與太平清醮，而沒有以其同鄉組織的名義贊助和參加太平清醮。

長洲島內的另一個族群是被蔑稱為「蛋家人」的水上人。雖然一些陸上居民相信早期移居該島西北面的海陸豐人也是漁民，但他們並非被稱為「水上人」。對於陸上居民來說，今天的水上人僅指居於長洲西南面的人。雖然現在很多「蛋家人」已移居岸上，或晉身當地的政治架構，但他們參與長洲太平清醮的程度仍然有限。迄 1992 年兩位在鄉事委員會內的長洲水上人代表並沒有成為太平清醮值理會的成員。另一方面，水上人居住的地區在太平清醮募捐的範圍以外，因此他們也不會受到任何的庇佑或潔淨。西灣水上人的天后，雖然也會供奉在打醮的神棚內，但是祂並非由正常的隊伍（由一個喃嘸、一個吹嗩吶、四個工人）所邀請，而是由西灣天后誕的值理會成員把天后神像送到醮棚。這也許表示其地位並非與其他神廟的神明等同。至於水上人信奉的另一個神明「洪聖」，參與打醮的形式也與其他諸神不一樣。據說 1981 年以前，在會景巡遊當日（通常是送神回位的前一天）有一名為「走洪聖」的儀式。在巡遊隊伍進行時，「洪聖」神像會被「悄悄地」送回洪聖廟中。所以「洪聖」並未如其他神明一樣，參與整個太平清醮的過程。要言之，西灣天后被請到神棚的形式以及洪聖要「偷偷地溜回」其廟中，都可反映出水上人參與打醮的權利並不明確。

可能由於水上人參與太平清醮的機會受到限制，他們便自己舉行安撫遊魂野鬼的儀式。每年農曆七月，他們都會籌辦三天的「水上盂蘭」節。這個節日由本地的喃嘸主持。它和太平清醮一樣，有超渡亡魂、祭幽施食的作用。

地區內族群的聯合和分化有很複雜的重層關係。在太平清醮時見到的族群關係是既開放又關閉，而且族群關係的重要性更超越地域的團結。在下一節會進一步分析這種族群關係如何在長洲的太平清醮中展現。

（二）太平清醮的地域界限

科大衛在其研究新界東部村落結構的書中指出，「打醮的場地佈置或許最能明確地顯示出一個有意識的地域疆界」（Faure 1986:

81）。對於太平清醮的參與者來說，地域界限顯示什麼人有份，什麼人沒有份。「份」一方面顯示享有被神靈潔淨和庇佑的福祉；另一方面，宣示在當地是否擁有定住的權利，從而通過「份」可以觀察到地域社區的界限。毫無疑問，社區內定住成員能享有參與整個建醮活動的權利，而非定住成員及非社區成員的住客本身亦意識到其有限的參與權。

參與權表現於建醮的不同儀式上，不同的地域界限也透過儀式而表達出來。地域界限有些是可以從醮會的佈置和格局明顯的顯示出來；有些清晰可見，而更多的是可以觀察到，但卻從沒有人會刻意提出的。大體來說，長洲的太平清醮一般是被視為屬於島上所有居民的活動，但是通過探索儀式的象徵意義，我們可以發現不同的參與權和地域界限的存在。

在長洲，除了四項儀式外，所有打醮的儀式都是在俗稱喃嘸棚（或稱經壇）內進行。喃嘸棚是建醮時最神聖的地方，是喃嘸所管轄的地域範圍。因為道士代表着島上的所有居民向最崇高的神明祈求赦免其過往一年的罪孽，為未來一年祈求神恩庇佑，所以喃嘸在進行儀式時是不能被騷擾的。喃嘸棚為道教三清和龍虎二將所保護。棚內的五方有道教的符咒潔淨、阻擋污穢的入侵。

除了喃嘸棚外，醮棚（打醮的區域）內包括了安放島上所有神明的神棚、安放三尊大型的紙紮神像的三王棚、上演神功戲及一部分儀式進行的戲棚、包山，以及建醮值理會、員警、醫療救傷隊和其他人員的臨時辦事處的值理棚（參考圖 5.1）。雖然從 1960 年代開始，醮棚由東灣移到北帝廟前面的空地上，但是其基本佈局卻沒有多大改

圖 5.1 1977 年長洲島建醮場地平面圖

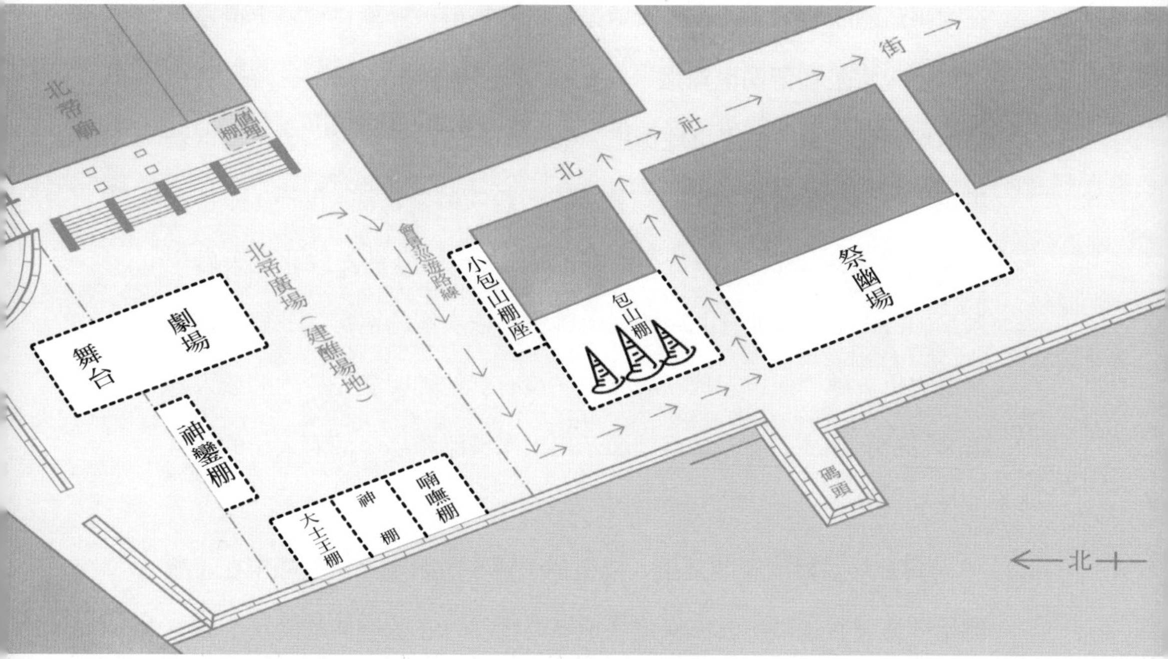

（轉載自《長洲玄天上帝丁巳年天平清醮會景巡遊大會特刊》）

變。幽魂野鬼進入這個地區時是受到鬼王及其同僚所監管。同樣地，居民進入這個地區亦受到值理及警員所保護。醮棚是幽魂和現世的人共同分享儀式及觀賞戲劇的地點。這亦同時是人們與其親友交往的地方。四項在喃嘸棚範圍外進行的道教儀式都是在醮棚內進行。這些都是直接和島上居民的福祉有關的儀式。

惠、潮府人士的地域範圍就是他們早期聚居的北社街和新興街。在太平清醮開始前，這兩條街道以及新興後街，無論在實際上或象徵意義上，也是被清洗潔淨過。在 1981 年打醮前夕的下午三時左右，當地居民便用水清洗了這些街道。繼後，三名身穿黑袍、黑帽及拿着黑色雨傘的道士步行繞過這三條街道，再次將之清洗（潔淨）一番。這個儀式稱為「洗街」。當街道被「清潔」後，分別安放北社天后、太平山玄天上帝及北社北帝的三台神輿，依次序的巡行這三條街道。巡遊完畢，祂們便會安放在神棚中。沒有其他神明能先於祂們放入神壇。「洗街」和「巡行」象徵地顯示出太平清醮和惠、潮府人士的特殊關係。

長洲島建醮的範圍是用九枝很長的幡竿所劃定。這些幡竿在正醮開始前便豎立起來。為確保這些地區的潔淨，在啟壇前的晚上 8 時，五名喃嘸帶同拜官[24]及工作人員在由幡竿劃定範圍內的街道進行「淨香」儀式。工作人員沿街道插上燃點着的香，把香放在街道的交界處，以及將香分給沿途的居民。這些居民會將拿到的香插在門口，以驅走邪靈。另一方面象徵性地邀請在該打醮的範圍內的土地神參與醮

24 拜官是負責侍奉神明的男童，1990 年代以後已經沒有。

事。醮事開始後，喃嘸及其徒弟每日均會早、午、晚三次逐一參拜這些幡竿。這個由九支幡竿劃定的範圍，也是會景巡遊的範圍。

被潔淨及賜福的範圍並不包括整個島嶼，它包括的範圍只在北社和大石口兩座天后廟之間的長洲舊墟範圍。水上人集中的西灣、南山的華人墳場、教堂、舊外國人居住的地方、北山的基督教墳場以及水上人新建的屋村都沒有包括在內。當然，地域疆界的界定是有彈性的。在 1992 年的淨香儀式中，筆者察覺到被庇護的陸上居民的地區已經擴展了。「淨香」行列在走到接近大石口天后廟附近新建的屋村時，工作人員爭論是否需要走進這些屋村，並且分香給該處的居民。當時一位工作人員說：「我們有向人家派錢，就應該派香給他們。」同樣理由，他們亦不理會那些喃嘸的投訴，走進島嶼北部海邊填海的、建築了多座渡假屋的東堤路地區。即使如此，「淨香」基本上也沒有超出原有舊墟的範圍而遠涉至南及北的山頂、或進入西灣的範圍，所以太平清醮可以說仍然是限於岸上人的節日。

在 1992 年的調查中，相對於開放予非長洲的居民來說，對水上人的象徵性的排斥更形明顯。首先，不是住在長洲的惠、潮人的名字可以通過捐款寫到榜上，從而得到神明的賜福及庇佑，並且從各個惠州和潮州的社團中，獲得燈籠及喃嘸所頒的符。其次，多年來這個節日成為吸引遊客的活動，大量人群從香港擁至長洲觀看太平清醮的儀式和會景巡遊等活動，香港旅遊協會也特別為外國旅客舉辦了「包山節旅行團」。雖然長洲太平清醮是這樣的對外日漸開放，但是水上人的參與，尤其是在儀式上卻仍然有很多制限。這也許說明了這是一個歷史悠久的習俗所使然。

（三）太平清醮的儀式[25]

長洲太平清醮是三日四夜的三朝醮。每年農曆新年開始籌備，在北帝神前杯卜擇日和選建醮值理會的總理。正醮日期一般是在農曆四月上旬。[26] 在三日的正醮期間，島上所有居民必須齋戒。正醮前一日，在建醮範圍內豎立幡竿。中午之後，當地的神明便相繼被邀請到神棚。過去舊墟範圍內的街道，無論在實際上或象徵意義上，亦會被清洗一番。傍晚時份開始舉行淨壇（潔淨神壇）或布壇儀式，以除去喃嘸棚和醮棚內一切的污穢及邪靈。潔淨醮棚範圍後，便會進行開光儀式。開光儀式象徵着眾神到臨的意思。午夜之前，道士在喃嘸棚前舉行啟壇儀式，代表着醮會正式開始。午夜過後，打醮便正式宣佈展開。

三天的正醮期間，代表所有島上居民的喃嘸每天早、午、晚三次供奉齋菜給各神明和守護幡竿的「幡公」，並且向眾神懺悔，祈求神明寬恕鄉民過去所犯的罪孽。這稱為三朝三懺的儀式在第二天的中午為「走午朝」儀式所替代，而第三天的中午及晚上則沒有進行。

在第一天的早朝早懺後，是年的捐款者的人緣榜及記錄每日儀式的款榜，便會從喃嘸棚中送到建醮值理會的正總理的家中。在家庭成員的協助下，正總理將之張貼於墟市中心的一個臨時佈告板上。[27] 當

25 長洲太平清醮的儀式隨日子而變化。本節描述的儀式，主要根據筆者在 1981 年、1982 年和 1992 年的調查。讀者也可以參考田仲（1989：275－290）。

26 2001 年開始，定期每年農曆四月六日起醮、八日為正日，進行會景巡遊活動。

27 1990 年代以後，這個稱為啟榜的儀式已經不再進行。捐款人名在醮事開始前，已貼在戲棚旁。款榜也沒有張貼。

晚進行「晚參」儀式，喃嘸代表島上整體居民，向三界四府的神明供奉齋菜。接着，進行「召將」儀式。就如「禁壇」儀式一樣，「召將」儀式邀請神將來保護喃嘸棚。第二天的中午，在戲台前進行「走午朝」儀式，代替行朝。「走午朝」儀式是在戲台前安放了五張代表五方的桌子，台上放置建醮值理會及居民供奉的齋菜。五個喃嘸分別帶着一袋袋祭品，繞過每張桌子。這種儀式表示着向五方的神明供奉食物及衣服。當晚進行「祭水幽」儀式：一艘載着身穿全黑長袍的喃嘸和其他工作人員的漁船，在長洲灣的周邊地方來回巡弋。喃嘸誦經超渡海上死難者，而工作人員則將祭品拋到海裏，施贈及撫慰海上亡魂。在儀式進行的同時，喃嘸棚裏展開了「迎聖」的儀式。玉皇大帝以及天上高位的神明，經過由喃嘸所築的橋到來醮棚，享用供奉給祂們的十種祭品。

到了第三天早上，亦即正醮的最後一天，舉行謝幡儀式。掛在幡竿上的燈籠會被除下，而竿下紙製神位亦會被火化。是日早上十時左右，在戲台前舉行「遣船」儀式。在這個儀式中，喃嘸命令紙紮的功曹使者將滿載代表着不潔東西的紙船和一隻代表「厄運」的鴨放棄到海上。在儀式完畢之後，一位工作人員便帶同這艘紙船和鴨到達位於大石口天后廟前的海邊，他把船及鴨向西灣的方向放出，從而污穢和厄運就象徵地遠離建醮的範圍。遣船之後進行的是「頒符」儀式。在儀式中，一位喃嘸將一隻雞的雞冠撕破，並將牠的血染在符紙之上。鄉民領取這些符後，會張貼在門前、家中的廚房，或隨身攜帶以為護身之用。雞代表生命的靈氣（陽），因此放走那隻鴨和紙船而收回雞冠血染過的符紙，就如送走了惡運而帶回好運。

第三天的中午，是「會景巡遊」活動。在玄天上帝和各廟宇神明的帶領下，不同的社會群體在島上建醮的範圍巡遊一周（見圖 5.2），幽魂野鬼藉此能夠得以安撫而疫病亦得以停止傳播。在巡遊行列的最前面，是載着太平山玄天上帝的神輿，隨後的是島上八間廟宇裏的神明，接着是道士、建醮範圍內不同組織的代表如惠、潮社團以及體育會及學校等其他自願團體。巡遊行列由各神輿、旗幟、舞麒麟、獅子及飄色所組成。巡遊行列由北帝廟廣場開始出發。喃嘸們先往北社天后廟進香，然後全部行列繞整個建醮範圍一周。當接近大新街的洪聖廟時，洪聖爺便會匆匆的被送回廟裏去。當行列到達大石口天后廟，喃嘸便會將一些雀鳥及烏龜放生。在回程時，參與的街坊和社團便分別折返自己所屬的地方。但是抬着神輿的轎夫則會趕快腳步跑回神棚。當地人相信最早將神輿送回神棚的廟宇及其宗教團體，便會在未來一年獲得好運。過往，這些激烈的競爭往往演變成衝突。

雖然沒有明文規定，但當巡遊完畢後各店舖便開始販賣肉類。當天晚上，開始祭大幽儀式。負責監管遊魂野鬼的鬼王（大士王）便被放在空地上，面對臨時蓋搭的祭幽台。祭幽台與大士王之間放置了三十六套供祭祀用的齋菜。在這個儀式中，代表島上居民的喃嘸便施贈祭品給遊魂野鬼，並且藉道士的法力超渡它們。在儀式結束後，被認為帶來不幸及疾病的幽鬼便會離開長洲，而大士王亦會被火化送走。在祭大幽時，昔日舉行醮事的東灣地方亦進行了一個相類似但小型的祭幽儀式。以往在晚上大約 11 時，搶包儀式便開始。1978 年，因為一個包山倒塌而造成很多人受傷，香港政府此後便禁止這種搶包

圖 5.2 1977 年長洲島建會景巡遊路線圖

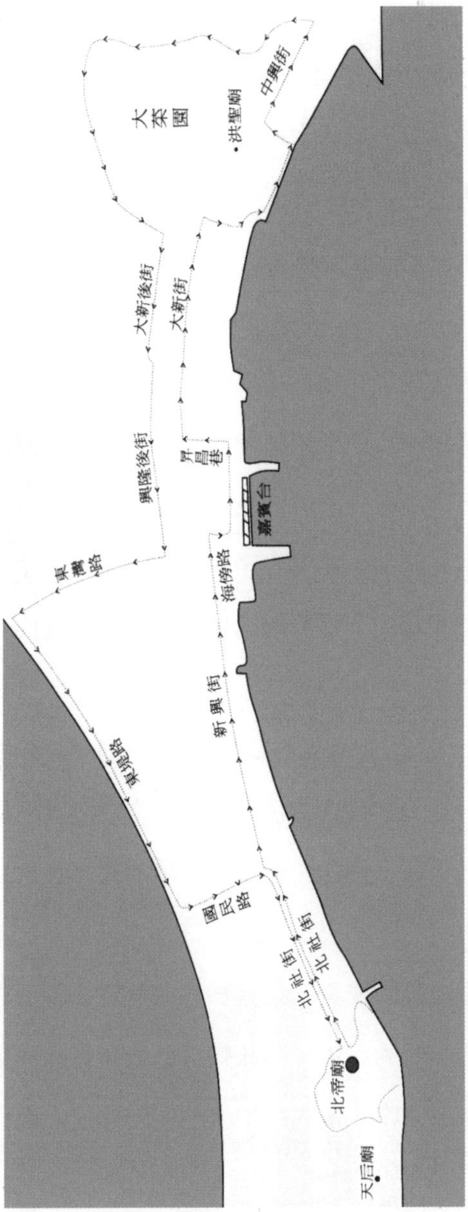

（轉載自《長洲玄天上帝丁巳年天平清醮會景巡遊大會特刊》）

活動。[28] 現在包山上的包在翌日早上派發。粵劇在當晚之後結束。在深夜時，所有的紙紥神像便會被火化。島上居民跟着會帶備三牲祭品到神棚前祈福許願。

翌日下午，島上進行第二次會景巡遊。但是這次巡遊是沒有喃嘸的參與。巡遊的路線與第一次的大致相同。在巡遊的過程中，各神明會被分別送回祂們的廟宇。當天午夜開始，便上演海陸豐白字戲。隨着大戲的結束，太平清醮亦正式宣佈完成。

總的來說，以上所述的儀式可以分為兩類。第一類的儀式是沒有要求鄉民參與。這些儀式包括每日的三朝三懺、淨壇、迎聖、遣船、頒符、放生及祭幽。這些儀式由喃嘸代表着島上居民而進行的。儘管居民不一定察覺這些儀式的一致性，但是宇宙的再生，就是通過這些淨化及懺悔的儀式達致。島上的居民及社區透過對生者及死者所做的善行而得以被神明庇佑。這些儀式是象徵性的，其內容及過程是不會改變的。

但是，另一類儀式與那些參與建醮的人的身份認同及權利有密不可分的關係。在這些儀式中，喃嘸只是作為神明與居民之間的中介人。每個儀式的標籤，例如在淨香時所用的香，在人緣榜上登記的名字，在遣船時所用的船和鴨，以及頒符時的符紙等，都是從神明通過喃嘸而傳給有份建醮的成員。只有那些擁有定住權及有份參與建醮的鄉民，才能獲得神明的庇佑。因此如果那些擁有參與權的人及其所屬的地域界線有所改變時，儀式所指涉的範圍亦隨之而作出修改。究竟

28 2005 年為了推動旅遊，長洲島的領導階層和離島區議會成功爭取恢復搶包山的活動。我們將在終章進一步討論這項活動。

誰人有權參與打醮，主要是由當地的陸上居民所決定的。

在第三章，我們指出「一處鄉村一處例」時常是喃嘸及鄉民用來解釋為什麼在建醮時不同的地方有不同的做法。田仲一成指出在建醮時道教的部分一般都非常相類似，各地醮會所不同的只是這些「屬於當地社區」的儀式（田仲 1989：275－290）。社區內不同群體的地域界限，只有通過考察這些儀式，才能觀察出來。

套用薩林斯（Marshall Shalins）所用的詞彙，長洲打醮所顯示的社會界限，就是一個「互補對立」的情況（Shalins 1961: 341）。即是說，不同的族群聯合在一起時，亦同時表示有另外一個群體被排斥在外。長洲的太平清醮無疑同時顯示出社會界限的排他性和包容性。隨着時間的增長，長洲島的醮反映出陸上人的社會界限不斷的擴張。海陸豐及水上人正是處於族群連續體的兩端，而廣府人則逐漸被納入這個具有向心力的連續體之中。當經濟及政治的發展強化了族群意識的統一性的同時，宗教活動亦加強了族群界限的對抗作用。圖 5.3 也許可以說明這樣的互補對立關係。

從不同的角度來看長洲島的醮，我們亦會看到社會界限的排他性。第一，雖然沒有限制非長洲居民慶祝太平清醮，但是只有非長洲居民的惠、潮府人士才能夠獲得神明的庇佑。[29] 第二，雖然有些水上人已經住在岸上，並與陸上人融合在一起，但是水上人及其原本居住的地區則被排斥在建醮範圍之外。他們不得參與打醮的值理會，而且其居住地區亦被視為拋掉惡運及污穢物的地方。第三，雖然廣府人被

29 出會遊神時只有島外的海陸豐人擁有的太平山玄天上帝可以參加。此外，打醮時獲得去穢符紙的島外人都是惠潮府人。

圖 5.3 長洲島族群的互補對立關係

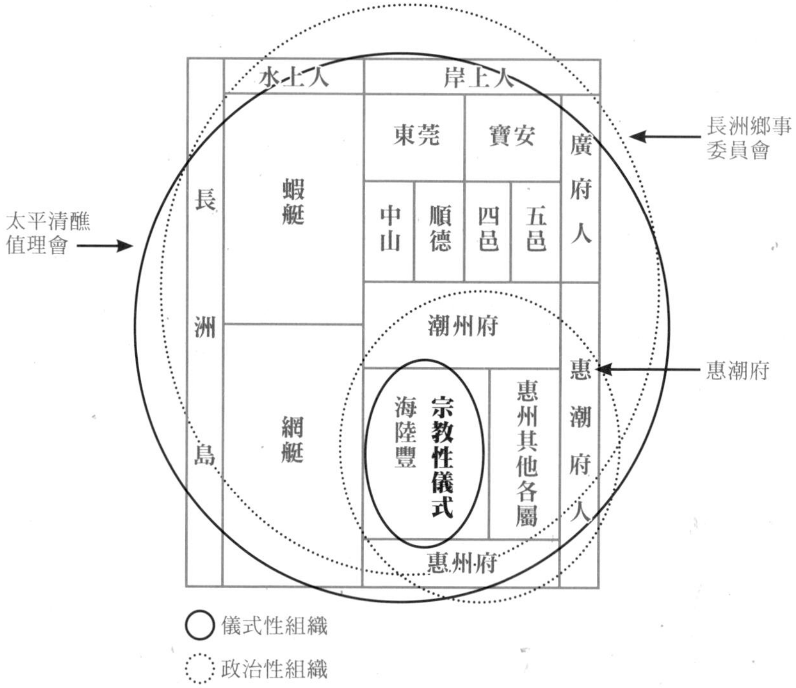

視為陸上居民而因此獲得神明的庇佑，但是他們在醮的組織上及宗教的範圍上被排斥出來。只有惠潮府的成員才可以擔任正總理或副總理，也只有惠、潮的同鄉組織參加會景巡遊。第四，雖然如此，打醮的象徵的核心仍然是以海陸豐族群為主。

六 長洲島節日神廟系統和族群的重層關係

從上述有限的文獻資料，配合口碑資料和田野考察，也許我們可以把長洲島的族群和民間信仰的歷史關係重新建構，從而說明族群關係的可塑性。

大抵在十八世紀以前，居住在長洲島海灣的主要是從事漁業生產的漁民和少數從事漁業販運的商人。十八世紀初他們分別在島上興建天后廟。北社天后大抵是住在北灣的海陸豐系漁民和商人崇祀的神；住在西灣的水上人則崇祀西灣天后廟。十七世紀末、十八世紀初，長洲島大抵經歷了一個漁民岸居的過程。原來的漁民主要居住在北社街一帶，而岸居的廣府系漁民聚居大新街一帶。十八世紀中，為擺脫漁民色彩，住在北灣的海陸豐人集中在北帝的祭祀範圍內，而在中部的廣府人則集中在洪聖的崇拜。十九世紀中葉，東莞寶安籍商人和取得科舉功名者增加的結果，聚居於中部的廣府人族群轉而集中於皇朝正統的關帝祭祀。透過功名、祿位和財富，廣府人與地方政府扣上緊密的關係。他們亦逐漸由宗教性的結合轉而關注地方的建設和防禦。同時惠州和潮州籍商人的增加，也加入了北帝祭祀的圈子。十九世紀末，廣府人開始加入並分享原來以惠潮府人為主體的北帝的祭祀活動，北帝因此逐漸成為全島祭祀的中心。[30] 岸上人族群的界線，只表現在每年熱鬧的元宵慶典。戰後由於人口增加，許多社團相繼建立。[31] 但是，社區的構成基本上依然是依據舊有的族群關係，廟宇和地域街區活動仍然依據固有的故鄉里籍關係。

1960 年成立的長洲鄉事委員會，1971 年建立的關公忠義亭，1970 年代人口結構的變化等都把原來的族群界線淡化。原來的以故鄉里籍為基礎的族群關係，以島上街區為基礎的次地域關係，逐漸為以全島為基礎的地域關係所取代。這趨勢最先表現在族群聚居的破壞，以及經濟和政治組成的改變。民間宗教雖然在深層仍然以傳統族群關係為依歸，而人群對其的詮釋卻隨着時間和空間的遞變而開放。長洲島的族群關係也許就是這樣地不斷被重新定義。

長洲島的節日說明了地域社區多重的社會界限的浮動性。今日的長洲島無論在經濟及政治各方面，均顯示出是一個整體。隨着經濟的發展，在岸上定居的水上人領袖開始分享長期被當地陸上居民所壟斷的地方領導權。顯然地，從水上人的族群轉變為岸上人的族群時的基本條件是需要獲得定住權。那些水上人如果像海陸豐人的祖先一樣，從海上成功地移居到岸上的話，就會被視為岸上人。不管族群的來

30 1861 年的碑銘資料（石香爐和石獅子）顯示惠潮、廣府和漁民都有捐獻北帝廟宇。也就是說，位於島上的北帝廟，和其他廟宇一樣，同樣吸引不同族群的信眾。然而從燈棚、各廟宇、同鄉會和其他公共節日和機構來看，各族群很可能各有信仰的中心，又同時參與其他族群信仰中心的活動。北帝和北帝廟在十九世紀末以前，很可能只是眾多信仰中心之一。

31 如 1945 年建立的長洲居民協會、長洲華商會，1960 年成立長洲鄉事委員會，以及一些左派團體如漁民互助委員會等。參考 Yao（1983）。

源，他們都可以獲得參與當地政治事務的權利。但是這種社會界線的伸延亦有一定的限制。地區上不同的族群組織通過形形色色的社會福利及宗教活動，繼續加強其內部的身份認同。作為人群日常生活一部分的節日，無疑是我們明白鄉村社會既整合又差異的族群關係的很好切入點。

第六章

節日和生活的界線：醮和香港鄉鎮的邊緣和空間格局

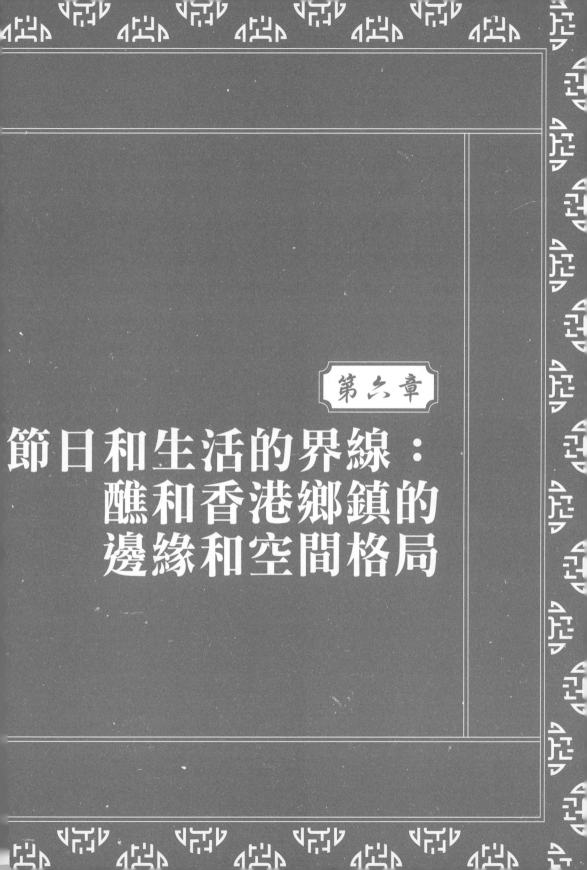

對走進鄉村社會的外來人來說，鄉民居住的範圍只能從村落的圍牆、房屋等實在的物質建築來理解。然而在鄉民的世界中，田園和村落邊境並非清晰的界線，而是表現在他們熟悉的生活細節上。在土地買賣契約中，一般會寫上該塊土地的土名、坐落以及四至何處。然而，這些土名、坐落和四至只有在地的鄉民才會知道正確的位置。[1] 鄉村社會的邊界不僅顯示在祠堂、廟宇、土地、伯公等公眾的、神聖的建築的位置，而且在節日和祭祀的過程和爭議中不斷地強化。這些有形的標籤和無形的認知不僅界定我群，而且成為區別他群的邊界。他們的位置時常是共有群體分享的、既中立而且無害於有份的群體。本章以香港新界西北部的厦村鄉為例，通過鄉村有形的建築與祭祀對象，以及每十年一次舉行的太平清醮活動，考察鄉民生活中的邊緣和空間格局，試圖指出在鄉民的生活中，排拒和歸屬同樣重要。鄉民歸屬不同層次的社會群體，也相對地被不同層次的社會群體所排拒。這樣對立互補的生活界線，只有在節日和日常生活中體驗和實踐。我們嘗試指出界定身份的標籤和界線是多重的，日常生活的模糊和爭議提供了鄉民身份移動的可能性。

---

1 如（東莞）《張聲和堂家族文書》，編號 II-A3－9：「西湖鄉土名怪園……東至鄒悦祖地界、西至鄒耀芳地界、南至塘唇地界、北至長塘唇地界」（劉 1997：46）；或（饒平）《乾泰隆土地契約》，編號 L9－1－1 ：「坐址西隴洋、土名許隴橋頭、四至明白……計開四至：東至墩、南至劉家田、西至溝、北至陳家田」（蔡 1995：23）。

一　厦村鄉約的太平清醮

厦村鄉約位於香港新界的西北部，它是一個以鄧姓為主導的包括十多個村莊的地域組織。鄉約逢甲年（1984 年、1994 年、2004 年）舉行十年一屆的太平清醮。厦村鄉的太平清醮和我們在第三章所述的一樣，是鄉裏的重要節日。每次醮期，鄉中的各個村落不僅花費數百萬元來籌備和組織醮事，而且旅外的鄉民都會藉此機會返鄉慶祝。和其他地方的醮一樣，在宗教的層面，有份參與的村落和人群，可以通過儀式得到神明的庇佑、赦免罪孽、得到淨化再生。從社區的層面，村落人群通過參與、登記，重新確認社區的位置和身份。因此醮是鄉村社會的大事，從醮的組織和行事內容，可以理解村落的組織和範圍。

（一）儀式和場所

在甲年的年初，有份參與厦村鄉約太平清醮的村落，在西邊后海灣旁的沙江天后廟杯卜選擇在建醮時代表鄉民侍奉神明的「緣首」。決定了緣首之後，負責籌備醮事的委員會會把首名緣首的年生八字，交予風水師擇日。一般正醮在農曆十月舉行五日六夜的儀式。[2] 與其他地方的清醮儀式一樣，在此之前鄉民有兩次上表儀式，並且在開搭醮棚、廚房時，皆有簡單的儀式。與其他地方不同的是，在正醮啟壇前三天的晚上，舉行「莆上祭英雄」[3] 的儀式；啟壇前一天晚上，在鄧

2　1984 年由農曆十月十七日至廿三日；1994 年由農曆十月初六至十一日；2004 年由十月初九至十五日。

3　關於祭英雄，見本書第七章。

氏大宗祠友恭堂的角落舉行「祠堂角祭小幽」儀式。啟壇當天早上，第一至十名緣首先後到沙江廟接天后以及廟裏主神，然後到屬於鄧氏的佛寺靈渡寺[4]附近的小溪取水於瓦缸中，再以符封之；[5]並接寺內神像以及紙造神主。鄉民同時在醮場範圍豎立幡杆（揚幡）。「揚幡」之後，有份參與節日的村落分別把村中神廟的主神和土地、井泉、圍門等神迎請到醮棚內臨時搭建的神棚。這些神靈有些是雕塑像，一些如土地神等不能搬動的神，則用紙寫上某某神位來代替。

我們知道，西元 2000 年以前，香港新界各鄉村舉行的醮，大部分是由本地稱為喃嘸的龍虎山天師派道士執行的正一清醮儀式。[6]雖然在不同的村落稍有差異，但喃嘸主持的清醮的過程和儀式內容大致都是一樣。正一清醮一般包括：上表、取水、揚幡、開壇啟請、三朝三懺、分燈禁壇、祭小幽、啟榜、迎聖、禮斗、走文書、放生、祭大幽、酬神和行符等儀式。[7]厦村鄉約在二十一世紀以前舉行的醮基本上是與此一致的，[8]只是開壇之後的第一、二、四日的午朝和午懺為行香所代替。大部分的儀式都是在醮場內或醮場周邊舉行（見表 6.1）。醮場設於主要是鄧氏居住的鄉村的東部邊緣。場內神棚向北、道壇向

4 厦村鄧氏認為是宋朝皇姑的後人。除了每年在皇姑墳祭掃外，靈渡寺以及鄧氏宗祠友恭堂皆供奉了皇姑的神主。

5 瓦缸之水，置於道壇供桌之下，待醮事完畢，讓鄉民掐一瓢之水，混於家中水缸。

6 在 2004 年以前，除了圓玄學院在偏遠的村落或雜姓鄉村執行太平清醮的儀式、信善玄宮 1975 年開始以義務形式參與沙田九約的醮外，其他宮觀都沒有參與鄉村的醮儀。參考蔡（2003：367－395）。2004 年開始，全真系統的青松觀投得香港新界厦村鄉約的醮，2005 年他們同樣投得新界另一大族錦田鄧氏的醮。全真系統的宮觀道士才打進強宗巨族的鄉村。

7 關於香港正一清醮的儀式及所用的科儀書，參考蔡、韋、呂編（2011）。

8 2004 年及 2014 年厦村鄉約聘請全真系統的青松觀主持儀式。我們在第八章會有較詳細的討論。

南、鬼王（大士王）向東、財神（一見發財）向西（見圖 6.1）。大抵為鄉民祈福、懺悔以及道士自身功德的儀式都是在醮場以及道壇裏進行，安撫幽魂、照煞、去穢的儀式則在鄧氏聚居的集落的周邊和屏山鄉交界的地方舉行。

從儀式行事的場所，可以觀察到厦村鄧氏的主導性以及通過節日儀式建立的跨地域關係。

圖 6.1 厦村鄉約醮棚與地緣及與血緣的關係

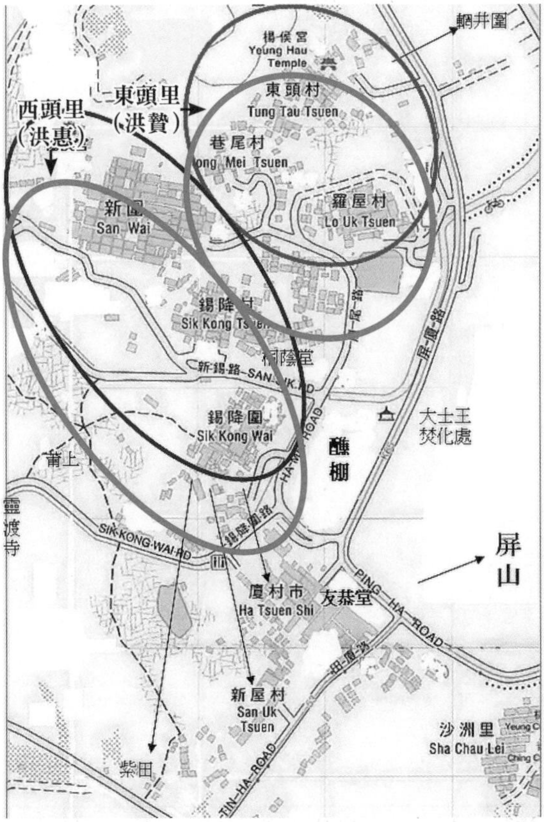

表 6.1 厦村鄉約舉行儀式的場所

日期	儀式	場所				
		道壇	醮場	醮場周邊	跨地域	跨村落
逢甲年年初	打緣首				沙江天后廟	
正醮前數個月	上頭、二表				鄧氏宗祠前	
正醮前四日	莆上祭英雄				祥降圍附近	
正醮前二日	祠堂角祭小幽				鄧氏宗祠旁	
正醮前一日	取水				靈渡寺	
	揚幡		X			
	請神				沙江天后廟	有醮份
	開壇啟請	X	X			
正醮每天三次（第一、二、四日取消午朝午懺）	朝		X	X	鄧氏宗祠	
	懺	X				
正醮第一日	分燈禁壇	X				
正醮第一、二、四日	行香					有醮、約份
正醮第三日	啟榜		X			
	迎聖		X			
正醮第四日	禮斗		X			
	祭小幽			X		
正醮第五日	走文書		X	X		
	放生			X		
	祭大幽			X		
正醮後一日	酬神		X			
	行符					有醮份

X= 儀式進行之場所

（二）厦村的主導宗族和鄉約

現在的香港新界地區共劃分為九區。厦村鄉屬於元朗區轄下的六個鄉之一，西臨后海灣、北鄰屏山鄉、東及東南接十八鄉、南界屯門區屯門鄉（參考圖 2.1）。2001 年香港政府推行雙村長制度，容許新界的鄉村除了原居民可以擔任村長外，在 1898 年以後居住在鄉村的人也可以與原居民同時競爭成為居民代表。在 2003 年新界的鄉村選舉中，厦村鄉內的十六個村落裏，有三個村落沒有原居民的代表，其餘十三個同時有原居民和居民代表。這三個只有居民代表的村落，包括了主要在 1950、1960 年代有蠔民和漁民上岸建立的上、下白坭村，和 1980 年代以後因為貨櫃場和物流業而發展出來的沙洲里。十三個同時有原居民和居民代表的村落中，除了新屋村是在戰後人口增長下擴展的村落外，其餘十二個都是舊有的村莊（表 6.2）。這十二個舊村莊中，原居民和居民代表均屬同一姓氏，其中九個村落皆為鄧姓，其餘三個村落分別為胡姓、陳姓和李姓。九個鄧姓村落的成員，皆為明初定居於此的洪贇、洪惠和洪生的後人，屬於厦村鄉鄧氏宗祠友恭堂的成員。[9] 厦村鄧氏是香港新界其中一個最富裕的宗族，在他們的祠堂友恭堂名下，擁有六千多英畝以上的蠔田、禾田和地產（鄧 1974：28）。2004 年厦村鄉事委員會的十五名執行委員中，包括主席和第二副主席共九名委員是鄧氏宗祠友恭堂的成員。事實上，厦村鄉鄉事委員會的主席職位，一向都是屬於新圍的鄧氏宗族成員擔任。換言之，

9 洪贇與洪生為兄弟、與洪惠為堂兄弟。厦村的鄧氏宗祠崇奉洪贇與洪惠，洪生之後人沒有份。見 Watson, R.（1985）。雖然友恭堂沒有奉祀洪生，然而洪生的六十歲以上後人，在每年的春秋二祭都可以享受胙肉。見蔡（1997：6－7）。

表 6.2 厦村鄉和政治區域的關係

		原居民或居民代表村落			有醮份村落		行香（鄉）所到有約份村落	
鄉事委員會	鄉村數	只有原居民代表	只有居民代表	二者皆有	1974	2004	1984	1994
元朗區厦村鄉	16		3	13	14	16	14	15
屯門區屯門鄉	34	1	10	23	2	1	8	
元朗區十八鄉	30		4	26			3	4
元朗區屏山鄉	37		7	30	1	1	1	1

無論從經濟或政治的角度來看，鄧氏可以說是厦村鄉的主導勢力。這一點在十年一次的太平清醮的節日中可以進一步地考察出來：

（1）至少從 1974 年開始，太平清醮的籌備工作都是由厦村鄉鄧族族長和鄧氏宗祠友恭堂的司理在友恭堂召集族人開會，然後委託厦村鄉事委員會主席領導各鄉村代表組成建醮籌備委員會，負責醮務的籌備和慶祝的工作。[10] 這一過程，展示了厦村鄉的太平清醮從宗族主體的節日演變為地域鄉約的節日的可能性。

（2）從鄉民的記憶中，1960 年代以前的太平清醮（包括日佔時候的 1944 年）都是在友恭堂前面的廣場舉行。即使 1974 年以來，祠堂前的廣場不敷應付規模擴大的太平清醮，舉行儀式的醮棚仍然在祠堂

10《厦村鄉約甲寅年建醮特刊》，頁 25。又參考馬（2002：80－84）。

附近、屬於厦村鄧氏地域範圍內舉行。

（3）1974 年、1984 年及 2004 年的建醮特刊，都登載了有關厦村鄧氏宗祠友恭堂內的功名牌匾和鄧氏入粵始祖以下的族譜和功名。他族則沒有登載。[11]

（4）不僅醮的醮棚設在鄧氏聚居的範圍，鄧氏大宗祠也是唯一在醮場的神棚內安放歷代祖先神主和祠堂內供奉神祇的宗族祠堂，其他地域宗族如田心陳氏和鳳降胡氏的祠堂則沒有。

（5）儀式方面，在正醮開始之前兩次的上表儀式，都是在鄧氏宗祠前舉行的。建醮前一天晚上在鄧氏宗祠友恭堂舉行的「祠堂角祭小幽」，是祭祀未能進入祠堂的鄧氏祖先。在正醮時舉行的行朝和行香的儀式，都會進入友恭堂拜祭祠堂內的祖先。

厦村鄉約的醮是以鄧氏宗族為主導的節日。這可以從醮的籌備、醮棚的位置、參與的村落、對祠堂和祖先在醮的特別位置和儀式安排等考察出來。

厦村鄧氏認為他們的開基祖洪惠和洪生兄弟以及他們的堂兄弟洪贄在明初從錦田分支而來。洪贄的後人主要聚居東頭里，也就是現在的東頭三村的地方。洪惠和洪生的後人聚居西頭里，包括現在的祥降圍、錫降圍、錫降村、新圍等地方。洪生的後人並沒有建立任何祠堂，在 1751 年興建的鄧氏大宗祠友恭堂內，也沒有洪生後人的神主牌位，因此雖然友恭堂理論上是居住在厦村的所有鄧氏後人的宗祠，但是可以分享祠堂嘗產的只有洪惠和洪贄的後人。厦村鄧氏與屏山鄧

11 參考《（1974）厦村鄉約甲寅年建醮特刊》、《（1984）厦村鄉約甲子年建醮特刊》及《（2004）厦村鄉約甲申年建醮特刊》。1994 年的醮，沒有出版特刊。

圖 6.2 香港新界鄧氏宗族關係圖

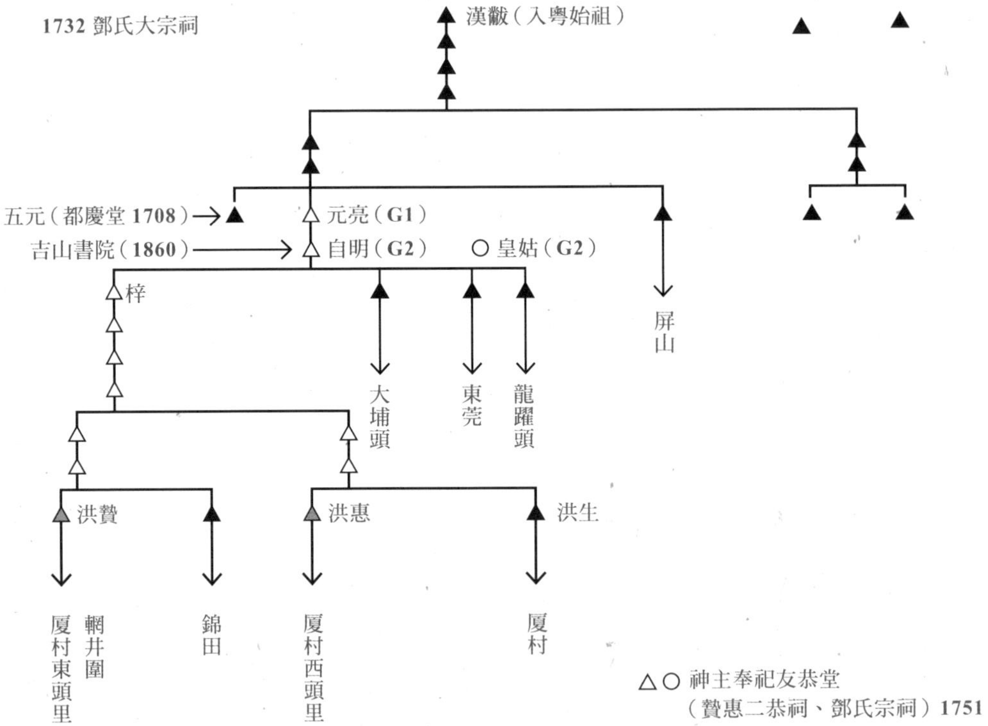

氏有族譜上的關係，但是在醮的儀式中，顯示的是敵對的關係（關於厦村鄧氏和香港新界其他鄧氏宗族的關係，見圖 6.2）。在厦村鄉約之中，宗族房分的角色並不重要。參與醮事的是和地域關聯的圍頭、土地、井泉、（社稷）大王（爺）、廟等神聖場所。和宗族相關的除了大宗祠外，房支的家祠、家廟、書室都沒有參與。厦村鄉約的太平清醮所強調的聯繫，顯然是地域界線以及凌駕血緣差異的地域宗族。

（三）有醮份的鄉村

十年一次的太平清醮的目的無論是儀式性的潔淨作用或社區性的村落關係的再確認，有份被神明赦免罪孽、庇佑祝福的村落，在醮的行事中透過不同的方法提示其有「醮份」的資格。這些包括把有份的家戶人名登記在宗教的文書如表文、意者、人緣榜和赦書。[12] 這些有份村落的成員不僅有資格在年初在沙江天后廟杯卜競選緣首，而且可以在正醮期間，在醮場內設置臨時蓋搭的「公廠」，作為鄉民參與醮事時休憩和交際的地方。有份村落的鄉村裏的神明也可以在醮事期間供奉在醮場內的神棚，供人膜拜，並且見證儀式、觀賞表演。在神棚內供奉的神祇包括：（1）屬於跨村落的祠堂、廟宇的神像以及紙造的神主，這包括厦村鄉約的沙江天后廟、厦村鄧氏宗族的靈渡寺以及鄧氏宗祠、洪惠祖後人聚居的西頭里各村落共有的楊侯宮、洪贊祖後人聚

12 表文為上奏三界四府神明、通知並邀請參與醮事的上表儀式時用的文書、赦書，是祈求上天赦免鄉民在過去周期內所犯的罪孽的走赦書儀式時用的文書。在儀式完畢後，文書即會焚燒。意者是登記人名的冊子，在醮事進行的過程中，由頭名緣首捧持。人緣榜是在啟榜儀式時張貼的人名榜。在醮事完畢，酬謝神恩後，與意者同時焚燒。在上表、啟榜、迎聖、走赦等儀式時，道士會把文書上所有登錄的名字逐一唸出（見第四章關於各種文書的作用）。

居的東頭里各村落共有的楊侯宮。神棚內也有兩個自然地域的神主：求雨嶺的求雨龍王以及求雨嶺上眾位神明。[13]（2）村落本身侍奉的神祇。假如這些圍、村本身有神廳的話，有神廳內神明的神像。有圍的村落有扶圍神廳土地福德神位以及圍門土地。圍、村一般都會有扶圍社稷感應大王、村石獅感應爺爺之神位、護社土地福德正神之神位、扶圍井泉地脈眾神之神位、開村宿老、開社宿老等神位。也就是說，村落的神明包括保護鄉村的廟宇神明、不同等級的土地神[14]、村內過去食水來源的井神，以及村內主要大樹的神。

正醮的第一、二天，行香的隊伍[15]在道士和緣首帶領下拜訪有醮份和有約份的村落。在行進的過程中，可以觀察到村落的地位和差異。一般來說，行香時不入各村家祠書室，以其皆屬於總祠（友恭堂）之分支。然而 1984 年進入鳳降村胡氏祠堂，因為（1）首日行香只有該村並非鄧姓；（2）行香只往廟，然該村無廟；（3）該村村民強烈要求。在行香時金龍並沒有進入鳳降村，只是停於村前路旁。行列隊伍以為路狹不能進入村中，可能會破壞龍頭。然而鄉中的婦女則因見僅瑞獅入村，憤然喊曰：「條龍唔入來，即係睇唔起我地啊。」[16]行香隊伍拜訪的村落，也顯示盟約關係隨時間而增減。如 1984 年原來有醮份的順

---

13 求雨嶺、大頭山並沒有廟宇。請神時，緣首們只是在三叉路口焚冥鏹，用紅紙書神名，象徵性的接神。

14 香港鄉村的村落一般只有一個俗稱為大王爺的社稷，土地、福德則可以有多個。如粉嶺圍彭氏包括三圍四村，圍村各有自身的土地，但只有一個屬於整體的大王爺。

15 行列次序為：（a）金龍、（b）喃嘸、（c）緣首、（d）族長、主席、耆老等、（e）各公廠之瑞獅或麒麟，錦旗、（f）村民。

16 意為「那條龍不進來，就是看不起我們呀」，蔡志祥 1984 筆記。

風圍沒有參加醮務，但行香隊伍仍然進村拜訪。[17] 1994 年增加了沙洲里，2004 年因為有數戶鄧姓分支亦園，因此行香隊伍也進入該村。

有醮份的村落除了隨着時間而有所增減外，參與醮事雖然是以村落為單位，然而村落內部仍然可以區分有份或沒有份的戶口人群。這不僅可以從登錄人名的文書中知道，在從把象徵髒的東西丟到紙船上，以及道士向每戶的神龕和灶頭噴符水的行符儀式中，鄉民都很清楚知道哪一戶有份、哪一戶沒份。[18]

（四）行鄉和盟約

不同的村落，以不同身份參加廈村鄉約的太平清醮。鄉民一般把這些村落分為有醮份的村落、有約分的村落和友好的村落（圖 6.3、表 6.3）。他們沒有言及的是在此之外，還有一些是敵對的、非友好的村落。有醮份的村落在醮棚範圍內設有稱為公廠的、讓成員在節日期間休息、聊天的臨時鄉村辦事處。建醮期間，有醮份村落內的神明被請到醮棚內，鄉村的成員有繳交醮金的義務，它們的成員有成為緣首、醮信的資格，名字可以寫在人名榜上，受神明的庇佑和祝福。建醮時

---

17 於順風圍圍門有一告示謂其圍不參加廈村建醮，只化衣於本村，每人派百元。其通告如下：「敬啟者，關於今年廈村醮務進行中，因今屆本村不參加，故本村父老發起在本圍內化衣功事，議決每戶門口徵收為港幣壹佰元正。除化衣功事外，其餘用作飲宴一餐（闔家大小可食）。此致
各位兄弟父老知照。順風圍大眾理數人示。一九八四年十一月廿八日」。然而村中父老謂亦有部分村民以個別家庭名義參加。

18 必須注意的是鄉村社會中，規定只是用作參考。例外是時常因為人脈關係而調整。如 1984 年行符到廈村市，有兩戶人家自稱因為是「外面人，不知道怎樣做，亦沒有醮份」，道士也在其神台噴符水，讓其以鴨頭插水，以及給道士紅包。在舊李屋村，則只往有醮份的兩戶。一般來說，假如行符隊伍是由原村鄉民帶領的話，誰有份和誰沒有份是非常清楚的。

的行香隊伍，會遊行到有約分的村落，表示同盟友好的關係。在正醮後一日的行符儀式時，道士會到這些有醮份的鄉村，讓有份的家戶把家裏象徵污穢的東西丟到紙船，然後拿到鄉村的邊境燒毀（圖 6.4）。

表 6.3 厦村鄉約建醮時參與的村落

		神明			公廠			行香			行符		
		1984	1994	2004	1984	1994	2004	1984	1994	2004	1984	1994	2004
鄧	# 新圍	*P1、S6	6	6		Y		1-4	1-3		1	1	2
鄧	# 巷尾	*P1						1-6	1-5		1	1	3
鄧	# 羅屋	*P7		10				1-11	1-10		1	1	3
鄧	# 東頭	*P6				Y		1-7	1-6		1	1	3
胡	# 鳳降	*		1		Y		1-8	1-7		2	2	4
	# 上下白坭										2		
鄧	* 輞井圍	*P1、S6		1		Y		1-10	1-9		2	2	4
鄧	# 西山村（1994 名新生村）	*P5		6		Y		2-3a	2-4		2	4	1
	西山圍			3				2-3b			2		
	中心村							2-3c					
	蔡屋村			2				2-3d					
李、陳	# 田心	*		13		Y		2-5	2-6		2	2	1
鍾	鍾屋村							2-6					
梁	* 順風圍							2-7			2		
陶	泥圍							2-8					
陶	青磚圍							2-9					
陶	屯子圍							2-10					
鄧	* 紫田					Y		2-11			2	2	1
	亦園					Y						2	

（續上表）

		神明			公廟			行香			行符		
		1984	1994	2004	1984	1994	2004	1984	1994	2004	1984	1994	2004
李	# 新李屋圍	*P5		1		Y		2-4	2-5		2	2	1
鄧	# 錫降村	*				Y		1-5	1-4		3	3	3
鄧	# 錫降圍					Y		1-2	1-1		3	3	3
鄧	# 祥降圍	*P9	6	6		Y		1-3	1-2		3	3	2
鄧	# 厦村市			3		Y		1-1	2-1		4	4	5
	包圍					Y					4	4	
鄧	# 新屋村	P4				Y		2-1	2-2		4	4	1
	# 沙洲里					Y			2-7			4	5
李	舊李屋圍	*P3		1				2-2	2-3		4		
	大樹下天后廟							3-1	3-2-1				
	水蕉老圍							3-2	3-2-2				
	水蕉新村							3-3	3-2-3				
	元朗十八鄉鄉事委員會							3-4					
	南邊圍							3-5	3-2-4				
	西邊圍								3-2-5				
	鄧氏宗祠	*P5		1+1									
	靈渡寺	*P1、S3		2									
	大頭山	P1		4									
	沙江古廟	*P2、S3		3				1-9	1-8	1-8			

田仲一成：《中國宗族與演劇》，頁 199－226。
東頭里：東頭廟：東頭三村：洪贊：東頭廟：分支輞井（北帝廟）
西頭里：西頭廟：祥降圍、錫降圍、錫降村、新慶圍、厦村市（關帝廳）；分支紫田
屬於厦村鄉的村落　　#* 厦村鄉約的村落　　Y= 儀式執行的場所
1994 年以村落名義賀醮的村落：南邊圍、水蕉老圍、水蕉新村、南坑村、紅棗田村、下白坭、麒麟圍、福亨村、新圍仔、坭圍及青磚圍（馬木池：169）。
說明：神明數目（P1= 紙神位 1；S6= 神像 6）
　　公廟：Y= 有
　　行香：1-4= 第一天訪問的第四個村落
　　行符：1= 第一隊行符的村落；2= 第二隊行符的村落

圖6.3 廈村鄉約的行鄉範圍

第一日
1：廈村市
2；錫降圍
3：祥降圍
4：新圍
5：錫降村
6：巷尾村
7：東頭村
8：風降村
9：沙江廟
10：輞井圍
11：羅屋村
（2004：沙洲里）

第二日

第三日

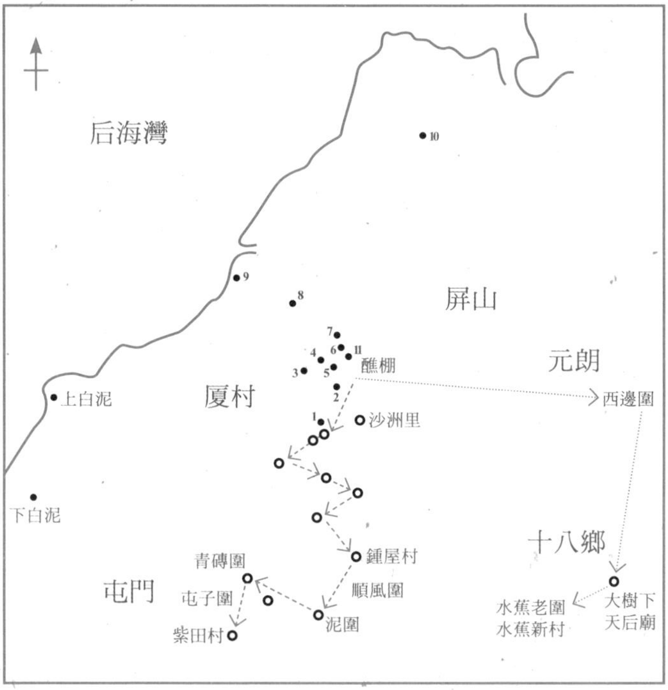

圖 6.4 醮場佈置及行符範圍

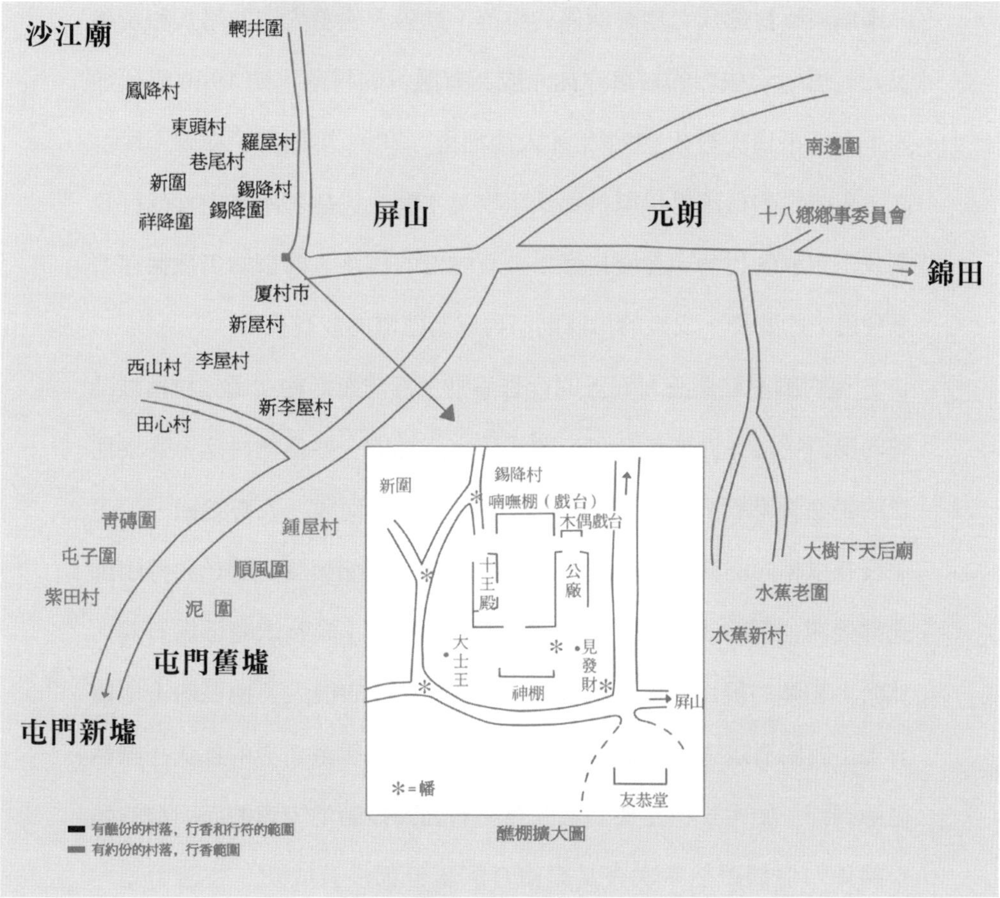

考察有醮份的村落的變化，可以發現有醮份的村落超越了由當代政治區劃的地域界線。1974 年除了以鄧氏為主的核心村落外，它還包括兩個屯門鄉的村落和一個屏山鄉的村落。1984 年屯門鄉的順風圍以丁口費高昂的關係，宣佈不參加厦村鄉約的醮，只是在圍內「燒龍衣」。因此 1984 年以後，在厦村行政區之外有醮份的，只有紫田和輞井兩個與厦村鄧氏有族譜關係的村落。此外，隨着人口的增長和新移民的入居，一些新的村落亦加入成為有醮份的村落，如 1960 年代加入了上、下白坭村，1994 年加入沙洲里，2004 年加入了亦園。換言之，有醮份的村落是以厦村鄧氏宗族為主體，包括了所有由當代行政劃分下定義的村落。在厦村鄉以外有醮份的村落，同宗的仍然保存着這種過去的關係，異姓的村莊則不再成為建醮的成員村落。

厦村鄉約建醮時有三天的行香活動，拜訪與鄉約在過去村落械鬥時的聯盟。這些同盟包括了屯門鄉和十八鄉的一些傳統村落。需要注意的是在香港新界的「鄧」氏各房，雖然追源到同一入粵始祖，但是並沒有以相同的傳說來強調土地的擁有權。例如與厦村鄧氏和錦田鄧氏都強調他們的土地擁有是與其祖先「鄧自明」成為宋朝郡馬有關。然而，相鄰的屏山鄉鄧氏宗族並非「鄧自明」的後人，他們的土地擁有權是與明清以來族人的科舉功名有關。[19] 在香港新界的鄧氏，雖然追源到同一始祖，但是他們之間存在着因為控制地方資源而引發的競爭關係。他們雖然多次嘗試編修合族譜但都沒有成功。在清中葉，

---

19 屏山開基祖元禎的五世孫馮遜為閩侯、七世孫彥通為寧國府正堂、二十世孫輯伍「祖孫父子兄弟叔侄文武登科」。這些功名的記錄表現在宗族的祠堂牌匾、族譜和口頭承傳。又見鄧廣賢：〈紮根南疆培育後代〉，載鄧（1999）。關於香港鄧氏宗族，可以參考 Faure（1984）、Watson R.（1985）。

鄧氏部分成員分別在東莞和廣州建立跨越地域宗族的「高層次」的祠堂，但從祠堂供奉的神主來看，他們並沒有緊密的、包括所有地域宗族成員在內的合族祠（Choi 1988: chapter 8）。

厦村鄉約共進行三天的行香儀式。第一天拜訪有醮份的村落，第二天拜訪有醮份以及有盟約關係的村落，第三天拜訪過去的同盟的村落。可是他們並沒有拜訪有族譜關係的、鄰近的村落（如屏山、錦田）。從田野考察，我們可以發現宗族關係和地域距離並非決定鄉約範圍的因素。行香儀式展現了同宗的厦村鄉鄧氏和屏山鄉鄧氏在過去的緊張關係（Watson 1996: 149）。[20] 厦村鄉約的行香行列中，包括很多舞獅、舞龍以及擔扛旗幟和神輿的壯丁，因此華琛認為行香是一種鄉村武裝實力的宣示（Watson 1996: 148-149, Chan 1989: 318-319），也是一種重新肯定過去村落聯盟範圍的儀式。厦村的行香範圍包括有約份的村落，北到輞井圍、東到十八鄉、南到屯子圍。地域聯盟不一定等同宗族關係。過去的宗族內部糾紛和地緣結合的歷史，不自覺地在當代的儀式行為中展現出來。地方盟約的關係和地方勢力的範圍以及過去的對立關係，在十年一次的常規性宗教活動中，不斷地呈現出來（蔡 2000：59－62）。

過去的敵對關係不僅可以從行香時的拜訪對象觀察到，而且可以從儀式舉行的位置考察出來。祭祀為鄉約打殺犧牲的「英雄」的場所，是在厦村鄧氏最早定居的祥降圍（也稱老圍）的周邊野外、通往靈渡寺並且為過去喪葬儀式必經的地方。行符儀式中裝滿污穢物品的

---

20 華琛指出厦村十年舉行一次的太平清醮的行香儀式常常有兩千名以上的男性參加。自1924 年，差不多每屆太平清醮，都會和鄰鄉的屏山鄧氏發生衝突。

圖 6.5 厦村與屏山位置

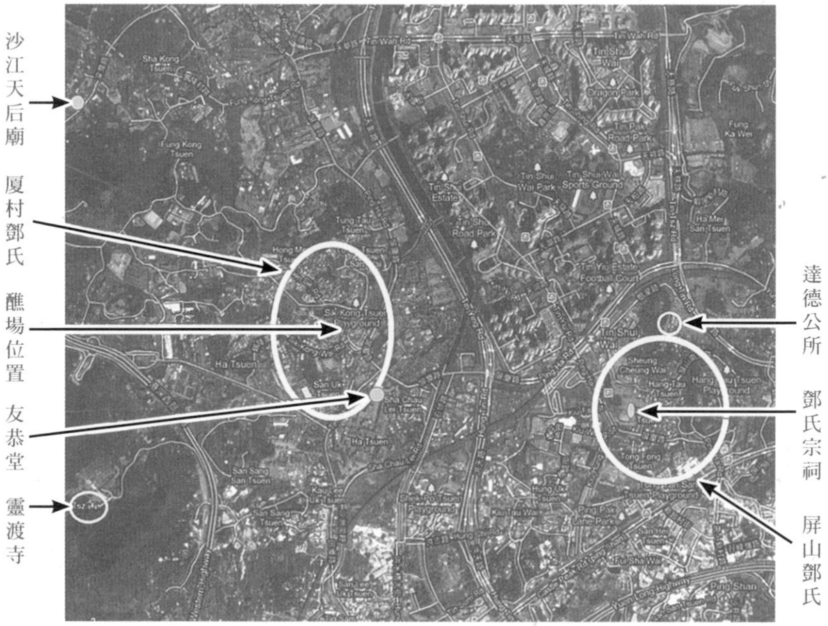
沙江天后廟
厦村鄧氏
醮場位置
友恭堂
靈渡寺
達德公所
鄧氏宗祠
屏山鄧氏

紙船在各個鄉村的邊境燒毀。神棚內有兩尊紙紮的神像，即帶來財運的「一見發財」以及可以監察在場上的遊魂野鬼的行為、負責分衣施食的鬼王。「一見發財」面向西方，也就是鄧氏聚居的村落群。鬼王則面向東方、現在的屏山鄉的方向。鄉民相信鬼王可以照煞、驅趕邪惡污穢，因此它面對的方向是對鄉村最不吉利的方位。熟悉香港新界地區鄉鎮周期性（多是五年或十年）舉辦之太平清醮的人，都會注意到在節日中的儀式和行事，時常強調邊界的重要性。一個最顯著的例子就是在節日最後一個晚上，當儀式執行人（一般是稱為喃嘸的在家道士）完成祭幽的儀式後，鄉民會把鬼王（俗稱大士王）從祭幽場地抬到附近的空地上。此時，觀察者會注意到鄉民興致熱烈地爭論鬼王應該面向哪裏。鄉民一般認為鬼王照煞，因此它面向的應該是對鄉村最不利、最污穢的地方。在厦村，無論是在醮場內鬼王位置以及焚化鬼王時的面向都是東方，也就是過去與厦村鄉有激烈競爭關係的屏山鄉的位置（圖 6.5）。

二 神聖的場所和邊界

鄉村社會中神聖的場所有清晰的位置。有些地方即使荒廢了，在儀式進行時，鄉民仍然會把神主供奉在醮場的神棚上，在行香時也會到該場所祭拜。神聖的場所在聯鄉的節日中是多重存在的。它們的參與，代表着鄉村社會多重的地域和血緣的關係。因此沙江天后廟以及求雨嶺代表高層次的跨地域、跨血緣的聯盟；靈渡寺、鄧氏宗祠友恭堂代表主導宗族；東、西頭里各自的楊侯宮代表地域社區房派分支的聚落；神廳、社稷、土地、井泉分別是各個圍、村的庇佑者。這些神聖的場所，在鄉民周期性的節日中，向社區的核心聚合。通過宗教儀式，把靈力帶回鄉村，也通過節日的行事，再次確定地域人群的關係。神聖的場所在鄉民的生活中是清晰不過的。他們元宵上燈分別會到所屬房支的書室、圍村的神廳、跨域的廟（如錫降圍鄉民到西頭廟）和祠堂（如洪惠、洪贊祖後嗣到友恭堂）。這些神聖的場所，標示鄉民多重的歸屬，也說明鄉民的權利。可是這些公共的神聖場所的位置往往建築在共同擁有者的邊域。例如厦村鄉約的醮場位置，雖然在主導的鄧氏宗族的領域，但卻是在洪惠和洪贊兩派分別聚居的東、西頭里的中間邊界。同樣，鄧氏大宗祠、靈渡寺在鄧氏兩房聚居地外緣地帶。西頭廟的楊侯宮在錫降圍、錫降村和祥降圍的外緣；東頭里的楊侯宮也同樣位於東頭三村的外緣。雖然厦村鄉約的主導勢力是鄧氏，但是鄉約的共同廟宇沙江天后廟則在遠離鄧氏聚居、但為鄧氏控制的后海灣岸邊。

鄉民的所屬、有份或沒有份不僅在公眾的文字如表文、榜、赦書中呈現，更重要的是在爭議的過程中認定。我們在觀察儀式時，時常聽到鄉民討論誰是養子、不應上榜；哪一戶是外來人，不應該為其神龕噴符水。鄉民清楚地知道可以到哪裏、不能到哪裏；哪一處是陰的、髒的。因此，髒的東西不能留在家裏，不能在村裏燒毀。邪惡、凶煞從外而來，因此必須在適當的邊界阻止其進來。歸屬的標記往往是清晰的。反之，邊界則往往是模糊的，通過商議在儀式行為中表現出來。這種通過記憶、爭議的模糊性的邊界，也提供鄉民在生活的過程中，調整或變更其地域集團的身份的可能性。

三 厦村是否例外

無論是宗族社區（如粉嶺、錦田、龍躍頭、泰坑）、以單一宗族為主導的社區（如厦村）、多宗族社區（如林村）或雜姓社區（如高流灣、吉澳、北港）；無論是本地、客家或水上族群，周期性的醮皆有着共通的性格，那就是儀式的象徵意義和社會功能交叉重疊。在去穢再生、春祈秋報、許願酬還這些象徵意義上，地域社區通過像醮這一類的大型活動，界定人群和地域範圍。有份的人群和地域，即可以被神明保佑，也可以享有節日帶來的物質利益。節日的周期性，扮演着不斷提示、再確認人群和地域範圍的作用。儀式、祭祀對象和儀式行為是藉以界定範圍的、有份者的成員不需言喻的「工具」。鄉村的地理的、人文的界線，就如土地契約的四至一樣，在生活中展現。界線的維持，仰賴宗教的、義理人情的規範。厦村鄉約的打醮所展現的象徵意義以及地域和人群的界限並非例外。

第七章

歷史記憶與英雄祭祀：香港的移民、定居與糾紛的傳說

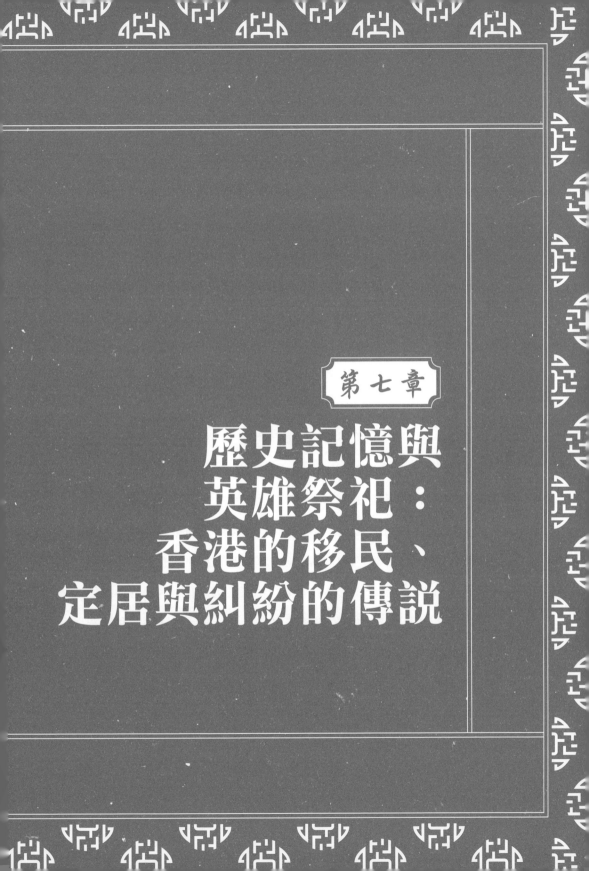

歷史同時是過去的真實，也是一種以當代的場景，選擇性地選取具代表性的過去的一種表述（Crane 1997: 1373）。霍布瓦克（Maurice Halbwachs）指出，無論我們如何相信我們對過去的記憶準確無誤，記憶的重構時常受到社會的壓力。我們出身的社會會不斷地、刻意地把一些過去的事實重提、刪減或完成（Halbwachs 1992: 51）。因為社區群體對同樣的過去有共同的興趣，過去的記憶才有選擇地被記存下來（Halbwachs 1992: 53）。歷史記憶的過程既是有選取性，我們便需要詢問什麼人或什麼社群通過些什麼方法，把一些過去的歷史經驗在當代的生活中制度化地保存下來、什麼是被有意或無意地忘卻。在集體記憶的建構過程中，何者應該被記憶下來，何者應該被忘記，是有時間和地域上的意義。米德爾敦（David Middleton）和愛德華（Derek Edwards）指出歷史記憶不僅僅是當代對過去的一種操控，而且是一種過去和當代的角力（Middleton and Edwards 1990: 8）。這種角力，無疑反映在社區如何論述其過去與其當代的社會文化資源的關係。

本章以比較的角度，考察在同一地域範圍內的不同社群，如何通過節日和祭祀活動，選擇地記憶或忘記他們共同的歷史經驗。康納頓（Paul Connerton）認為社會的記憶時常可以在一些紀念性的儀式中考察出來，過去的形象和知識也常常可以通過儀式傳遞和確認（Connerton 1989: 4-5, 40）。在同一地域不同的社群中，相同的歷史經驗是如何被選擇地通過一些不同程度的儀式行為而被記錄下來？不同的社群對相同的歷史記憶，如何以不同的形式、不同的方式表現出來？

本章以香港新界北約地區不同的社群對土地擁有、開發和不同層次的爭執的記憶，來考察社區本身的結構和社區本身的當代處境，如何影響歷史記憶的選取？而且，如何反映在不同程度的儀式性行為上？

香港新界北約位於廣東省珠江三角洲之東，深圳河之南。這個地方原屬寶安縣大鵬和官富兩司的管轄範圍，在 1898 年以九十九年期租借給英國政府，因此命名為新界。明末清初以來，這個地方的大部分原居民都經過數次相同的歷史經驗。首先是包括明清之交的遷界和復界、太平天國的動亂、清末民初和二次大戰後等幾次的大量移民定居的過程，和與之同來的新舊群體之間的聯盟和爭鬥的經驗。其次是 1898 年英國租借新界後發生的抗英事件，以及 1941 至 1945 年間三年零八個月的日本統治時代和抗日游擊隊的活動等兩次的反殖民地運動。最後是 1984 年簽署的《中英聯合聲明》和 1997 年香港回歸中國而引發的愛國情緒。簡言之，移民定居和保鄉衛族是新界原居民的兩類重要的歷史經驗。

明末清初以來，香港的新界是客家與本地（圍頭）兩個族群交叉定居的地方。在三百多年的歷史中，有着很多的移民、定居以及族群糾紛的傳說。這些傳說，除了口語相傳外，經常在族譜、廟宇和祭祀儀式中表現出來。對大部分鄉民來說，這些過去的記憶，並非左右他們日常生活的重要元素。他們一方面視之為理所當然的傳統，使之在儀式世界繼續地存在。另一方面，這些傳說是最便利的，用作解釋現代的現象的想像手段。本章嘗試透過兩類關於定居和糾紛的傳說，來說明它們在香港不同的社區中，如何在鄉民的生活中以不同的方法承傳下來。

上述的歷史經驗反映在兩類的儀式性的歷史記憶中。開山宿老的祭祀是和社群的土地擁有、開發有很大的關係。開山宿老並非宗族社群的開基祖或落擔祖，他們時常是一些與社區的成員無繼嗣關係的個人或夫婦。他們的祭祀，表現出一種族群取替關係：在土地開發過程中，原來的弱小社群（如客家）取替了土著大族在地方的勢力，然而在意識上仍然保留着土著大族的影子。

另一方面，一些社區的主廟的偏廳，有祭祀為社區犧牲的「英雄」。在一些地方的節日中，也有祭祀英雄的儀式。本文嘗試比較新界地區有關祭祀英雄的傳說與儀式，說明英雄在不同社區和不同歷史時間中不同的身份象徵，英雄如何由地域間械鬥的犧牲者，演變為英國租借新界時，抵抗殖民地的愛國主義的死難者。他們在廟宇中奉祀的牌位沒有變化，他們的身份和角色只是在鄉民的詮釋中不同而已。

在考察上述兩種儀式性的記憶時，我們根據不同的地理環境、移民和族群關係等因素，把新界北約地區分為西部（元朗平原）、東部（上水、大埔、沙田）和東南部（西貢）三個部分分別討論。我們嘗試指出在開山宿老和英雄的兩種歷史記憶中，前者因為地域社區的整合而被不斷地模糊化，後者則因為跨地域的整合而不斷地被重新詮釋。

一 宏觀環境與香港新界的移民及定住的傳說

1898 年中國政府把現在香港的新界地區，以九十九年期租借給英國。同年 10 月 8 日布政司洛克（Stewart Lockhart）完成《拓展香港殖民地界址報告書》(Report on the Extension of the Colony of Hong Kong)。報告書包括了兩個附件。這兩個附件列出香港新界的分區、村落和不同族群的人口數(見表 7.1)。報告指出當時租借予英國的地方,包括了 423 條村落、100,320 人。其中說圍頭話的本地村落佔 38%,人口佔 64%,平均每村人口 398 人;說客家話的客家村落佔 60%,人口佔 36%,平均每村 140 人。這個數字和 1911 年的人口統計數字相去不遠。1911 年的人口數字根據各村落的房屋數字來估計[1](SP1911, No. 17, p. 103(4)),包括水上人口共 104,101 人,其中新界北約共 69,122 人(表 7.2)。[2]

表 7.1 1898 年香港新界地區的村落、人口和族群

		沙頭	深圳	沙頭角	元朗	雙魚	九龍	島嶼	總計
本地	村落	4	20	1	49	60	22	5	161
	人口	5000	12900	70	20980	10210	5830	9150	64140
客家	村落	0	6	54	10	122	32	31	255
	人口	0	1180	8530	2040	10660	9200	4460	36070
旦家	村落	0	0	0	0	0	0	7	7
	人口	0	0	0	0	0	0	110	110

1 *Sessional Papers*, no. 17, 1911, Hong Kong Government, p. 103-104.

2 *Sessional Papers*, no. 9, 1899, Hong Kong; Sessional papers no. 17, 1911.

（續上表）

		沙頭	深圳	沙頭角	元朗	雙魚	九龍	島嶼	總計
總計	村落	4	26	55	59	182	54	43	423
	人口	5000	14080	8600	23020	20870	15030	13720	100320

資料來源：*Sessional Paper 1899*, No. 9, p. 201.

表 7.2 1911 年香港新界北約的村落、人口和族群

族群人口		I 區			II 區			III 區
		凹頭	屏山	新田	沙田	上水	大埔	西貢
本地		6391	8018	3369	1051	5399	2330	2633
客家		4386	2748	3	2659	1460	6987	6599
鶴佬		0	3	0	4	0	11	11
不詳		96	28	0	95	0	113	0
總計	村落	62	78	13	13	59	102	126
	人口	10873	10797	3389	3809	6859	9441	9243
村落平均人口		175	138	261	293	116	93	73
各區域平均人口		164			116			73
本地人口比例		71			44			28
客家人口比例		28			55			71

資料來源：*Sessional Paper 1911*, No. 17, p. 103 (21), 103 (27－36).

1960 年香港政府出版地名錄，記錄那些村落是「本地」、「客家」或「雜居」（Hong Kong Government 1960）。瀨川昌久根據 1898 年、1911 年和 1960 年三個統計資料，製成兩個圖（瀨川 1993：39、41）（圖 7.1、7.2）。假如比較這兩個圖，我們不難發現在香港新界北約地方的西部，主要是「本地」人聚居。這個地方是香港主要的河谷和平

原。在這裏居住的兩個大族分別為「鄧」氏和「文」氏。前者認為他們的祖先在北宋時已在現在的香港新界地方落擔開基，然後支分到西部的「錦田」、「屏山」和「厦村」三個鄉約，以及東部的「龍躍頭」和「大埔頭」兩個鄉約。鄧氏是新界大部分地區的地主，在北約西部的錦田和厦村兩支，認為他們的土地擁有權始源自北宋末南宋初年，由於他們的一位先祖「自明」娶得落難公主為妻，宋帝復位後，准許「自明」雕木鵝九隻，沿河流放，木鵝停留之處，即為鄧氏所有。這個把鄧氏的土地擁有權合理化的「皇姑傳說」和「木鵝傳說」，在新界地方廣為流傳。傳說的記憶，也通過皇姑墳以及在祠堂內的神主及祭祀而延續下來。[3] 然而，我們需要注意的是在香港的「鄧」氏各房，雖然追源到同一入粵始祖，但是並沒有以相同的傳說來強調土地的擁有權。例如「屏山」鄧氏並非「自明」的後人，關於他們的土地擁有權，是與明清以來族人的科舉功名有關。[4] 在香港新界的鄧氏，雖然追源到同一始祖，但是他們之間存在着因為控制地方資源而引發的競爭關係。他們雖然多次嘗試編修合族譜，但都沒有成功。在清中葉，鄧氏部分成員分別在東莞和廣州建立跨越地域宗族的「高層次」的祠堂，但從祠堂供奉的神主來看，他們並沒有緊密的，包括所有地域宗族成員在內的合族祠（Choi 1988: chapter 8）。

北約西部另一「本地」宗族是新田「文」氏。新田文氏認為他們

---

3 關於鄧氏的傳說，參考 Sung（1973, 1974）。關於錦田鄧氏的研究，參考 Faure（1984）。關於厦村鄧氏的研究，參考 Watson, R（1985）；關於屏山鄧氏的研究，參考 Potter（1968）。

4 屏山開基祖元禎的五世孫馮遜為閩侯、七世孫彥通為寧國府正堂、二十世孫輯伍「祖孫父子兄弟叔侄文武登科」。這些功名的記錄表現在宗族的祠堂牌匾、族譜和口頭承傳。又見鄧廣賢（1999）。

圖 7.1 1898 年左右的本地和客家村落的分佈

● 本地村落 ○客家村落

△混住村落

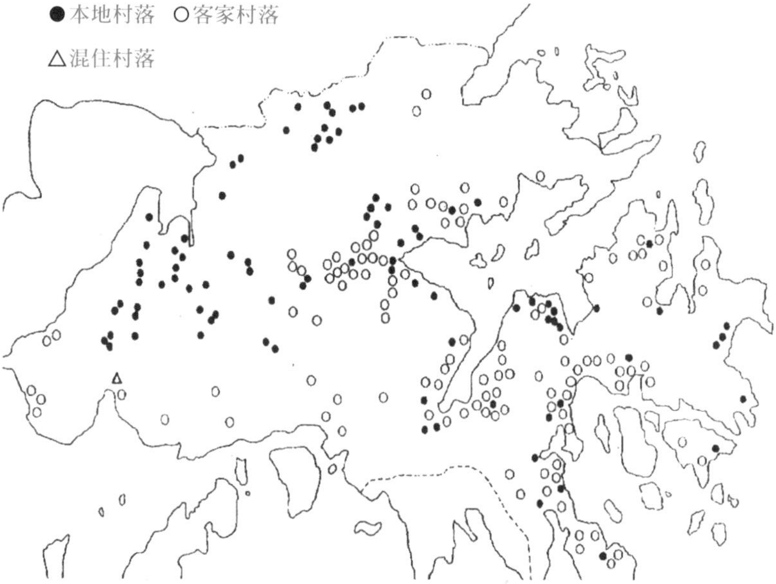

資料來源：瀨川昌久 1993：39

圖 7.2 1960 年代本地及客家村落的分佈

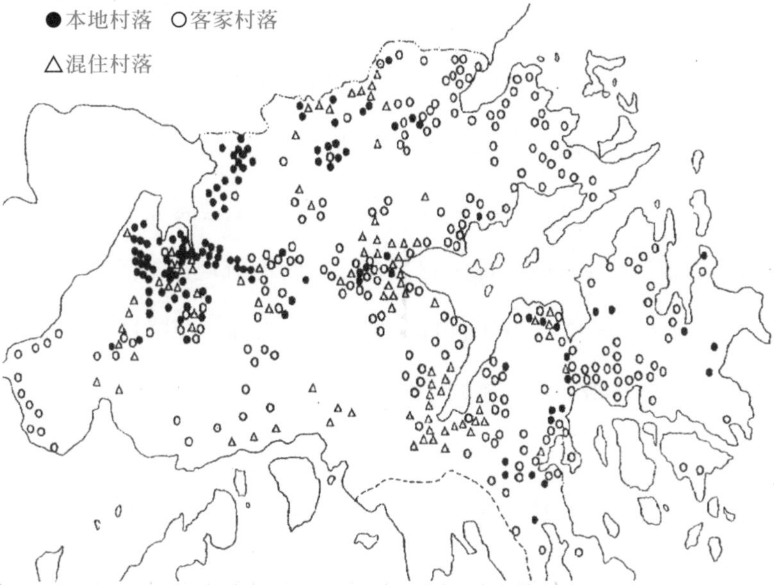

資料來源：瀨川 1993：41。

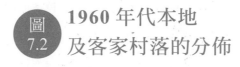

祖先是文天祥後人，他們的土地擁有權也是因為他們是忠良後裔而得到的（Watson J. 1975）。在鄧氏和文氏之間夾雜着一些雜姓的村落，有「本地」也有「客家」。這些村落的祖先大部分是清初遷界令解除後，政府鼓勵移民墾殖邊疆而遷入的。他們佃種鄧氏擁有的土地，或開發山林。他們以寺廟為中心組成聯盟，相互扶持。同時他們也與鄧氏結盟，藉以生存（Brim 1974: 93-104）。

要言之，新界北約西部的土地開發、擁有權以及地主和佃農的關係非常清楚。主導這個地區的大族，通過皇族後人、科舉功名等與皇朝國家有關的故事來合理化其移民開發和土地擁有權。這些故事更具體地記錄在族譜中或透過祠堂建築和神主表現出來。弱小族群沒有土地擁有權，也沒有有關土地擁有的傳說。對於土地開發者的記憶，沒有特別的故事、儀式或記錄，只是在節日時籠統地用紅紙寫上「開山宿老久住神人」神位，和其他的土地、井泉的神一同祭拜。弱小的族群之間流傳的是如下節所述的，如何通過聯盟、抗爭而得到定住權的故事。

在北約東部的地區，也就是裴達禮（Hugh Baker）所說的，以祭祀「周王二公」為主的報德祠為中心的所謂新界五大族的地區。[5] 這個地區，「本地」和「客家」雜處，也是雜姓村增加得最多的地區。除了龍躍頭鄧族外，上水廖氏、河上鄉、金錢和丙崗侯氏、粉嶺彭氏和泰坑文氏等，都認為他們的祖先是元末明初遷入。他們有些是從現在的粵東、閩西的客家地方遷入的（如上水廖氏、粉嶺彭氏），但現在皆

5 「周王二公」指清初倡議復界的兩廣總督周有德和廣東巡撫王來任。見 Baker（1966）。

自稱為「本地」人，說「本地」話。這些地域宗族或如龍躍頭鄧氏在元末明初把土地投靠地方豪強東莞伯何真，或如侯氏等原為何真的佃農。洪武間，何真以藍玉案被抄家，這些佃農亦因此而取得土地的擁有權。[6] 清初復界後，清政府鼓勵移民開墾，大量客家移民進入新界。這些明初即定居於此的宗族，為了控制新移入的客民，在乾隆期間以「報德祠」為中心結成盟約，組成地域宗族聯盟。[7]

無疑，在新界北約的東部，本地和客家的定居次序非常清晰，可是土地開發和土地擁有權卻因為明初的藍玉案和清初的遷界和復界而變得模糊。在這裏的一些鄉村的主廟的偏廳，有供奉「開山宿老」的神位。如龍躍頭鄧氏供奉「開山宿老彭季先師之神位」（田仲 1985：629；Johnson 2000: 166），林村鄉的天后廟內供奉「開山建廟助銀成功鄧郎占一／妻龍氏長生祿位」，或如大埔頭鄧氏舉行太平清醮時，神棚內供奉「開山宿老袁簡二公之神位」等。這些開山宿老都不是當地地方宗族的祖先，而是一些與宗族無繼嗣關係的個人或夫婦。除了平日奉香，或在節日時與其他神明共同供奉外，並沒有特別的節日或儀式來紀念這些「開山宿老」。在這個地域關於「開山宿老」的記憶，大體可以分為兩類：先來的大族和後來發展的大族之間的競爭關係，以及弱小族群和大族之間的關係。

龍躍頭鄧氏和粉嶺彭氏，同為報德祠的宗族成員。龍躍頭鄧氏

6 關於何真和香港新界的關係，參考 Faure（1986：149－150）。又參考何崇祖：《廬江郡何氏家記》（無出版地、時。序書於 1434 年。收於民國再版《玄覽堂叢書》續集第四輯）。

7 關於報德祠，參考 Faure and Lee（1982：273－277）。

的開基祖在北宋末年卜居現址，為新界最早的大族，擁有偌大的土地和兩個墟市。粉嶺彭氏的開基祖在明朝初期才從粵東移民至此，彭氏人口繁衍但並無科舉功名，他們在十九世紀才在地區事務上重要起來。[8] 兩族毗鄰而居，但兩族族人皆指出彼此並無互婚關係。[9] 在龍躍頭的龍山廟的偏廳有供奉「開山宿老彭季先師之神位」。據說彭公是粉嶺彭氏的開基族，為了取得居住權，佃種龍躍頭鄧氏的土地，並且子孫世代為鄧氏服役。及彭氏後人開支，人口繁衍，在龍躍頭附近建立圍村，漸成大族。鄧氏為了報答彭祖開山墾土的功勞，設立牌位紀念之（Johnson 2000: 166）。粉嶺圍的彭氏後人對這一故事有另一詮釋。他們指出粉嶺彭氏和龍躍頭鄧氏世代不通婚，這是因為龍躍頭鄧氏的先祖無後，現在的龍躍頭鄧氏為彭祖與鄧氏妣私生子的後代，兩族為同父的關係，所以不能通婚。[10] 一方面龍躍頭鄧氏指粉嶺彭氏之開基祖為其佃農，可以視為先來者對後來的競爭者的社會身份之詆毀；而彭氏指龍躍頭鄧氏為其祖及鄧氏祖妣的私生子之後的說法，則可以視為後來的競爭者對原居大族的血緣上之詆毀。兩個鄉村對同一傳說的不同解釋，也許可以視為地域宗族對土地開發和擁有權競爭的結果。

另一個奉祀「開山宿老」的例子是林村鄉。林村鄉在北約東部中

8 報德祠建立初期，只有鄧、廖、文、侯四股，清末改組後才加入粉嶺彭氏為五股。參考田仲（1985：14－60）。

9 1980 年 12 月 12－16 日粉嶺圍太平清醮及 1983 年 10 月 23－27 日，龍躍頭太平清醮時訪問。

10 訪問粉嶺圍彭正全先生，1980 年粉嶺圍太平清醮。在我們與其他關於彭氏族人的訪談中，對龍躍頭奉祀彭祖都有相同的看法。

央的山麓和河谷地方，包括二十四個單姓或雜姓的客家或本地村落。這些村落的住民大部分在清初以後才佃居於此。這個地區的地主為屬於報德祠的上水廖氏或龍躍頭鄧氏。這些村落在乾隆期間組成「六和堂」的鄉約組織，聯繫不同的族群和地域宗族。在十九世紀末，林村鄉約與附近的六個鄉約建立大埔新墟，與擁有大埔舊墟的鄧氏競爭墟市的利益。林村鄉約內的村莊，從新來的移民佃租耕地，到組織鄉約從而逐漸成為地方勢力的過程，可以反映在對「開山宿老」的供奉。當弱小的社群（如林村鄉約或清初移入的客家社群）逐漸取替或抗衡土著大族在地方上的勢力，在潛意識上仍然保留了大族的影子。供奉定義模糊的開山宿老，可以視為這樣的土地開發過程中族群取替關係的一種表現。也就是說，大族的土地擁有權雖然被取代了，大族的亡靈依舊存在。

新界東南部的西貢地方，山陵起伏，平原少、海灣多。西貢地區的人口和村落的發展較其他新界地區晚。1688 年編輯的（康熙）《新安縣志》只記載了沙角尾、蠔涌和北港三個現在西貢地區的村落。清初復界之後，政府鼓勵人民移民開荒。西貢地方由於沒有如新界北部地方的本地大族的控制，吸引了很多客籍的移民。在康熙、雍正和乾隆三代盛世，一方面是新來的移民從博羅、歸善等地移入，開基立業。另一方面，早期定居的家族，在復界之後，因為人口繁衍，向河谷的上游或沿海地方再遷移。十九世紀中葉，因為太平天國的動亂，很多華南尤其是現在客屬地方的人因為「走長毛」逃難到香港和現在的新界地方。他們或融入舊有的村落，或開闢新村，因此西貢地區的村莊數目急激增加：舊的村落加快了雜姓化，而新興的村落則人口較少。[11] 到英國租借新界時，西貢地區大部分是只有數人或數十人的擴張家庭式的「聚族而居」的村落。根據 1911 年新界北約的人口統計，西貢區共有 126 個村落、9,243 人，平均每村人口 73 人。其中客家人口共 6,599 人，佔全區人口 71%，本地人口共 2,633 人，佔 28%，鶴佬系只有 11 人。人口超過 200 人的包括坑口（387）、孟公屋（434）、井欄樹（276）、南圍（324）、蠔涌（418）、西貢墟（512）、沙角尾（346）和深涌（226）八村；而有約三分之二的村落，人口在 50 人以下（見表 7.2）。如果與全新界地區的數字作比較的話，我們可以有三點的發現：西貢地區的客家人口相對地高，每村的平均人口相對地低，而且大部分村落都是雜姓村（見表 7.2）。

香港新界北約東南部的西貢地區的村落人口比較稀少。科大衛指出，西貢地區的住民大多租種東北部大族廖氏、鄧氏等田地。在 1980 年代的口述歷史訪問中，很多西貢地方的居民仍然記得一些和收租有關的故事（Faure 1982: 164-165）。他們也有以廟宇作為聯鄉的中心，但規模和勢力皆不大。在這樣一個沒有土地擁有權，開發歷史短淺，而且缺乏強大地方勢力的地區，很少有關「開山宿老」等與土地擁有和開發的傳說和祭祀。

總括言之，移民、開發、定居的過程，都是香港新界北約居民的共同經驗。在新界北約西部居住的「本地」人歷史較長，彼此間因為競爭資源而產生的紛爭也較多，對於資源擁有權的傳說也通過文字、建築和口頭傳承而具體化。在北約東部的地方，無論「本地」、「客

11 關於西貢地區的發展，參考馬（2002）。

家」皆稱在明初或清初遷來。「本地」人佔據平地，而「客家」人則開發山區，沿山邊、溪谷而居。在這樣「本地」和「客家」勢力均衡的地區，「開山」的具體化記憶是他們取得土地在住權的重要根據。可是在平衡地方勢力的同時，關於土地擁有和開發的記憶也被模糊化。北約東南方西貢地方歷史較短，資源也較少，鄉村稀落，人口稀少。因為爭奪土地資源的糾紛比較少，關於資源擁有和開發的傳說也較少。

二 械鬥和英雄

鄉族械鬥、英國佔領和日本統治都是香港新界各社群共同的歷史經驗。然而關於那些保鄉衛族而死的英雄烈士的記憶，在不同的社區，有不同的表現。在香港，關於械鬥和英雄的記錄，很少見諸文字，它們大部分散見於各個族譜、儀式和口述歷史之中。從口述歷史中，我們知道新界很多村落之間都有械鬥，然而並非所有村落皆有特別的祠宇、節日或祭祀儀式來紀念為村落械鬥而死的「英雄」。[12] 在新界北約地區，「英雄」的記憶不單表現在地域上的差異，而且也因為共同歷史經驗的不同表述而有所差異。

12 一般來説，很多村落在大規模的儀式如太平清醮時，在臨時的神棚中，都有供奉「英雄列位正直尊神」、「護圍有功列位明神」等和保衛鄉村有關係的神位。但是這些神位都是臨時性的、手寫的神位，與其他諸神同時奉祀，沒有特別的儀式。參考田仲(1989：836－837)。

（一）制度化的祭祀：香港新界北約西部

香港新界北約的西部主要是「本地」人聚居的地方。這個平原主要有八鄉（雜姓）、錦田（鄧氏）、十八鄉（雜姓）、屏山（鄧氏）和厦村（鄧氏）五個鄉約，[13] 他們都有祭祀為鄉約犧牲的「英雄」。這些「英雄」有在廟宇的旁廊（八鄉古廟內忠精祠、十八鄉大樹下天后廟旁英勇祠）、公所（屏山達德公所）或公廳（錦田的義祠）內供奉，也有在特別的宗教儀式時祭祀（厦村太平清醮）。茲略述如下。

（1）邊緣化的英雄：厦村和錦田

錦田鄉和厦村鄉每十年舉行一次的太平清醮中，都有行香的儀式。[14] 行香的行列中，包括很多舞獅、舞龍以及擔扛旗幟、神輿的壯丁。華琛認為行香是一種鄉村武裝實力的宣示（Watson J. 1996: 148ff），也是一種重新肯定過去村落聯盟範圍的儀式：錦田的行香範圍延伸到元朗舊墟；厦村的行香範圍包括有約份的村落，北到輞井圍、東到十八鄉、南到屯子圍。地方盟約的關係和地方勢力的範圍以及過去的對立關係，在十年一次的常規性宗教活動中，不斷地呈現出來（蔡 2000：59－62），因此這些鄉約並不需要如下述八鄉或十八鄉等雜姓村一般把械鬥犧牲者的形象提升，從而達到地方聯盟的目的。據華琛指出，迄 1970 年代厦村的行香行列經過鄰鄉的屏山時，都有

13 這個平原之西北為新田文氏，西南為屯門陶氏。

14 行香亦作行鄉，持香燭巡遊鄉村之意。關於香港太平清醮的研究，參考蔡（2000）。

發生衝突（Watson J. 1996: 149）。[15] 陳永海亦指出錦田與屏山及八鄉時常因為土地擁有權和租佃關係而導致械鬥（Chan 1989: 318ff）。關於過去村落衝突的記憶，一方面表現在行香的儀式，另一方面表現在對亡魂安撫的「英雄」祭祀儀式。

厦村鄉在公共場所中祭祀死者的儀式有五次：

（1）每年在祠堂中春秋二次，拜祭有配享、祖嘗的八十六位祖先。

（2）在十年一屆的打醮的正醮前三天，在一片稱為「莆上」的農地上，拜祭為械鬥犧牲的護鄉英雄。

（3）在正醮前一天晚上，在祠堂（友恭堂）外的角落祭幽，安撫那些不能在祠堂內享受子孫祭祀的「祖先」。

（4）（5）在太平清醮時「祭小幽」和「祭大幽」兩次儀式，分衣施食，把所有無主孤魂從煉獄中拯救出來。

據負責厦村祭祀儀式的老人和道士說，「莆上祭英雄」祭的是因打殺而犧牲的人。屏山打殺犧牲的死者祀於聚星樓，而厦村的死者入十八鄉大樹下天后廟。曾為厦村鄉約犧牲者有七十二人，有鄧姓也有非鄧姓，其中男六十七人，女五人。故此所有祭祀用品，如龍衣、寶燭等的數目，皆為七十二。祭祀時燒「盟約」一紙。盟約包括了厦村鄉約內的十五村和包括元朗十八鄉在內的十村，共二十五村。這些「英雄」並非厦村鄧氏的宗族成員，所以不能在祠堂內拜祭。[16] 祭英雄

15 華琛指出厦村十年舉行一次的太平清醮的行香儀式常常有二千名以上的男性參加。自1924 年，差不多每屆的太平清醮，都會和鄰鄉的屏山鄧氏發生衝突。

16 1984 年厦村太平清醮時，訪問鄧鈞鐸先生。

就如「祠堂角祭幽」及其他儀式一般，有着安撫無主亡魂的意義。然而「英雄」就如祠堂角外的祖先一樣，沒有一種在地域宗族內的身份地位。因此對待他們是一種敬而遠之的心理。

錦田鄧氏對於「英雄」的記憶，在兩方面表現出來。田仲一成指出，位於錦田市的義祠奉祀鄧氏和八鄉械鬥時為保衛錦田而犧牲的佃農和下戶（田仲 1989：960）。據陳永海的研究，鄧氏父老指出為打殺而死的在義祠（又稱英雄祠）祭祀，而為抗英而犧牲者則在義塚拜祭（Chan 1989: 373, n.17）[17] 無論如何，最晚在 1980 年代，錦田鄧氏已經沒有在義祠和義塚祭祀英雄（田仲 1989：995－996，註 2）。這些為錦田犧牲的「英雄」，只有在十年一屆的太平清醮時拜祭。田仲指出，在醮的期間，道士每天早、午、晚三次的行朝儀式時，會到義祠奉香（田仲 1989：960）。陳永海則指出建醮委員會準備了八十套英雄衣，但是在整個醮事的過程中，這些衣服像被遺忘了一般，只是到了醮事完畢翌日的酬神儀式後，與其他紙造物品一同燒毀，沒有為「英雄」舉行特別的祭祀儀式（陳 2002）。

錦田鄧氏和鄰近鄉約的衝突，清楚地記錄在廟宇的碑刻上。[18] 至

17 陳氏指出在 1955 年以降，錦田的太平清醮醮會準備八十套英雄衣，這個數字只較 1895 年的打醮時準備的英雄衣多兩件。也就是說，最多只有兩人是因為租借香港新界所引發的抗英事件時犧牲的英雄。

18 如在錦田周王二公書院內和元朗舊墟大王古廟內的「（乾隆四十二年）奉督撫藩列憲定案以倉斗加三准作租斗飭令各佃戶挑運田主家交收租穀永遠遵行碑」；元朗舊墟大王古廟內和元朗十八鄉大樹下天后廟內的「（乾隆五十一年）奉列憲定行章程悉以倉斗交租給示勒石永遠遵守碑」等，此二碑仍在各廟內。又參考科大衛等編（1986：40－42、47－50）。

於錦田在抗英事件中的角色，也刻記在錦田吉慶圍的圍門上。[19] 然而，對於大族的錦田鄧氏來說，護鄉衛族的英雄則被淡忘。也許這是因為厦村和錦田這兩個鄉約械鬥而死的，都是沒有強的身份標記的中低、下階層的人，把他們作為保護鄉約的英雄，作為烈士地崇拜，無疑是破壞了地方鄉約的層階秩序。如在厦村鄉所見，我們可以清楚地看到鄉約中對死者的祭祀如何地顯示其在鄉約中的身份地位。為械鬥打殺而死的並非祖先，亦不能視之為無主孤魂，因此這些「英雄」的祭祀便被邊緣化。

（2）神明化的英雄：八鄉和十八鄉

八鄉和十八鄉是夾處於錦田、屏山和厦村三個鄧氏地域宗族之間的雜姓鄉約。他們一方面是錦田鄧氏的佃戶，另一方面，分別與屏山和厦村聯盟，爭取最大的生存空間。自乾隆以來，他們與錦田的爭執，記錄在廟宇的碑文上。為了爭取村落的團結，為村落犧牲的英雄也在村中被高調的祭祀。

八鄉的八鄉古廟內的忠精祠，供奉因為械鬥而犧牲的「英雄」。據瀨川昌久的調查，忠精祠內共供奉了兩個牌位，牌位上寫了二十姓五十四位因為與錦田械鬥犧牲的「英雄」的名字。在二十世紀以前，八鄉除了春秋二祭外，每三年在廟前蓋搭戲棚，上演梨園，祭祀「英雄」。二十世紀後由三年一屆改為十年一次。日本佔領香港後，大規

19 錦田為 1898 年抵抗英國租借新界的其中一個中心。1899 年 5 月，英軍炮毀擊吉慶圍，拆除有三百年歷史的鐵圍門，運往愛爾蘭。至 1924 年因鄧氏耆老之請，於翌年歸還。見 Wesley-Smith（1973）。

模的周期性祭祀慶典便從此取消。然而春秋二次拜祭英雄的活動並沒有間斷。春祭指觀音誕辰（舊曆二月十九日）時，拜祭廟的主神觀音後，在忠精祠的祭祀。秋祭指在秋分日，八鄉各村村民祭祀「英雄」的活動。瀨川同時指出，祭祀這些「英雄」的財源，是來自八鄉各村的村民共同出資設立的「同益堂」的組織。最晚在十九世紀中葉，八鄉分為四股，輪流管理鄉約事務。「同益堂」的運作和管理也是由四股輪流負責（瀨川 1991：49－55）。「英雄」的祭祀與鄉村組織和生活緊密地扣在一起。英雄的祭祀不單成為聯合鄉村的重要元素（Brim 1974: 91-103），而且強調了與錦田的緊張關係。

十八鄉大樹下天后廟原是漁民建立的一座小廟，後因附近墟市成立，人口增加，十八個村落以廟宇為中心結盟，同時把廟宇的規模從一間增建為三廊。後來因為演戲規模擴大，需要給優伶多一點住宿的空間，鄉民斥資把廟宇由三廊增為五廊。在左間「英勇祠」的記錄也在這個時候出現。[20] 根據民國二十七年碑刻的記錄，一方面，十八鄉鄉民與八鄉鄉民在乾隆四五十年，為了倉斗收租的問題不斷與元朗舊墟的墟主錦田鄧氏抗爭。乾隆五十一年，鄉民因秤量租穀的倉斗的大小問題，與地主錦田鄧族訴訟得勝，開始三年一次的演戲酬神。道光丙辰年（1856）開始，就如八鄉一樣，十八鄉村以四股分攤輪流祭祀的方法進行周期性的宗教祭祀活動（科大衛等編，1986：535－540；田仲 1981：671－673）。另一方面，根據族譜的記錄，十八鄉與新田文氏和厦村鄧氏結盟，在咸豐元年與屏山鄧氏械鬥（Baker 1968:

20〈（元朗十八鄉大樹下天后廟）重修天后古廟碑記〉，科大衛等編（1986：535－540）。

183；瀨川 1991：66）。[21] 道光年間擴建的「英勇祠」，侍奉的是與鄰近屏山鄧氏和錦田鄧氏械鬥死亡的護鄉英雄。和八鄉一樣，周期性祭祀英雄的活動在日本佔領之後已經取消。然而現在每年農曆三月廿三日天后誕辰的前一天晚上，十八鄉的領袖仍然在天后廟進行拜祭英雄的儀式。

在 1980 年代中期鄭萃群的口述歷史訪問中指出，很多十八鄉的父老說大樹下天后廟的英勇祠內祭祀的是 1898 年抗英的英雄（鄭 1994：127－128）。無疑，十八鄉人在抗英事件中扮演重要的角色。他們的領袖南邊圍伍其昌及多個鄉約的領袖，在抗英事件初期擔綱領導的角色。然而根據駱克的報告，伍氏很快就否認其在抗英事件中的角色。[22] 以伍其昌為首的十八鄉領袖和其他鄉約的領袖在抗英之後，合資經營的合益公司，創立元朗新墟，抗衡錦田鄧氏控制的舊墟勢力。合益公司及其主腦人透過墟市（新墟）、慈善事業（博愛醫院）等，建立和政府協商的地方勢力（鄭 1994：124－142）。我們不知道在英勇祠內奉祀的有多少是抗英英雄。無論如何，十八鄉抗英英雄的名字，沒有在下述達德公所的碑刻中出現。從碑刻、族譜以至 1980 年代以前的研究，英勇祠中祭祀的「英雄」迄 1980 年代，都是表彰為鄉約械鬥的犧牲者。

八鄉和十八鄉為鄉約械鬥犧牲的英雄，通過特別的祭祀和專有的祠宇，留存在鄉民的記憶中。八鄉的抗英英雄在聯盟的屏山達德公所

21 又參考新田文氏族譜（鈔本）、屏山鄧氏族譜（鈔本）。

22 *Sessional Papers* 1900, Appendix II, Hong Kong.

中奉祀，十八鄉的抗英英雄的記憶，只是在 1984 年《中英聯合聲明》發表，落實將香港返還中國後，才從鄉民的記憶中重新浮現出來。

（3）國家化的英雄：屏山

屏山鄉是新界北約西部一個重要的地域宗族村落，這裏有兩所和英雄有關的建築物。屏山永寧鄉達德公所中祭祀的英雄牌位共有 10 村 175 人。175 人中祖籍屏山和其北鄰的橫州共 115 人（佔 66%），祖籍八鄉的有 18 人（10%）。達德公所供奉的英雄牌位，只有一位唐姓的錦田人，明顯地沒有包括錦田鄧氏、厦村鄧氏以及十八鄉等與之有長久對立關係的鄉約。公所對面有座稱為「聚星樓」的有鎮壓幽魂作用的塔。從厦村的口述歷史中，我們知道清中葉以來為屏山鄉約械鬥犧牲者皆奉侍於此。以達德公所的英雄祭祀為中心的達德聯盟，控制屏山市集。據說 1898 年的抗英事件，也是以公所為中心。其後，英政府在屏山山丘建立警察局，鄉民認為是破壞宗族風水，達到壓抑民族愛國精神的目的。達德公所由跨鄉約的組織提升到抗英的民族象徵這一發展，在 1980 年代之後、九七之前，更為明顯。據屏山父老鄧聖時在 1999 年自費編輯出版的《屏山鄧族千年史探索》一書中指出：「公所的左右分立慰寂祠、英勇祠，為了避忌，村民說全是供奉『打殺』的死者。但是父老對後輩講，重修之時，發現後牆暗格，藏有一卷紙，記錄着抗英烈士名單；慰寂祠是供奉『打殺』的死者，英勇祠是供奉抗英烈士（部分）。」（鄧聖時 1999：13）這個被稱為「最早及最大的抗英中心」，亦被視為英國政府打壓地方的象徵（霍 1999：74－77）。張展鴻認為在沒有記錄的情況下，英雄烈士的歷史被如此地重新建構有二重意義：（1）抗英的形象可以說是香港主權回歸前一種愛國主義重塑的結果；（2）鄉民對不肯定的前景的憂慮下，用以爭取可能會失去的原居民權利（Cheung 2002: 37）。

（4）比較：新界北約西部的英雄和地域社會

無疑，在 1997 年香港回歸前夕，香港新界各鄉約都有強烈的反殖民地情緒和愛國主義傾向。可是除了屏山以外，它們都沒有表現在「英雄烈士」的崇拜上。如上所述，錦田鄧氏聚居的其中一個圍村，吉慶圍的圍門在抗英時被拆，運往英國近三十年。這事件，無疑是抗英事件中的一個高潮。同樣地，抗英事件中，厦村一位成員自廣州三元里返鄉，傳播反抗殖民主義思潮（Wesley-Smith 1973, 1980: 45-67）。理論上，這兩件事都會衍生出兩個鄉約在事件中的重要角色。然而厦村和錦田並沒有如屏山鄧氏一樣，特別凸顯出抗英犧牲的烈士。同樣地，為厦村和錦田械鬥而犧牲的「英雄」，並沒有如八鄉和十八鄉一般扮演建構鄉村組織的角色。厦村和錦田通過太平清醮等制度化的常規性宗教祭祀活動，表現出對英雄的敬畏和疏離。祭祀英雄不能廢去，因為恐懼亡魂會對鄉村滋擾，但是也不能把儀式提升，因為如此便會破壞了既有的鄉村身份結構。

錦田和厦村也不必要通過「跨地域」的英雄，作為一個統合跨鄉約組織的手段。這不但因為他們的領袖在抗英事件的口供上，很快就否定其抗英的角色，而且因為其很快地在政治、社會、經濟上，通過鄉議局、博愛醫院、合益公司、新舊墟等地方組織，建立其跨鄉約聯盟的地位。

屏山鄉對達德公所的歷史記憶和建構，並不能單從愛國和對前景的憂慮去了解。即使達德公所祭祀的英雄皆為抗英烈士，在現代高度記憶抗英英雄的同時，我們有理由相信他們把械鬥死難者置於被遺忘的位置，雖然史料不多，但是最少有三個資料提供了屏山鄉民在咸豐時代有護鄉械鬥的犧牲者：

（1）屏山鄧氏族譜中最少有二條記載與新田文氏和十八鄉械鬥的死者。

（2）厦村的口述歷史中，鄉民認為屏山與厦村械鬥的死者的牌位供奉在達德公所。

（3）屏山和厦村的祠堂前各有鐵砲朝向對方座落的方向，顯示出二村過去的緊張關係。然而屏山鄉民選擇「抗英烈士」而遺忘「械鬥英雄」，在與八鄉等村落聯盟，對抗其他鄉的需要漸次消失時，建立一個超越鄉約的民族形象，是提升其在地域社會中位置的合理手段。

（二）新界北約東部的「英雄」

北約東部是「本地」、「客家」雜處的地方。大族之間雖然時常有紛爭，但是為了消滅日漸增加的清初移民威脅，他們在乾隆年間，以報德祠為中心，結成聯盟。至於弱小的村落，不論客家或本地，皆以廟宇為中心，結成鄉約。以林村鄉約為例，在乾隆末年，包括本地和客家共二十四個村落，以天后宮為中心，組成「六和堂」。「六和堂」分四股，輪年管理嘗產、祭祀和鄉約事務（田仲 1985：375－378）。

林村鄉約位於放馬莆村的天后宮的右側有一義祠，祠內原來供奉一塊沒有寫上個別人名的十二位「護鄉烈士」長生祿位的牌位。根據夏思義的描述，在1992年重修天后宮時，鄉民在清洗舊牌位時，發現在牌位之後有兩片寫上十二位烈士人名的木牌。據夏思義說，這一發現引起鄉中父老的熱烈反應。鄉民不單為十二位烈士分立牌位，同年，由兩位父老口述，鄉中的太平紳士撰記，刻成碑文。夏氏指出，牌位和碑文的建立，與任何紀念抗爭或械鬥無關，而是建基於一個偶然的發現（夏 2000：7－10）。卜永堅認為為十二位「護鄉烈士」重立牌位並且豎立碑刻，並非重提昔日恩怨，而是因為「隨着都市化的發展，林村的政治和社會結構都面臨壓力，領導層希望用這塊碑加強村民的凝聚力」，是希望透過「護鄉烈士」，把舊日的凝聚力重整，從而面對當代的轉變（卜 2000：1－7）。

在林村鄉一向沒有為這些「護鄉烈士」舉行特別的祭祀，也許是因為鄉約本身的實力不足以抗衡主宰的大族，如1992年〈大埔林村天后宮義祠碑〉載：「據耆老指出，以長生祿位當神牌，實為避免狂徒與惡勢之干擾，不過藉以掩飾，隱藏不露。」（卜 2000：5）對大族忌諱之情，躍然紙上。此外，夏思義同時指出，這些「護鄉烈士」多為客籍人士，因此凸顯對客籍「護鄉烈士」的祭祀，不單會招致大族的干涉，同時也會影響以「六和堂」為中心的「本地」和「客家」的聯盟（夏 2000）。

北約東區南部的沙田地方，地方護鄉英雄的祭祀，也同樣地為較高層次的跨地域組織（沙田九約）所涵蓋。

沙田大圍侯王宮內有一鑲在鏡架的「二十九位開基宿老之神位」，二十九人中有三人的名字上冠「英雄」的名銜（科大衛等編 1986：873－874）。田仲一成認為他們是抵抗海盜戰死的英雄。在楊侯王神龕左側的這個牌位，可以說是義祠或英雄祠的一種，而大圍十年一度的太平清醮，可以視為向這些英雄鎮魂的儀式。在建醮的時候，這二十九位宿老和英雄，也和其他廟內的神祇一樣，在臨時蓋搭的神棚內供奉（田仲 1989：1005、1014）。田仲指出，由於大圍是雜姓村落，宗族力量不強，加上靠近商業和市場發達的地區，外來移民增加得很快，令祭祀組織不得不向多元化融合的方向擴大（田仲 1989：1038）。在這樣的環境下，地區對立主義的英雄崇拜，在儀式和祭祀關係上也為之淡化。護鄉英雄在這樣的環境下，或如林村鄉約，在祭祀上被置於無關痛癢的位置；或如大圍，混在鄉村開基祖名字中。

同樣值得注意的是，本地區的大埔鄉及大埔墟是 1898 年到 1899 年間抗英運動的其中一個最重要的地方，而且有激烈的抗英運動。如 1899 年 4 月英軍計劃在大埔山上升旗，作為英國佔領新界的象徵，但受到數千群眾的阻止（Wesley-Smith 1989: chapter 3）。可是這個地區無論祭祀儀式和文物記憶，都沒有抗英的痕跡。

（三）抗日英雄：西貢地區

在北約東南部的丘陵和濱海地方，散住着很多分散的細小村落。這些村落的住民，大多為十九世紀中葉遷入的「客家」移民。這些鄉村的人口數字低，土地資源亦不豐富。在沒有大片農田耕作米糧的情況下，居民大部分以捕魚、種菜和採柴為生。

一方面，區內人口較多、歷史較長的鄉村如濠涌（本地）和北港（本地）有為超幽普渡、潔淨再生的太平清醮活動；另一方面如糧船灣（本地、客家）、井欄樹（客家）、布袋澳（客家、旦家）、滘西（客家、旦家）、十四鄉（客家）等有以廟宇為中心的神誕活動。然而這些鄉約聯盟及其宗教活動的範圍不廣。在口述訪問中，我們知道本區鄉村之間，也常常有械鬥的發生。如在十九世紀末，濠涌和北港及南圍兩村，因為爭奪土地的租種權而發生械鬥。然而這些械鬥皆鮮有人命事件，而且規模不大。綜言之，在西貢地方的村落，也沒有祭祀因為爭奪資源的大規模械鬥時捐軀的英雄。

在西貢地區出現制度化的英雄祭祀，要到 1984 年中英簽署《聯合聲明》後，鄉民籌建「抗日英雄紀念碑」開始。香港在 1941 年 12 月到 1945 年 8 月為日本所統治，西貢是當時香港幾個抗日的基地之一。由於地理環境的優越，1942 年在西貢地區成立廣東人民抗日游擊總隊港九獨立大隊。如新界其他地區一樣，這裏的居民對日治時代的生活時常有深切回憶。這些回憶包括日軍如何對待鄉民、搶掠物資，也有日軍如何與鄉民合作，以及鄉民如何反抗日軍等。在西貢特有的是這裏的「小鬼隊」、「青年團」如何協助盟軍、知識份子逃離香港，以及游擊隊員如何犧牲的故事。這些故事常常是口述歷史的重要組成部分，是西貢鄉民共同分享的英雄回憶。[23]

1947 年英軍頒贈「忠勇誠愛」的錦旗予「香港新界西貢民眾」，以紀念在 1941 年至 1945 年間協助盟軍的功績（西貢鄉事委員會編印 1997：23）。1984 年以東江游擊隊和西貢鄉事委員會為首，西貢鄉民籌建「抗日英雄紀念碑」，並得到原東江縱隊司令曾生題字。紀念碑籌

---

23 參考香港科技大學華南研究中心收藏的科大衛在 1980 年初的口述歷史計劃訪問稿，以及華南研究中心的西貢地方資料庫。關於東江游擊隊的活動，參考徐（1997）。

得一百多萬元，並於 1988 年初興建，翌年竣工揭幕（西貢鄉事委員會編印 1997：41）。

這個位於西貢中部斬竹灣的「抗日英雄烈士紀念碑」，不單表彰在抗日期間參加東江游擊隊和小鬼隊而犧牲的西貢鄉民。在鄉民的集體記憶中，游擊隊和抗日英雄是他們共同分享的歷史。雖然如此，在 1995 年由西貢區議會出版、翌年再版的《西貢風貌》一書，並沒有一個地方提及抗日事跡或「抗日英雄烈士紀念碑」（西貢區議會 1996）。通過「抗日英雄烈士紀念碑」建構的抗日英雄象徵，在 1997 年香港回歸中國後才制度化起來。九七之後，香港政府官員也有到紀念碑前獻花，追思愛國民族英雄。1997 年北京市宛平市建造「中國人民抗日戰爭紀念雕塑園」，香港十八個團體支援成立「香港《赤子報國》紀念雕塑籌建委員會」，集資百萬港幣贈予雕塑園，並立《赤子報國》紀念雕塑於園內。西貢鄉事委員會是唯一一個以新界的鄉村政府名義參加的社團，而且西貢鄉事委員會的正、副主席也是籌委會四人的主席和副主席之一份子。在捐款的社團名單中，包括了三十六個社團，其中西貢地區的社團約佔四成（十四個）。[24]

從「抗日英雄烈士紀念碑」到以紀念抗日為己任的過程，一方面把抗日建構成為一個統合西貢各個鄉村的共同標籤，使在西貢鄉民共同分享的「英雄」，並非「護鄉英雄」，而是與中國共產黨有密切關係的「游擊隊」抗日英雄。另一方面，抗日成為西貢地方的一種文化資

24 香港《赤子報國》抗戰雕塑紀念碑記（稿本）。十四個有捐款的西貢社團中，除了全區最高管理層的西貢鄉事委員會外，包括五個鄉村、兩個旅外團體、兩個商會、兩個宗教團體和兩個文娛樂性的自願團體。

源，為西貢的領導階層牢牢地掌握。透過制度化的紀念抗日英雄，西貢地方的精英建立了一個結合西貢地方、香港政府以至中國整體的文化資源。

六 開山宿老和英雄祭祀：地域與社群的關係

在傳統鄉村社會中，控制資源是一個重要的課題。組織鄉約聯盟是爭逐資源、拓展生存空間的重要手段。有悠長歷史的大族透過祠堂、廟宇、族譜、傳說來強化其土地擁有權的合理性，科舉功名、帝皇關係是強化這種合理性的歷史表述。在歷史發展的過程中，原來土地的擁有和開發權逐漸模糊的鄉村社會，奉祀開山宿老是對這種模糊性的一種對應。把開山宿老置於淡化的祭祀制度中，一方面是對環視周遭的強宗巨族原有的土地開發和擁有權的認定，另一方面，是肯定了自身當代對土地的所有權。

械鬥和爭逐土地資源有密切的關係。廖迪生認為資源爭奪雖然隨着時代而淡化，但在厦村、屏山和十八鄉等地仍舊保存着「英雄烈士」的牌位和祭祀活動。這些活動「不斷提示着歷史上曾經存在的邊界」（廖 2001）。張展鴻認為這些英雄由地域械鬥的犧牲者到被追念為保衛國家鄉族的民族烈士，有着重要的當代意義。也就是說如何與 1984 年《中英聯合聲明》發表後，落實了新界歸還中國的事實，從反殖民地的象徵變為民族英雄（Cheung 2002: 36）。

然而即使達德公所和十八鄉供奉的英雄皆是為抗英而死的鄉民，

我們也不能把這樣的當代想像普同化。厦村鄉和錦田鄉的英雄是鄉中的佃農或下夫，把他們的祭祀位置提升，會意味着一種固有階級身份和社會結構的變化。在厦村鄉和錦田鄉等宗族勢力仍然龐大的鄉村，原來的族群界線依然扮演重要的劃分地域人群的角色，出身卑微的英雄在鄉村的歷史位置並不因為保鄉衛族的功績而改變。

在北約東部，當地方大族聯合在一起時，弱小鄉族對於「英雄」就如對待「開山宿老」一樣，只限於平時的奉香祭祀。因為所有凸顯「護鄉英雄」的儀式，也凸顯與大族的對立關係。在沒有其他大族平衡族與族之間的競爭的前提下，這樣的英雄，在弱勢社群中的位置也如「開山宿老」一樣更為隱晦。

在主要是客家人居住的「山區」，「英雄」祭祀並不重要，這也許是因為：(1) 大部分村鄉在十九世紀中葉之後始建立，因此沒有勢力龐大的宗族和村落，也沒有大規模的械鬥發生；(2) 這些村落的住民大部分是佃農，因此沒有因為控制土地資源而爆發的械鬥；(3) 地域聯盟的規模細小，因此雖然住民多為客家，也有械鬥發生，但並沒有如瀨川所說的，通過制度化的「英雄祭祀」達成村落聯盟目的性的必要性。

為什麼有些鄉村社群選擇抗英這一標籤，把鄉村的輝煌過去與抗英、抗日的民族大義緊扣一起？為什麼有些社群選擇把抗英、抗日作為一個社區過去整體的一部分，這部分或以實在的神位、廟廊顯示出來，或藏於儀式之中，甚或將之完全忘卻？前者也許是傾向於地域界限的取消，而後者則強調地域群體的團結。故此，歷史記憶的選取與地域社會本身的結構有密切關係。不同的地域群體，各自選取不同的對歷史表述的方式，來對應其社會的當代態況。

從香港新界北約的地區性比較，我們可以知道開山宿老、義民或英雄的祭祀與族群無關，本地與客家社群俱有英雄祭祀。無論是護鄉械鬥的英雄，或是抗英、抗日殉難的烈士，他們的祭祀都與地域社會的結構有緊密關係。開山宿老和英雄的祭祀不過是地域社會建構的一種手段，與血緣、地緣、族群、方言，甚至相同的歷史經驗無關。

第八章

正統的競逐：制度化宗教與鄉村的清醮儀式

一 前言

香港鄉村社區的打醮，一向以來都是聘請俗稱喃嘸師傅的師承龍虎山天師派的道士執行正一清醮儀式。喃嘸師傅平日鄉居，以打齋超渡或經營香燭紙紮為生。他們通過做齋、打醮，與鄉民建立了一種非常親密的鄉鄰和主僱關係。打醮對喃嘸師傅來說，不單是一種宗教儀式，一門生意，而且是他們建立自我身份的一個重要的通過儀禮。

自從 1970 年代，香港一些鄉村社區開始聘請以信奉儒釋道三教的圓玄學院的道壇經生進行打醮儀式。這些大部分是女性的道壇經生，很多是在城市居住，平日唸經修道。對他們來說，打醮是一種個人的修練，是一場大功德。除了微薄的舟車費外，他們沒有收取主辦單位的酬金。打醮完畢，他們也不需要與鄉民繼續建立任何關係。作為制度化宗教集團的圓玄學院，以其龐大的經濟力量和營運者的人際關係，從香港新界的邊緣貧困的社區開始，慢慢走進如大埔頭、林村等一些傳統富裕的社區。他們從道壇走進民間，不單影響了喃嘸師傅的謀生，而且改變了香港新界的宗教生態。

本章以林村鄉約的例子為主軸，比較這些以道壇經生為主的打醮和喃嘸師傅主持的打醮儀式的同異。

林村鄉約坐落在香港新界東面的大埔地區。最晚在乾隆中期，他們以放馬莆的天后廟為中心，組成一個名為六和堂的包括二十四個村落，置有很多嘗產的村落聯盟。[1] 在十九世紀末，為了與當地大族抗衡，他們與附近其他六個鄉約，建立大埔新墟，成為左右香港新界鄉村政治的一個主要勢力（卜 2000：2－3）。從他們豎立的碑記，以至他們設立的網頁，都強調鄉約的歷史和文化傳統。[2]

林村鄉約不單是一個有歷史和有勢力的村落聯盟，它的打醮一向為附近村落所重視。在 1981 年筆者第一次參觀林村的打醮時，鄉約聘請當時新界最德高望重的喃嘸（林培、林財、梁安、張海），最有名望的樂師梁同，最昂貴的戲班雛鳳鳴。林村鄉約的醮棚據說是全新界最大的。擔任高功的林培師傅五代從事喃嘸，被譽為龍虎山天師派的真傳（Tsui 1991: 76-77）。林培是一位對儀式一絲不苟的喃嘸，他在 1987 年去世以前，都是擔當新界的醮儀時的高功。1980 年代香港新界的單村或單姓主導的村落如粉嶺彭氏、泰坑文氏、龍躍頭和錦田鄧氏，以及一些重要的村落聯盟如厦村鄧氏、蓮花地、吉澳等鄉約的打醮，皆是以林培為高功執行儀式。1981 年林村鄉約打醮是 1980 年代打醮儀式的經典。本村有喃嘸彭炳的粉嶺圍彭氏鄉民，亦特別派員到林村醮棚「取經」，參考儀式的進行。

在這樣的社區歷史和宗教傳統的環境之下，1999 年林村鄉約由聘請喃嘸師傅改為邀請道壇經生執行醮事儀式。這一改變，提供了一個了解地域社區和宗教儀禮的關係的重要參考藍圖。以下希望從林村鄉約的打醮，分析不同的儀式執行人對儀式的詮釋，從而了解儀式和

1 見《乙丑年林村鄉約十年一屆太平清醮紀念特刊》，香港：林村鄉約，1981。1999 年設立的林村鄉的網頁增加了兩個村落，見 http://lamtsuen.com。

2 參考林村鄉網頁有關歷史名勝的部分：http://lamtsuen.com/lt_name/html。

社會群體的關係。同時嘗試探討宗教集團與社區的關係，以及當正統道團走出道觀，通過節日儀式進入民間時，這些城居的宗教媒介人如何在鄉民社會中進行儀式，以及鄉民社會對不同宗教媒介人進行相同儀式時的對應。

二 香港新界的打醮：本地喃嘸師傅及其儀式

在第三章，我們指出 1980 年代以前香港新界的醮，主要是由本地喃嘸執行。在喃嘸的儀式中，不單可以看到醮對社區和集團的潔淨和再生的作用（Saso 1972），而且打醮的儀式表現出強烈的社區性和集團性。從社區的立場來看，醮是一個規定社區範圍和成員的節日，所以參加祭祀是作為社區成員的義務；被神明救贖、卸罪是作為社區成員的權利。喃嘸在上表、啟榜、迎聖和走赦四個儀式舉行時，把所有在醮榜上登記的人名誦讀一次。打醮的醮榜登記了那些擁有社區定住權的原居民的名字。社區成員身份通過這些人名表而周期性的確認下來。非社區成員的名字，不論是否居住在社區，或有否捐款贊助打醮，都不能在醮榜上登記。

能否成為社區的成員，其條件是與鄉民的「原居民」身份有關，而與其是否在該地域居住的關係不大。換言之，移居外地的人，假如是「原居民」的話，他們的妻子、兒子和未婚的女兒的名字，會在醮中出現的各種人名表上登記。這些有份被登記的人，通過各種儀式而得到各神祇的赦罪和庇佑。他們有義務參加各種祭祀活動和有被神靈庇佑的權利。反之，那些不被視為「原居民」的人，雖然長期居住在社區內，也不會享受和「原居民」一樣的權利和義務。例如粉嶺鄉的醮只容許彭桂祖的子孫參加。外姓人，除了彭氏子孫的妻子之外，是無份參加的。林村鄉約的醮比較開放，但亦規定了成員的身份，那就是在林村鄉約各村落中居住超過十年（即一個醮的周期）或以上的人和其家庭成員的名字可以登記在人名表末的地方。假如在鄉約居住不足十年的話，即使捐了錢，他們的名字也只能登記在一個和儀式無關的捐款名單上。因此從醮的人名登記方法中，我們可以看到社區範圍和社區成員的再確認和再認同的過程。

除了確認成員的資格外，社區通過打醮的儀式，把地域的範圍再次確認下來。「取水」儀式不單把日常飲用和灌溉的水源潔淨，而且是確定水源的擁有權的儀式。幡竿豎立的範圍一般是醮棚的範圍。在打醮期間，醮棚是陰陽各界齋筵、看戲、交流的地方。這範圍也是正醮期間每日行朝儀式舉行的範圍。有些社區如龍躍頭、粉嶺、長洲等把幡竿豎立在象徵社區的舊邊境的地方。

社區範圍也可以從參加醮事的地方神祇來看到。正醮開始之前，所有社區內有份打醮的村落中的神明（廟神、土地神、井泉之神等），都會被邀請到醮棚之內。一般來說，對社區整體重要的廟的主神，才會由喃嘸及緣首聯同到廟請迎。各村鄉自身的神明，無論是廟神或土地神，皆由各該村鄉的紳耆負責請迎。除此之外，有些社區也請迎社區外的神明。如林村鄉約的打醮，邀請大埔天后廟的天后到來。據鄉民說，這是由於大埔天后是林村天后的姐姐，所以要請來一同看戲。從另一角度來看，這也許是與林村鄉是建立大埔新墟的七個約之一有關。也就是說，約的成員村落打醮時，就需要邀請所屬的墟市的主神到來醮棚。

除了「取水」、「揚幡」及「迎神」儀式把地域社區的資源和範圍確立外，在正醮完畢的翌日舉行的，俗稱「扒船拉鴨」的「行符」儀式，界定了彼（污穢）我（潔淨）的地域範圍。「行符」儀式標識的是污穢和潔淨的象徵的地域界線。在打醮時負責分衣施食、監視幽魂野鬼的俗稱「大士王」的鬼王紮像的座向，標識着鄉民對社區方位的吉凶的看法。一般來說，鬼王面對的方向是社區中最「陰」的，或者對社區的危害性最高的地方。社區方位的吉凶，是鄉民日常生活的一部分。在鄉民決定鬼王在祭幽場的面向時，我們時常可以察覺到過去的村落間敵對的痕跡。

要言之，過去四十年間，我在香港新界觀察過的由喃嘸師傅執行的正一清醮，可以由兩方面來理解：在宗教儀式方面，我們可以看到儀式的系統性和合理性。儀式的執行是和有份的社區和社區成員的福祉和救贖有密切的關係。喃嘸只是宗教儀式的媒介，扮演着中間人的角色。另一方面，打醮的主體是地域社區及其成員。打醮同時標識着地域社區的成員資格、地域範圍以及族群的界線（Choi 1995）。對於鄉民來說，他們通過打醮的醮榜而得以再次地確認其在社區內或血緣團體中的身份。從打醮中所反映出來的「祭祀圈」是多層的。如瀨川指出，這些村落關係與村落距離遠近的關係不大，反之是與該社區自清朝以來的同盟和敵對關係有關（瀨川 1985：33）。例如在第六章，厦村鄉的「太平清醮」中可以看到最少五層的村落關係。那就是：負責村落、「有醮份」的參加村落（在人緣榜中登記的村落）、「有約份」

的同盟村落（行香時會拜訪的村落）和贈送花牌前來道賀的友好村落。我們並且可以揣測到哪些是傳統的敵對村落。

除了儀式的象徵意義外，打醮還包含了很濃厚的社區和集團意義。這些都是在一般的節日中看不見的。打醮同時具備宗教性的儀式和社區性的儀式。1980 年代的觀察是鄉民對儀式執行者的儀式並不重視，但是對與其生活空間息息相關的儀式則非常關注。因此當鄉民的生活環境變化時，便容許相當的空間給其他宗教集團進入。下文嘗試比較 1999 年圓玄學院為林村鄉約執行打醮的儀式和喃嘸師傅執行的儀式的同異，說明儀式和地域社會關係的變化。

三 圓玄學院和鄉村社會：道壇經生進行的打醮

筆者第一次在香港新界看到的由圓玄學院執行的打醮，是 1983 年在香港新界東北角的荔枝窩地方，舉行的慶春約十年一屆太平清醮。這一年，在差不多同一個月內，圓玄學院被邀請在南鹿約、大埔頭鄉和元朗墟等鄉約和墟市執行打醮的儀式。十年後的 1993 年，這些鄉約仍然邀請學院為他們執行建醮的儀式。1998 年，西貢十八鄉因為重建廟宇，同時也恢復了打醮。這一年，他們邀請學院執行儀式。翌年，1999 年，一向聘請本地喃嘸師傅執行打醮儀式的林村鄉約，邀請學院執行儀式。除了在元朗墟是三教五壇（道壇、儒門男女壇和釋家男女壇），在荔枝窩道壇外加一場儒門利幽儀式外，圓玄學院執行的打醮，皆是全真系統的道壇儀式。

表 8.1 比較了 1981 年和 1999 年林村鄉約的打醮的吉課和儀式。1981 年是由喃嘸師傅執行的正一清醮儀式，而 1999 年則為圓玄學院的道壇經生執行的全真演法符籙清醮儀式。

表 8.1 1981 年及 1999 年的林村鄉約吉課和打醮儀式的比較

日期	1999 年 圓玄學院儀式	1981 年 喃嘸儀式	1981 年及 1999 年 吉課記錄之儀式
正醮前一日	奉安大士	取水淨壇	上三表
	恭豎聖旛	揚幡	取水淨壇
	開壇啟請	迎神登壇	揚幡
	玄科開位	啟壇建醮	迎神登壇
	玉皇賜福寶懺	上三表	啟壇建醮
首日	玉皇賜福寶懺	早朝、大朝、早懺	
	諸天朝	午朝午懺	
	上金榜	晚朝晚懺	
	玉皇賜福寶懺	分燈禁壇	
	玉皇朝		
	上黃榜		
	玄門攝召		
二日	三元滅罪水懺	早朝早懺	
	七真朝	午朝午懺	
	三元滅罪水懺	晚朝晚懺	
	三元朝	祭小幽	
	三元滅罪水懺		

（續上表）

日期	1999 年 圓玄學院儀式	1981 年 喃嘸儀式	1981 年及 1999 年 吉課記錄之儀式
三日	太乙賜福寶懺	啟人緣榜	啟人緣榜
	諸天朝	早朝早懺	
	太乙賜福寶懺	午朝午懺	
	太乙朝	晚朝晚懺	
	關燈散花	迎聖	
四日	呂祖無極寶懺	早朝早懺	
	七真朝	午朝午懺	
	呂祖無極寶懺	晚朝晚懺	
	呂祖朝	禮斗	
	呂祖無極寶懺		
五日	聖帝保安寶懺	早朝早懺	超幽散醮，連日遇時大吉，毋庸另擇
	武帝朝	午朝午懺	
	聖帝保安寶懺	走文書（走赦書、走社書）	
		放生、放水燈	
		完朝（謝幡）完懺	
	三清濟煉幽科	祭大幽	
正醮後一日		酬神	送神回位
		行符（扒船拉鴨）	酬謝神恩

1999 年林村鄉打醮在 11 月 24 日至 29 日舉行
資料來源：
田仲一成：《中國の宗族と演劇》（東京：東京大學東洋文化研究所，1985），381－384。
蔡志祥：〈醮祭りの人名リストに見られる親屬範圍〉，《文化人類學》，5（1988）：131。
卜永堅：〈抗租與迎神：從己卯年（1999）香港大埔林村鄉十年一度太平清醮看清代林村與龍躍頭鄧氏之關係〉，《華南研究資料中心通訊》，18（2000）：4－5。
調查記錄：1981 年於林村鄉新屋仔村，1999 年林村鄉新屋仔村。

首先，我們注意到，由風水先生擇定的吉課的內容，在前後二十年間並沒有改變。吉課是地域社區和喃嘸師傅佈置壇場和執行儀式的重要指引。它是通過時辰方位的安排，避免超自然力量干擾醮務進行的根據。在 1981 年，喃嘸師傅從「上表」到「酬神」的儀式，皆是根據吉課所擇定的日期和時間進行，絲毫不差。在 1999 年，不單一些吉課開列的儀式，如上表、取水、酬神等儀式沒有執行，一些儀式的執行日時並沒有依據吉課的指引：如吉課擇定揚幡在陽曆 11 月 24 日上午 8 點半鐘，而學院在早一天傍晚，已派工作人員豎立幡竿；揚幡儀式在 24 日下午約 3 時行朝時才執行。此外，吉課擇定啟人緣榜在陽曆 11 月 27 日上午 8 時舉行，但是學院在正醮首日，即 25 日早上，已把榜貼上。

其次，在方位和設置方面，1981 年的道壇（喃嘸棚）設在天后廟內，主要的儀式也在天后廟內外進行（見圖 8.1）。喃嘸棚是開放的，即使在儀式進行時，喃嘸師傅也不會制止鄉民在三清的掛像前奉香。1999 年的道壇設在醮棚內，坐東北向西南。壇場離地約一米高。即使在沒有儀式進行時，也用繩子圍起來，學院以外的人包括緣首在內，不得進入，鄉民只能在壇下的香案奉香。此外，吉課擇定山大人（鬼王）棚搭坐西北向東南，與 1981 年的坐向相同。也就是說，鬼王是朝向大埔頭鄉，而非面對坐落在沿東北西南走向的林村谷的林村鄉約二十四個村落。1999 年鬼王棚設在道壇右側，坐東北朝西南。學院執事人的解釋是接近道壇，方便朝拜。2017 年又重新坐落在 1981 年的位置。

在棚廠設置方面，在 1999 年，特別設有一附薦棚，安奉下列六個紙紮的牌位：

1. 玄恩超薦太平清醮會上有銜列姓眾靈
2. 玄恩主薦大埔公路歷年車禍罹難眾靈
3. 玄恩主薦港九各地水火風災、機船車禍罹難眾魂靈

圖 8.1 1981 年及 1999 年林村鄉約太平清醮醮棚位置圖

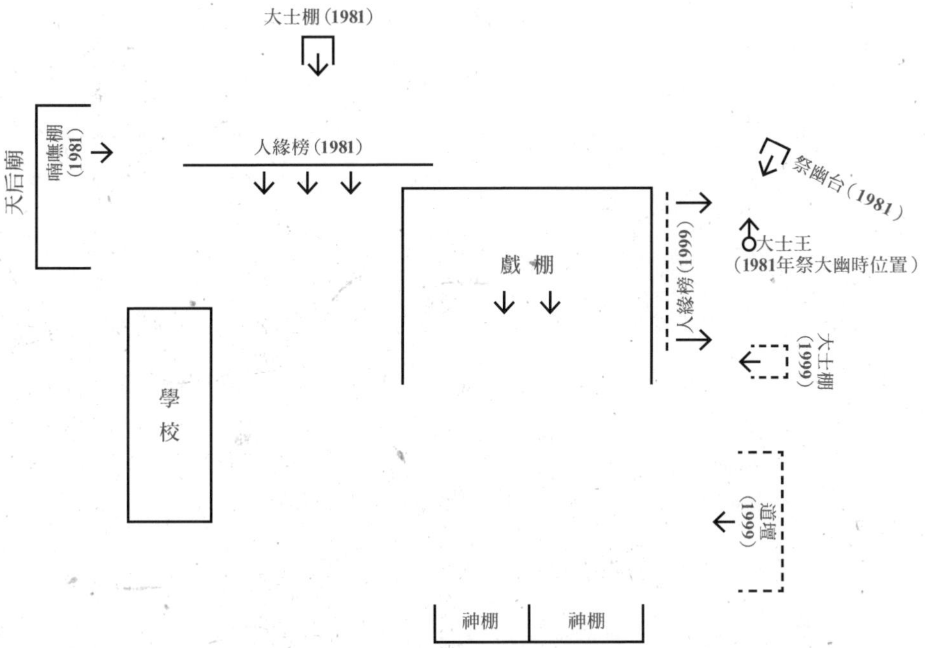

4. 玄恩主薦世界各地海陸空三軍陣亡將士眾魂靈

5. 玄恩主薦大埔林村列姓宗親故友眾靈

6. 玄恩主薦大埔林村失祀眾靈

附薦戰爭死難者、各姓先人以及貧苦無依幽魂野鬼，是全真系統的道壇執行的法會皆有的，但是在喃嘸執行的打醮則一向沒有。[3]

第三，在儀式方面，徐沛明指出：「全真道的核心儀式是經懺。他們的大規模法會，亦常常稱為齋醮，羅天金籙太平清醮。這些法會令人聯想到喃嘸執行的打醮，但是卻沒有一點醮所隱含的宇宙再生的意義。由朝懺組成的法會，救贖是完全依賴個人的主動和對罪孽悔改的誠意。這和仰賴神明的恩賜，通過一系列的神聖的儀式才能獲得救贖的正一儀式有很大的分別。」（Tsui 1991: 157, 173－174）從表 8.1 我們可以看到 1999 年由全真系統的經生執行的打醮儀式，主要是行朝和拜懺。1981 年看到的取水、分燈、迎聖、祭水幽、禮斗、走赦書、放生、酬神、行符等儀式，在 1999 年並沒有執行。也就是說，並不能看見上文所述的，喃嘸師傅執行的正一清醮儀式所強調的保境祈陽、許願酬還的社區性，宇宙循環再生的系統性，以及儀式之間的合理性。經生執行的儀式，是由上而下的、威權的儀式。

此外，一些儀式雖然在兩屆打醮皆有，但儀式內容和表現則有很大的分別。這分別尤其顯現在上榜和祭幽這兩個與鄉民社會有密切關係的儀式上：由喃嘸師傅執行的上榜儀式的其中一個環節，是由高功

3 1985 年、1995 年沙田九約的打醮，除了喃嘸師傅陳華主持的道壇外，也有全真系統的信善玄宮的道壇。九約的醮場內設有附薦棚，為信善玄宮所設。1997 年由喃嘸師傅陳華主持的石澳的打醮也設有附薦棚。據陳稱，打醮和盂蘭不同，不需要附薦。沙田和石澳設置附薦棚是醮會的決定，所以他不能反對。

領導四位執事的喃嘸師傅在榜上署名，然後由高功用朱筆圈點金榜。之後，由這五位有署名的代表神明的喃嘸師傅之手，交到鄉民代表的緣首之手（各鄉村打醮時的緣首人數不等，林村鄉的緣首有九名），再由緣首把人緣榜貼在牆壁上。然後，喃嘸師傅用雞冠血象徵性的把所有榜上的名字辟邪去穢，再誦讀所有名字一遍。上榜儀式是正一清醮中與鄉民福祉關係至深的儀式，因此也必然在打醮的正日舉行。1999年的上榜儀式在建醮的首天進行。儀式由經生誦經後，學院的工作人員把榜貼上，再由主事用符水象徵性的把榜潔淨。

榜是鄉民十年一次的重要的記錄，金榜題名是人生至高的幸福。1981 年林村鄉的榜把二十四村分別登錄。各村的原居民登記在前，在村中居住十年（即一個打醮周期）或以上的非原居民的住戶登記在後。村中居住少於十年的，即使捐款，也不能把名字登記在榜上。村民的名字根據戶口，各成一戶口柱。戶口柱根據輩分和性別的原則登記（即戶主名字居先、次配偶、次子媳、次未嫁女、次孫）。名字按村落、戶口登記，不單表示個人會否被救贖，同時顯示個人在鄉村的成員資格，能否分享嘗產。1999 年的榜，只是把人名羅列，並沒有按村落和戶口柱條列登記，也沒有把親屬關係標識出來。

要言之，上榜儀式和榜的內容的簡單化，顯示原來鄉民所重視的地域族群資格的再確認的意義，在經生執行的儀式中並沒有展現出來。

祭祀和超度幽鬼是確保地域社區不再受邪惡污穢干擾的儀式。祭幽之後，也是正醮結束的時候。在祭大幽時，幽魂野鬼迭至，所以喃嘸師傅主持的祭幽儀式不會在神聖的喃嘸棚內進行，也不會在人神交流的醮棚內進行。醮會會在醮棚附近另設祭幽台。這時，專司管治鬼魂的大士王（鬼王）也會從醮棚被抬到祭幽台前。這時候，鬼王面對的方位是鄉民認為最「不乾淨」的地方或方向。1981 年祭幽儀式時，祭幽台設在醮棚東北邊緣，鬼王坐西南面向東北面向的也就是卜永堅所述的，在歷史上與林村鄉約有長久的械鬥關係的村落（卜 2000:3）。

1999 年的祭幽儀式並沒有另設壇場，儀式仍在道壇進行，因此鬼王也沒有特別的移動。幽魂野鬼的超度，仰賴經生誦經的法力。祭幽儀式所隱含的社區歷史和鄉民對地域界線的理解，並沒有在道壇經生的儀式中顯現出來。

最後，是儀式參與者在打醮時位置的不同。喃嘸師傅主持的打醮儀式，從行朝拜懺以至酬神行符，都是由緣首代表鄉民祭祀。鄉紳負責世俗性的活動，並不參與儀式的進行。這是因為緣首是由神明所選擇出來的，是鄉民的代表。他們在一些儀式中（如開壇、迎聖）需要如喃嘸師傅一樣，肅整衣冠。他們在開壇儀式時，與喃嘸師傅互敬茶酒，在啟榜儀式時，從喃嘸師傅手中接收榜文。作為鄉民祭祀代表的緣首，在打醮的角色非常重要。在林村 1999 年的打醮，緣首以外，林村鄉事委員會的正副主席和各村村長皆參與醮事各個儀式。他們取代緣首的地位，走在儀式的前列；在儀式的文書上，他們的名字取代了緣首，成為鄉民的祭祀代表。一方面，士紳的參與和在儀式進行時的位置，是鄉紳向鄉民表示對道壇經生儀式的支持。另一方面，除了如鄉紳一樣拜神上香外，緣首不再參與儀式的進行。這顯現出道壇經生儀式並不需要社區的祭祀代表，他們也不需要與後者建立一種如喃嘸師傅般的師弟關係。

要言之，喃嘸師傅進行的醮儀是如薩索（Michael Saso）所說的包涵宇宙再生的意味。儀式的主體是地域社區及其成員。喃嘸師傅是受社區聘請，作為神人之間的媒介，社區是他們的僱主。而圓玄學院經生進行的是超度死者、解救眾人的儀式，主體是儀式執行者，救贖是由上而下。二者的世界觀和宗教信念並不相同。1999 年林村鄉約的打醮從喃嘸師傅的傳統，轉為道壇經生的傳統。這樣的轉變，和圓玄學院在香港道教界建立的位置，商人和士紳間的人脈關係，以及鄉村社會的異質性變化有很大的關係。

四 圓玄學院：建立和組織

（一）建立和組織

根據志賀市子的研究，十九世紀中後期，有很多信奉呂洞賓（呂祖）的道壇、鸞堂、善社在廣東省珠江三角洲一帶建立起來。一方面，這些鸞堂道壇以羅浮山道觀為首，得到高級官僚、學者和富商的支持，主張繼承全真教的系統，透過道學沙龍，隱然為廣東省道教界的正統（志賀 1999：187）。另一方面，隨着清末社會的危機意識和疫病的流行，這些道壇鸞堂宣講扶乩，發行善書，贈醫施藥，以善堂救濟為己任。在十九世紀末二十世紀初，以扶乩和呂祖信仰為中心的道壇鸞堂，在珠江三角洲的各個社會階層漸漸普及，而且從珠江三角洲擴散到香港（志賀 1999：177ff、200－201、238）。

圓玄學院的成立和 1950 年代初大量移民擁入香港有很密切的關

係。圓玄學院的建立是由一群信奉扶乩的移民所推動。1950 年信奉呂祖、濟公活佛和關聖帝君的謝顯通、杜光聖、林光慶和王明韻四人來港。他們先後得到濟公活佛、呂祖和關帝的乩示，在香港荃灣三疊潭地方，籌建一所為「釋道二門闡法宣教」的「圓玄佛道學院」。從決定在港播道、選擇地址、學院的命名、建築的規劃，以至學院發起人的資格，都是通過扶乩指示的合理化結果（謝、杜、林、王 1953：7）。扶乩文化是學院早期的核心。學院的第一部刊物、1953 年學院正式開幕時印發的《圓玄特刊》，有〈壇訓〉的專輯，刊載了二十四則呂祖、濟佛等的扶乩指示。這是筆者所看過學院印發的同類特刊中，唯一有壇訓、乩示刊載的刊物。

1950 年到 1953 年之間，學院很快由奉行佛道，以扶乩為中心的道壇，轉為強調信奉儒釋道三教，結合潛修、慈善和文化事業的叢林。1975 年，學院的三教大殿落成，宣揚三教混然一體，強調闡揚正教，明正道以救人心（圓玄學院三教大殿落成特刊編印委員會編 1971：1－2）。學院名字的解釋，也由最先的「由濟師見示，定名為圓玄學院，因該院合釋道二教以同參，圓字代表佛，玄字代表道，兩教之理於此二字見之」（謝、杜、林、王 1953：7），轉為「圓即釋，玄即道，學即儒，而非圓玄及學院」（《道心》，1985：17）。

學院由扶乩為主體的道壇組織，轉為繼承六朝以來三教會通傳統的宗教潛修中心、推廣社會福利事業的慈善團體和提供中國式庭園建築的旅遊勝地（圓玄學院三教大殿落成特刊編印委員會編 1971：87）。這個轉變，和人事的轉移有很大關係。我們並不知道謝顯通、杜光聖等人的身份，但是他們通過關係網絡，在籌款、買地、建築，以至與政府交涉撥地等過程中，得到百貨業商人陸吟航、米業商人趙聿修、醫師呂重德、建築師楊少康的支持（謝、杜、林、王 1953：7）。1953 年正式成立時的五名董事主席，包括楊、陸、趙、呂各人，都是當時的紳商名流。由紳商主理學院的決定，也是經過扶乩指示而合理化（謝、杜、林、王 1953：7）。[4] 1956 年學院註冊為有限公司，並取得政府許可，豁准免用有限公司字樣的團體時，規定學院的會員必需是在香港居住的佛道教徒和商人（Buddhists, Taoists and Merchants）。[5] 同時，學院的內部組織如現代的商業機構。自 1953 年，它的決策機構董事局一直掌握在商人階層的手中，謝杜等人漸漸退出學院的管理核心。

通過上層商人如趙聿修的政治和社交脈絡而產生的這一人事的轉變，把學院由扶乩為主體的道壇，演變為與佛教、基督教和天主教比肩的推動文化福利事業的宗教集團。二十一世紀初，圓玄學院的董事會由會長和主席統理，包括副主席五人和董事七人，下設院務委員會、社會服務委員會和文化學術發展委員會。院務方面，除了管理殿宇、叢林、素食、靈位骨灰外，設立儒釋道三教五壇，負責儀式的進行。學院的道教叢林的正統地位，是憑藉着它的內外部龐大的事業而建立起來的。

---

4 據謝顯通，他們得到濟公活佛的扶乩指示，「凡屬得力門人，或外界名流，各方善信，均可為之」（謝、杜、林、王 1953：7）。

5 "Any lay Buddhist or Taoist reside in the Colony and any merchant may upon being elected became a member of the Institute" (Memorandum of the Yuen Yuan Hok Yuen 1956, item (i), Company Registry, no. 4436).

(二)事業和香港道教界的地位

學院建立以後，很快地由四萬多港元的資產，發展成擁有四萬多平方呎、三億多元資產的多元化機構。[6] 除了政府批給的土地和善信的捐獻外，學院的多元化發展，不單強固了它的宗教地位，同時也帶來了資產的增值。

1957 年，學院開始其慈善福利事業，同時成立儒教至和男女壇、釋教至善男女壇，以及道教至道壇，訓練三教經生，誦經超度死者。1968 年籌建的三教大殿在 1971 年竣工。大殿供奉儒釋道三教聖人（孔子先師，釋迦牟尼佛，老子道君）。它的建成，進一步的標榜三教的融合。學院內的殿宇、庭園、素食、安奉祖先牌位的報本堂和安置骨灰的地方，加上年中大小規模的儀式（見本書附錄 5），不單提供了都市居民休閒的場所，而且憑藉各種不同的喪葬服務，與同鄉會、善堂齋堂等團體一樣，提供都市居民代替祠堂的安奉祖先牌位的地方。和市區移民社區每年舉行盂蘭盆會一樣，學院通過經生，超度死者，博施濟眾，普渡群生。

1960 年代末期，我們觀察到學院如天主教、基督教和佛教等宗教集團一般，開始從殿堂走出社會，從事慈善、福利、教育和文化事業。學院先後建立三間福利診所、三間中學、一間小學和五間幼稚園，以及四所服務老人的護理院和安老院。學院並且設立文化學術發展委員會，建立文物館、藏經閣。同時，圓玄學院是香港道教界的代表勢力，它和青松觀、蓬瀛仙館是 1961 年三十五個籌辦香港道教聯

6 Balance Sheet, Company Registry no. 4436, 1956 and 1998.

合會的主要支柱（志賀 1999：312、325），是香港道教聯合會 1967 年正式成立之後，經常負責會務的董事（志賀 1999：335）。學院一方面參與香港道教聯合會的活動，舉辦道教研討會。另一方面，與中國大陸的大學和宗教研究中心合作，推動道教的研究，從而把學院從基層服務的宗教團體，提升為面向知識界的正統宗教集團（見本書附錄 5）。學院的宗教地位，一方面從香港總督、政府司級官員以及中國大陸的宗教局局長等多次的訪問，和北京白雲觀的長期交流而得到肯定。另一方面，從推動道教文化以至它的副主席在 1991 年獲中國道教學院聘任為名譽教授等，得到文化界的認同。

學院叢林的正統性，不僅如志賀市子所指出，是透過龐大的管理和服務事業而建立的（志賀 1999：320），而且通過它的多元化事業，以及在香港及中國大陸的政治和文化的關係而強化起來。對於學院來說，在鄉村社會的打醮，就如在都市或學院內進行修齋建醮、萬緣法會一樣，不過是它眾多的慈善事業之一。圓玄學院是一個上層的建構，所以並不需要如喃嘸師傅一般因為受僱於地域社區，故此要因着社區的需要而執行打醮的儀式。

五 走到民間：圓玄學院和鄉民社會

1999 年 11 月，林村鄉約建醮大會的其中一位負責人告訴筆者三個他們決定放棄聘請喃嘸的傳統，改為邀請學院的原因：首先是因為學院不收費用，而喃嘸要求的收費過高；其次，自從喃嘸陳九去世後，新界的本地喃嘸皆是年青的，沒有能力從事大規模的儀式；最後是上一屆（1990）打醮時，喃嘸的表現並不莊重。[7] 他同時提到，圓玄學院的創辦人趙聿修先生對他的出身有提攜之恩。鄉約的很多士紳，和趙氏的兒子、學院在 1990 年代的主席非常稔熟。這些原因之外，鄉約中唯一的太平紳士認為喃嘸執行的儀式並不正統，學院代表的才是道教的正統。[8]

由上，可以從兩個角度來探討圓玄學院成功走進鄉村社區的原因：首先是鄉村社會本身對宗教儀禮的彈性和鄉村社會的改變，提供了不同的宗教媒介人進入鄉村社會的空間；其次是圓玄學院的紳商領導階層，尤其是它的創辦人和迄 1975 年的主席趙聿修，在新界地方的人脈關係和在政府的影響力，令學院可以通過紳商的關係，進入鄉村社會。[9]

圓玄學院走進鄉村社區，對鄉村社會的改變，可以進一步從下列的角度考察：

7　1999 年 11 月 24 日，訪問前林村公立學校鍾校長。鍾氏亦為 1981 年及 1990 年兩屆打醮的執行秘書。

8　1999 年 11 月 24 日，訪問張太平紳士。張氏為鄉約中唯一擁有太平紳士銜的鄉紳，是鄉約最具影響力的人。張氏本身信奉全真系統的道教。

9　趙聿修生於光緒三十二年（1906），卒於 1974 年。新安縣石廈村人。隨父兄輩在元朗經營米業。香港淪陷前，為元朗濟眾堂藥店司理、元朗榮豐米機監督、大埔同和（米行）董事、錦田源豐（米行）司理，並為元朗街坊會及商會理事、博愛醫院值理。趙氏以米業致富，業務由香港新界擴展到香港島。他活躍於慈善社交界，先後擔任博愛醫院、保良局、東華三院主席，寶安商會、趙氏宗親會、世界龍岡親義總會主席會長等。1958 年成為非官守太平紳士，並委任為香港津貼學校委員會委員，先後獲政府頒授 MBE 及 OBE 勳銜。趙氏自 1959 年任圓玄學院主席，1967 年「承華民政務司之指示，與同道先進籌組香港道教聯合會」。趙氏迄去世止，一直為學院及聯合會之主席。趙氏是戰後香港政經和社交界最具影響力的富商之一。參考趙忠源堂編：《趙聿修先生哀思錄》，香港：1975。《哀思錄》除載趙氏自傳外，祭文、輓聯、函電，包括香港總督府在內，來自香港及海外政經、文化、宗教各界。

（1）社區和族群界線的問題：不同的鄉約，對邀請圓玄學院的經生執行打醮儀式的原因，有不同的解釋。沙頭角慶春約的荔枝窩鄉民說是因為上一屆（1973）已經邀請圓玄學院；南鹿約鄉民的解釋是因為他們只需要支付約三萬港元的舟車費，較聘請喃嘸的費用節省三四倍；[10] 大埔頭的解釋是因為醮期與龍躍頭衝突，請不到有份量的本地喃嘸；[11] 而元朗墟的值理認為學院是一個大機構，是正統的道教叢林。這些原因，和各個鄉村的社會環境有很大的關係。荔枝窩是一個大部分已經荒廢了的村落，大部分人口或已移民外國，或移居都市，在村中居住的人口多是老弱婦孺。十年一屆的打醮是把原居民的人口重新登記，再確認土地擁有權的契機，因此是否能夠把污穢的鄉村社會重新帶到潔淨並不重要。南鹿約位於新界東北遠離市區的地方，交通既不便利，又鮮有富有移民的捐輸。他們只舉行三天的打醮，打醮期間也沒有戲班的演出，因此經濟原因大抵是他們選擇道壇經生的原因。大埔頭鄉和龍躍頭鄉是新界東面兩個富裕的單姓宗族鄉村，居民都姓鄧。1983 年，兩村的醮期重疊，新界有份量的本地喃嘸都為龍躍頭鄉請去。和大埔墟有深厚淵源的圓玄學院主席趙鎮東（趙聿修之子）乃推介學院的道壇為大埔頭鄉執行法事。作為一個新界最大的墟市，十九世紀末建立的元朗新墟，是地方雜姓舖戶和士紳共同組織建立，以平衡錦田鄧氏擁有舊墟的經濟力量。舖戶和士紳同時組織和香港早

10 1980 年代聘請喃嘸師傅執行三日四夜的三朝醮最少要十五六萬港元。執行五日六夜的五朝醮的龍躍頭、廈村鄉約、林村鄉約等地方，聘請喃嘸師傅的費用要三十多萬元。1980 年，一名全職大學助教的月薪約為六千港元。

11 1980 年代，可以在醮榜上署名的，可以吹、打、喃、跳、唱的香港新界的本地喃嘸師傅人數只有六至七人。1990 年代，陳九師傅的三名兒子開始出身時，早輩的師傅如林培、梁安、林財等亦相繼謝世。

期華人議事機構東華醫院一樣，有同樣功能的博愛醫院。趙聿修發跡於元朗，他和元朗墟的士紳的關係非常親密。[12] 元朗墟 1983 年的打醮，毋寧是趙氏的人際脈絡牽引所致。

圓玄學院進入這些社區執行醮事，除了人脈關係外，也和這些地域社區的異質性，以及社區關係的鬆弛有關。因為地域社會的變化（人口減少、經濟不景、新移民的融入等），令到原有的族群界線更模糊和更富彈性，打醮原有的社區性便相對地不重要。取而代之的是如都市社會的盂蘭節一樣，為了確保地方安寧，進行超幽普度的法會。林村鄉約的例子，也許代表着鄉村社會走向異質性的結果。

（2）正統性的問題：施舟人（Kristofer Schipper）認為相對於師公來說，龍虎山天師派的道士執行的儀式，是非世俗的、制度化的科儀（Schipper 1985: 22, 24ff）。皇朝國家的語言在喃嘸師傅所用的科儀書中表現出來。皇朝國家的理念，透過儀式而滲透到民間社會。喃嘸師傅的正統性從而是建基於他們的科儀傳統，而科儀傳統則代表了皇朝國家（Faure 1999: 274-275）。當民間宗教和國家關係的解釋改變，科儀傳達的語言不再代表當代國家時，喃嘸師傅執行的儀式的正統權威，在民間社會便產生認受的問題。喃嘸師傅的儀式權威性的動搖，同時反映在鄉民社會對儀式執行人的專業性的解釋的轉變。華琛指出香港新界的鄉民根據葬儀執行者是否接受報酬，來界定其是否專業的道士。喃嘸師傅一旦接受報酬，尤如宣告終身從事此一職業（Watson J. 1988: 126ff）。林村的案例指出，對儀式正統與否的解

12 參考趙聿修自傳，載趙思源堂編（1975：1－8）。

釋，並不在於宗教媒介人所用的科儀書，也不在於一般鄉民對收費和專業性的看法。正統和專業的解釋，操控在地方士紳及其人脈關係上。林村鄉的士紳，對圓玄學院的正統地位的解釋是因為學院是道教叢林，道聯會的支柱，學院承接與北京白雲觀同樣的全真系統，與佛教和基督教一樣發展社會福利和文化事業。因此儀式執行人的正統性和專業性不在於個人的修練，而在於他們所屬的團體。

（3）儀式對執行人的意義：筆者所看過的由道壇經生執行的打醮與其他由喃嘸師傅主持的醮，最大不同之處是儀式的執行者（道士）和儀式的參與者（鄉民）之間，感覺不到一點脈絡相承的地方。喃嘸和鄉民之間的「師弟」關係和「主僱」關係並沒有在這些地區的打醮中表現出來。道壇經生的打醮儀式很多時把鄉民遠遠地隔離在道壇之外，縱使是緣首也無法進入道壇之內。此外，這些經生並非受僱而參與打醮。對他們來說，參加打醮只是個人修練、積功德的一種手段。筆者所認識的一些經生，參加一次打醮所拿到的舟車費，並不足夠支付他們在打醮時購買衣紙來焚化的費用。對這些經生來說，打醮的目的是祭祖、求福、博愛，是一場大功德，與盂蘭打齋超幽無異。然而，打醮對於喃嘸來說，除了直接的經濟關係外，還有三重意義：首先就是喃嘸可以藉着打醮的機會，令到更多鄉民認識他們，從而會聘請他們執行打齋等儀式。其次，不管是「父子」或「師徒」關係，喃嘸的修練就是從觀察、身體力行而習得的。打醮是學習吹、打、彈、唱、跳、喃、寫、紮等喃嘸的全能技巧的好機會。年長德高的喃嘸，藉打醮而把「齋儀」以外的道教儀式和技能，傳授予年青的喃嘸。最後，據馬來西亞的袁法林師、越南的劉權成師及本港的梁承宗師，都不約而同地指出只有參加過打醮、在醮榜上簽過名的喃嘸，才可以說是正式出身，以後才能獨當一面。[13] 換言之，打醮是成為喃嘸的一個重要通過儀禮。這也許可以說明喃嘸和經生對打醮的基本分野的地方，就是打醮對喃嘸來說是有一種承傳的作用。至於儀式方面，喃嘸只是鄉民的代行人，儀式本身縱有「再生」的象徵意義，也是對聘請他們的鄉民而言。反之，經生的訓練是平日在學院誦經。即使是因為經濟原因而參加醮事，他們的僱主是學院，他們將來的生意也是通過機構（學院）作為其代理，因此他們並不需要和鄉民建立任何關係。

（4）儀式和社區的關係：1990 年代，筆者所聽到的繼續邀請圓玄學院執行醮事的理由，大多是「上一屆聘請了，這一屆只是按傳統行事」。對鄉民來說，改變了的宗教儀禮在下一個打醮周期時，便成為眾所接受的傳統。儘管這些道壇經生多是業餘的女性，對鄉民來說，打醮依舊是打醮，只是執行儀式的人不同而已。縱使如上文所述，喃嘸和經生所執行的儀式有很多不同之處，只要所有與世俗有關的成分如人緣榜和祭幽等都一應具備的話，鄉民心目中的儀式世界仍然沒有改變。從另一方面來看，在打醮中屬於鄉民的世俗儀禮的成分，並不因儀禮執行者的改變而消失。所以我們在荔枝窩等地所看到的打醮，除了宗教儀式的部分外，其餘的活動與其他地區的打醮都很相似。在

13 據馬來西亞的袁法林師傅（1994 年 6 月，新加坡道教文化月，羅天大醮期間訪問）、越南的劉權成師傅（1993 年 10 月與廖迪生在香港科技大學進行兩次約十二小時的訪問和錄音影，劉權成文書，包括七十七份度牒和十八冊手抄的科儀書的影印本）。梁承宗師傅為梁安之子，1980 年代初開始出身，被林培等認為是當時最具潛質的青年道士。梁師傅的意見，在 1990 年代的調查時經常聽到。例如在 1994 年廈村鄉約打醮時，他就很具體地指出兒子要在醮榜署過名之後，才能獨當一面，承接喪儀。其中一個主要原因是他們要在打醮時有司職，才能獲得法名（參考劉權成道教文書，藏香港科技大學華南研究中心）。

鄉民的世界中，世俗成分是打醮最重要元素，所以只要可以照煞、祈福，可以燒衣祭幽，可以登上人緣榜，可以拿到一些符紙鎮惡除污的話，打醮在鄉民的世界中便不會因為儀式執行者不同而改變。

因此，當鄉村社會對國家的解釋改變，其地域性和族群界線因為社會流動而鬆弛化，打醮原有的象徵意義及其隱含的地域族群界線，不再是鄉民生活的重要環節。對鄉民來說，喃嘸或經生，只要不出亂子，都是儀式的執行人，並無二樣。對圓玄學院這樣的宗教集團來說，在這樣的社會文化脈絡之下，透過士紳的關係網絡，走進的鄉民社會，和他們一向服務的都市社會並無二樣。

六 香港的全真道統與宮觀道教建醮的衝擊

皇朝國家認可的全真派道士，是依附宮觀的、禪修功德的道士。明清政府規定：「僧道俱不許奔走於外、及交拘有司、以書冊稱為題疏、強求任財。其一、二人於崇山深谷、修禪及學全真者、聽。三、四人不許。」[14] 王志忠認為全真道強調「忠孝」，注重性命雙修，「把丹法的修煉變為自身道德修養的提高。這些改革使全真教與世俗生活更接近，從而，使全真教在封建社會傳統意識形態沒落時期，重新獲得新的存在依據」（王志忠 2000：141）。[15] 由於強調禪修的關係，在

14《禮部志稿》卷三十四「僧道」條。

15 又參考胡應麟《少室山房筆叢正集》卷二十六，「全真北宗不重服食、蓋專主煉養、而南宗則兼主二家者也」（頁 8；載欽定四庫全書、子部、雜家類、雜編之屬）。

國家困境時，全真教派時常成為知識份子遁世之所。然而清末民初以前，全真道教對於鄉村社會的儀式世界，大抵沒有很大的影響。以香港為例，據游子安的研究，香港最早的宮觀是建於元代以前，位於新界屯門的青雲觀。然而崇奉呂祖的道觀在清末民初才在香港建立（游 2002：23）。據徐沛明的調查，這些道堂主要屬於先天道系統。在 1920 至 1950 年代全真系統的道堂才從珠江三角洲一帶移至香港（Tsui 1991: 78-79）。禪修以外，這些道堂早期的活動範圍主要集中在市區和新界的墟市地方。本書附錄 6 是青松觀創觀道長、負責經懺部門的侯寶垣道長所參與的道堂以外法會儀式。[16] 從附錄 6 我們不難知道青松觀自創觀以來，參與十多次的大型法會。這些法會很多是因為特發性的災難或特殊的事件而舉行的超幽法會或祈福法會。徐沛明指出，全真道的核心儀式是經懺。他們的大規模法會，亦常常稱為齋醮。例如 1986 年青松仙觀和蓬瀛仙館聯合舉辦的全真法會，亦稱羅天金籙太平清醮，「這些法會令人聯想到喃嘸執行的打醮，但是卻沒有一點醮所隱含的宇宙再生的意義。由朝懺組成的法會，救贖是完全依賴個人的主動和對罪孽悔改的誠意。這和仰賴神明的恩賜，通過一系列的神聖的儀式才能獲得救贖的正一儀式有很大的分別」（Tsui 1991: 173-174）。這些法會是憑藉道力，虔誦經懺，從而「解劫納福、超拔先靈、普度眾生，陰安陽樂、延壽迎祥」。法會另一目的是「況人心奸險、益需道德維護」。故此法會是「表達我全真道之濟世慈和、道德教化

16 青松觀是嗇色園、蓬瀛仙館和圓玄學院以外，事業最大的道觀。除了建立安老院、學校、診所、贈衣施藥外，創辦香港首間專門研究及教授道教文化的道教學院（1991）、出版刊物、舉辦學術研討會，並且自 1980 年代開始，在美、加、東南亞及澳洲設立青松觀。參考游（2002：198－211）。

宗旨、及其修持永生之功法」（侯 1986：11）。[17] 1986 年為聯合國國際和平年而舉行的羅天金籙太平清醮的金榜中，書名全真的法會，是要「仰憑道力濟幽靈……誦經禮懺，鋆施法力靖塵寰……闡全真之儀制，仗正道之威靈。道德經宣，納生民於綱紀」。[18] 因此全真系統舉辦的醮，是一種權威性的功德，是道堂為社會、世界提供的慈善事業。

二十一世紀以前，為鄉村執行清醮儀式的全真系統的道堂，大概只有圓玄學院和信善玄宮。後者從 1975 年以降，義務為沙田九約執行十年一屆的建醮儀式。然而，正一派喃嘸仍然受聘執行儀式，所以信善玄宮在鄉村社區執行的儀式，沒有實在地改變地域社區儀式行為。

2004 年青松觀以投標的方式，取得新界大族之一鄧氏主導的厦村鄉約的醮事。2005 年亦以同一投標方式得到新界巨族錦田鄧氏的醮事。由於是以競投的方法取得執行醮儀的資格，青松觀在這兩個勢力龐大的社區中執行的儀式，不能不考慮社區本身的要求和傳統。青松觀參考了 1994 年厦村鄉約建醮的錄像和關於香港打醮的書，在經懺外，加上了上表、禮斗、走赦書、放生、酬神和行符等儀式（見表 8.2）。雖然厦村鄉約的通告指出會進行分燈、禁壇、打武、迎聖等儀式，可是青松觀認為和全真傳統差異太大，沒有執行，鄉民也沒有表

17《蓬瀛仙館、青松仙觀合辦道教全真法會特刊》頁 27〈全真法會窺源〉一文亦指出，「是故道藏以全真金籙大齋醮，為普濟之大法會。上通三界：欲界，色界，無色界，中貫三才：『天』（無極、太極）；『人』（宇內萬類）『物』（胎卵濕化）；與及『地』（地面之山陸海湖，地下之九幽魂孑），下解災罪。以道力感求最高之聖靈仙真，弘施法雨，澤播玄風，維護天道天德而發揚之，廣化慈和仁義以涵育之。其功果其偉。至於黃籙齋醮，萬緣法會，主在超度冥濟，振神威而庇倫常，赦業愆而倡善福。乃有中元之『玄都大會』佛家之『盂蘭節』亦同乎歸趨，故王重陽祖師合『道、法、德』而利大眾，每稱全真之三教法會焉」。

18《蓬瀛仙館、青松仙觀合辦道教全真法會特刊》，頁 59－63。

現很強烈的不滿（蔡 2006：156）。從青松觀的角度來看，只要鄉村社區的要求和道堂本身的信仰沒有衝突，則可以彈性進行。經濟的因素以外，青松觀的道長強調的是把正統的道教介紹到鄉村社會，從而改變鄉民從來的信仰。他們認為為鄉民祈求福祉的儀式，雖然和全真道統有所不同，只要不影響全真系統的醮儀架構，也可以包括在儀式之中。如厦村鄉約在建醮啟壇前三日晚上進行的祭祀過去為鄉約犧牲的死者的「英雄」，以及前一日晚上在祠堂後面角落祭祀不在祠堂供奉的祖先的「祭小幽」儀式，為建立村落間友好關係的「行鄉」儀式等鄉約強調必須進行的儀式，青松觀以本身經懺的形式執行。一些鄉約強調必須，但和全真儀式相違的儀式，如在錦田鄉民所謂「喃嘸戲」的「八門」破地獄儀式，則邀請道教其他教派（如茅山）執行。

表 8.2 正一派與全真派清醮儀式的比較

日期	1981 年林村鄉約正一派喃嘸儀式	1984 年厦村鄉約正一派喃嘸儀式	1999 年林村鄉約全真派（圓玄學院）儀式	2004 年厦村鄉約全真派（青松觀）儀式	2005 年全真宮觀（青松觀）儀式
正醮前	上頭、二表				
正醮前四日		莆上祭英雄		莆上祭英雄	

（續上表）

日期	1981 年林村鄉約正一派喃嘸儀式	1984 年厦村鄉約正一派喃嘸儀式	1999 年林村鄉約全真派（圓玄學院）儀式	2004 年厦村鄉約全真派（青松觀）儀式		2005 年全真宮觀（青松觀）儀式
正醮前二日		祠堂角祭小幽		祠堂角祭小幽		
正醮前一日	取水淨壇	取水淨壇	奉安大士	請水		
	揚幡	揚幡	恭豎聖旛	揚幡		
	迎神登壇	迎神登壇	開壇啟請	升壇啟請		
	啟壇建醮	上三表	玄科開位			
	上三表	啟壇建醮	玉皇賜福寶懺			
首日	早朝、大朝、早懺	行香	玉皇賜福寶懺	行香	朝幡、玉皇懺	請水、淨壇、揚幡、發牒、揭榜
	午朝午懺		諸天朝			
	晚朝晚懺		上金榜			
	分燈禁壇	祭小幽	玉皇賜福寶懺	分燈 *、禁壇 *		分燈、禁壇、開壇啟請、八卦壇迎聖、攝召
			玉皇朝	散花		
			上黃榜			
			玄門攝召			
二日	早朝早懺	行香	三元滅罪水懺	行香	朝幡、玉皇懺	純陽無極賜福寶懺、武帝伏魔法懺、玉皇朝科
	午朝午懺		七真朝		諸天朝、玉皇懺	純陽無極賜福寶懺、武帝伏魔法懺、諸天朝科、關燈散花科

（續上表）

日期	1981 年林村鄉約正一派喃嘸儀式	1984 年厦村鄉約正一派喃嘸儀式	1999 年林村鄉約全真派（圓玄學院）儀式	2004 年厦村鄉約全真派（青松觀）儀式	2005 年全真宮觀（青松觀）儀式
二日	晚朝晚懺		三元滅罪水懺	關帝懺、朝幡	
	祭小幽	分燈、禁壇、打武	三元朝		
			三元滅罪水懺		
三日	啟人緣榜	三朝三懺	太乙賜福寶懺	朝幡、三元懺	太乙濟度錫福寶懺、太乙朝科
	早朝早懺		諸天朝		
	午朝午懺		太乙賜福寶懺		
	晚朝晚懺	啟榜	太乙朝	宣榜	禮斗真科、天皇詔赦、漂放蓮燈、三濟濟煉
	迎聖	迎聖	關燈散花	迎聖 *	
四日	早朝早懺	行香	呂祖無極寶懺	行香、呂祖懺	
	午朝午懺		七真朝		
	晚朝晚懺		呂祖無極寶懺		
	禮斗	禮斗	呂祖朝	斗姥朝、禮斗	
			呂祖無極寶懺		

（續上表）

日期	1981 年林村鄉約正一派喃嘸儀式	1984 年厦村鄉約正一派喃嘸儀式	1999 年林村鄉約全真派（圓玄學院）儀式	2004 年厦村鄉約全真派（青松觀）儀式	2005 年全真宮觀（青松觀）儀式
五日	早朝早懺	早朝早懺	聖帝保安寶懺	朝幡、太乙懺	
	午朝午懺	午朝午懺	武帝朝	太乙朝、太乙懺	
	走文書（走赦書、走社書）	走文書（走赦書、走社書）	聖帝保安寶懺	頒赦	
	放生、放水燈	放生、放水燈		放生、水幽、水燈	
	完朝（謝幡）完懺	完朝（謝幡）完懺			
	祭大幽	祭大幽	三清濟煉幽科	焰口	
正醮後一日	酬神	酬神		供諸天、祈福	送神回位
	行符（扒船拉鴨）	行符		行符	酬謝神恩

* 告示有但沒有執行的儀式。

1999 年林村鄉打醮在 11 月 24 日至 29 日舉行。

資料來源：

田仲一成：《中國の宗族と演劇》（東京：東京大學東洋文化研究所，1985），頁 381－384。

蔡志祥：〈醮祭りの人名リストに見られる親屬範圍〉，《文化人類學》，5（1988）：131。

蔡志祥：〈從喃嘸師傅到道壇經生：香港的打醮和社區關係的演變〉，林美容編：《信仰、儀式與社會》（台北：中央研究院民族學研究所，2003），頁 367－395。

蔡志祥：〈創造傳統：制度化宗教與香港新界厦村鄉約太平清醮的變與恒〉，林緯毅編：《民間文化與華人社會》（新加坡：亞洲研究學會，2006），頁 149－172。

卜永堅：〈抗租與迎神：從己卯年（1999）香港大埔林村鄉十年一度太平清醮看清代林村與龍躍頭鄧氏之關係〉，《華南研究資料中心通訊》，18（2000）：4－5。

調查記錄：1981 年於林村鄉新屋仔村，1999 年林村鄉新屋仔村。

青松觀執行的醮和圓玄學院、信善玄宮執行的醮的最大差別，是後二者的服務主要是免費的（只收取舟車費），他們通過人脈和社區的關係走入鄉村。而青松觀的醮是用投標的形式和其他喃嘸競爭而取得執行的資格。其次，青松觀服務的廈村鄉和錦田鄉是新界兩個有很長歷史、影響力很大的鄉村。兩個鄉約的主導宗族皆是有宗族關係的鄧氏宗族。鄧氏宗族的歷史上溯北宋，他們有宏偉的祠堂和龐大的祖嘗。兩個鄉約皆強調傳統，有過去的例醮的詳細記錄。[19] 一些鄉約強調必須有的儀式，如「祭英雄」、「八門」，或有的傳統如女性經生不能參與執行儀式等，青松觀也必須遵行。因此從鄉約的角度來看，青松觀和喃嘸並無差異。雖然在醮儀執行時有些鄉民有所異議，但對他們也以「宮觀」來合理化聘請全真道長並無違儀式執行人的正統性（蔡2006）。對於全真系統的青松觀來說，沒有違反本身經懺的傳統結構的前提下，儀式是可以協調的。他們的終極目標，是取代喃嘸、改變鄉村的道教傳統。

對大部分透過師弟關係傳承、為鄉村執行養生、送死儀式的新界正一派的喃嘸，他們的「正統性」來自皇朝國家。喃嘸通過科儀的展演，把皇朝國家的理念植入民間社會。當皇朝國家不再存在，科儀所傳達的皇朝國家的理念也同時失去其效用。因此，喃嘸師傅在民間社會執行的儀式，也不再具備皇朝國家賦予的正統權威。1980 年代以來，面對宮觀道士的競爭，新一代的正一派火居道士必須重新建立其作為鄉村社會的儀式執行人的「正統」權威。有些道士如香港西貢的謝姓道士在 1990 年代初往龍虎山受籙，從而取得正一「道統」的身份。在二十一世紀強調非物質文化遺產的背景下，有些正一派的喃

19 這些記錄一般稱為「例醮功德簿」或「醮簿」，記錄建醮時鄉村本身需要準備的事項，如楹聯、各儀式需要的器具、合約、紙紮等。如《民國六十三年廈村鄉十年例醮功德簿》（抄本）記載「（喃嘸合約）上頭表先生七名、樂鼓吹四名、紙馬一隻」。

醮，在其科儀中再次演繹皇朝國家的語言，把不再存在的過去以文化傳統的方式再現。他們的「正統性」是通過皇朝國家這個文化傳統概念而重新建立起來。

正統和異端的解釋是相對的。為香港新界鄉民執行醮儀的全真和正一的道士、鄉民，各有其表述儀式和儀式執行人的正統性的方法。

終章
時間、變遷與視野

新界正一道士之間流傳的《道教源流》有這樣的記載：「桃花雞乃將雞冠剪紅和酒集將飲之、以吐雄威、齊心助法也……雞公乃王太母始有也、取五德能報曉以報達神明以迎恩也。」雞冠血有一種陽性的神聖力量，可以用來潔淨，令到世俗的事物可以和神明溝通，因此雄雞的雞冠血時常用在醮儀上，潔淨一切道達神明的榜、表、奏、疏文。從 1980 年代開始考察建醮儀式以至 2003 年 SARS 止，雄雞是正一儀式中不可缺少的元素。然而，新界其中一個大族泰坑文氏的醮簿記載，「前數屆界發文書不用雄。至同治九年十二月初四日、開啓先生取雄雞血、點關文，以便上天故」。這段文字無疑告訴我們，在新界鄉村的醮儀上使用雄雞冠血這一「傳統」，是 1870 年後才由儀式執行人引入的。也顯示了我們一向不會質疑的儀式傳統，很可能是因為時間、空間和人物而不斷調整。

本書指出全真的儀式是 1980 年代才進入香港的鄉村社會，因此 1980 年代也許可以說是新界社區採用正一和全真醮儀的分界。1980

年代在新界舉行的醮，主要是客家社群的安龍清醮和本地群體的太平清醮。安龍清醮主要用的是道教閭山派傳統的儀式。1980 年代以後，因為儀式執行人不足，舉辦安龍清醮的社區不得不聘請本地的正一道士執行醮儀，從而改變了一些閭山儀式的內容。2011 年井欄樹的三十年一屆的安龍清醮沒有道士扮演陳靖姑主持儀式，就是一個很好的例子（蔡、韋 2014）。新界本地社群舉行的醮，主要是聘請正一道士執行。本書指出從儀式的角度，正一清醮有一種內在的邏輯、有高度的同一性。然而，就如上述泰坑的雄雞的例子所示，高度的同一性是否理所當然的、不能變動的傳統？目前我們沒有足夠資料說明十九世紀末以前香港新界的醮儀是如何進行的。1980 年代以來的正一清醮儀式，整合了不同的儀式傳統，不僅包括了道教的閭山派傳統（如打武儀式時道士頭戴紅巾、腰圍戰裙），同時也包括了佛教的救贖儀式（如祭大幽時的放焰口儀式）以至明清國家的祭厲傳統（如祭小幽儀式）。我們沒有證據顯示這些不同的儀式傳統是如何以及何時進入鄉村。我們可以想像的是在歷史的長河中，儀式傳統是不斷地整合、不斷地增減。2003 年 SARS 之後，在醮事完畢之後執行行符儀式時，道士是否再用鴨、是否入屋、向神龕、灶頭噴符水？在祭大幽前，鄉民扛抬鬼王（大士王）向鄉村裏的「陰」的地方照煞、化大士前鬼王面對的方向，也因為鄉村社會的敵對關係和對「髒」的、「危險」的定義改變而有所不同。

本書指出不僅儀式傳統是可以協商、改變的，通過打醮來界定的地域範圍也因為宏觀環境而時常變動。我們在討論厦村鄉約的太平清醮時指出，村落的參加和退出鄉約的宗教活動的情況時常出現。同樣地，醮所指涉的公眾空間範圍也因為人們的定義和理解而有差異，尤其是當地方文化傳統被溶入大傳統、成為大社區的一部分時，不僅地方失去身份認同所依據的象徵符號，當非社區的人群可以要求擁有同樣的空間、同樣的文化傳統時，利益和對歷史解釋的差異，時常產生矛盾和衝突。2006 年 11 月 2 日《蘋果日報》A22 版和《星島日報》同日的 A20 版都報道了香港島東南石澳地方因為學生在該地舉辦十年一屆的太平清醮期間燒烤受阻而發生的衝突事件。齋戒是鄉村建醮的重要傳統元素。從象徵的角度來看，鄉村通過素食、戒殺而得到潔淨，得到神明的寬恕，從而可以重新走進新的周期。齋戒的範圍也是獲得神明庇佑的範圍。然而，石澳海灘也是香港政府管轄下的燒烤場地。在鄉民阻止學生燒烤時，帶領學生燒烤的老師報警求助。據《星島日報》的報道，管理燒烤場地的政府「康文署回應，指當市民使用轄下燒烤場時，他們對食物的種類沒有限制」(《星島日報》2006 年 11 月 2 日 A20 版）。協商的結果是燒烤者不能把肉類帶進進行儀式的範圍（即醮場範圍），也就是說妥協了潔淨的範圍，維持了神聖的空間。這樣的爭執，乃緣自組織群體對地域空間的擁有權的不同理解，也顯示了鄉村社會和國家權力的角力下，儀式的核心和範圍的可妥協性。

長洲每年太平清醮時的搶包山活動，是另一個說明爭奪「傳統」的例子。2006 年 11 月 13 日香港《南華早報》(*South China Morning Post*) 有一則題為「Cheung Chau goes to London」的報道。報道指出這是八百年來香港第二次參加倫敦市長的就職慶典。香港政府在倫敦的金融中心豎立了一座高 160 米的「包山」，並且進行「搶包」的表演，讓倫敦的居民和遊客體驗這個代表香港的傳統活動。長洲島太平清醮的最後一個晚上，在祭大幽儀式完成後進行搶包活動。這活動在 1978 年因為一座包山在活動時倒塌導致多人受傷而被政府禁止。2005 年在地方領導階層和離島區議會的推動下，政府批准在三座儀式性的包山以外，另以搭建一座鋼架的包山，以競技形式重新恢復「搶包山」的活動。2007 年因為環保和衛生問題，這座新的、用作競技的包山的包改為塑膠製造。原來在祭幽以後才開始的活動，因為競技的原因，在陰慘靜寂的儀式進行的同時，在電視直播的環境下喧喧鬧鬧的進行。新的搶包山競技和塑膠的包的對像是香港甚至是代表香港，介紹到海外的活動，它的目的是表演而非為社區人群服務的儀式。故此政府和精英創造的新的太平清醮「搶包」活動，是屬於香港的而非長洲的。就如當長洲的太平清醮由海陸豐人的節日發展為惠潮人的節日，再發展為全長洲的節日時，顯示的是文化傳統本來就是可以因為社會人群和生活範圍的定義而不斷改變。「搶包山」以至長洲島的太平清醮也許可以看作為節日被「掠奪」為代表一個區域、一個國家的文化象徵時，地方的文化傳統如何被權威修正、社區的認同如何被強權吞佔。我們也可以視之為一種文化傳統走向同質性的步伐。[1]

從 1978 年到 2005 年，也就是禁止搶包的二十七年間，醮會改在醮事完畢的翌日早上向居民派發「平安包」，居民並沒有因為禁止了搶包的活動而對醮事忖忖不安。對於老一輩的鄉民來說，這些包在三天的建醮期間，經過神明的祝福，具備驅邪、保安的神聖力量，因此

1　2011 年香港的潮州團體以「潮人盂蘭勝會」成功列入第三批中國國家級非物質文化遺產名錄。在潮州社團鋪天蓋地的推動下，原來不同族群舉辦的社區性盂蘭盆會，會否或如何走向同質性，是一個可讓我們拭目以待的課題。讀者可以參考陳蒨（2015）。

用任何形式取得「包」並不重要。鄉民用以祈佑平安的儀式性包和政府及地方精英倡導的競技的、政治的包，在 2005 年以後同時在醮事的場所出現，只是他們服務的對象並不相同。當長洲島的儀式傳統成為代表香港的傳統時，我們需要考慮的是傳統所代表的社區在哪裏、百姓在哪裏？誰是這一種「傳統」的發言人？對鄉民來說，在層層被「掠奪」的儀式的底層，也許「包」是最核心的、不能取代的元素。就如我們在第八章的討論，當「髒」和「淨」在地方社會裏不再是二元對立的絕對存在時，鬼王（大士王）面向的、具備象徵意義的方位也不再重要。對鄉民來說，只要在醮場中有鬼王（大士王）的存在，使遊魂野鬼有所管束，不會滋擾鄉民之生活，心理上便覺安樂。鬼王的面向、位置並不重要。

1980 年代新界鄉村執行醮儀的道士，非常強調「一處鄉村一處例」。也就是說，在普同性的正一清醮儀式的框架中，儀式細節的調整、增減是可以協商的。調整和協商不僅在儀式和儀式執行人上，也在鄉民的理解和鄉村的結構上。對鄉民來說，只要節日的核心仍在，變化是可以理解和接受的。從 1980 年代到二十一世紀，我們觀察到來自全球的和地區政府的衝擊，影響了作為文化生活的醮的地方性和同質性。一方面，宏觀經濟的變化、海外華人的捐資等加強了節日的華麗化和世俗化，同時也改變了節日儀式的話語權。另一方面，1970 年代以來，香港的新界地區經歷了鋪天蓋地的近代化過程：由鐵路電氣化、丁屋政策以至從衞星城市的建立至不斷地向新界擴張的都市化過程。海外移民、現代化和都市化帶來的衝擊，並沒有使傳統的節日文化消失。事實上，從 1979 年開始觀察香港的節日以來，太平清醮似乎沒有在地方上消失。例如1981年林村鄉打醮之後，當地地方領袖一再提出停止舉辦太平清醮。然而直到現在，醮事依然舉行。即使如偏遠的、大部分原居民離鄉的荔枝窩；如在地價高昂的新九龍地方，面臨清拆重建和鄉民離散的壓力下的衙前圍，還是每十年舉辦太平清醮。因此在這裏，我們必須問的是太平清醮存續的關鍵。

研究節日的人都會套用范熱內普（Arnold van Gennep）的通過儀禮（rite of passage）理論和特納（Victor Turner）的過渡儀禮（liminality）理論。薩索（Michael Saso）的宇宙再生（cosmic renewal）理論可以說是把這些理論融入中國節日研究之中，把原來民族志的描述，進一步和理論對話。地域社會透過周期性的節日儀式劃定界限地域、人群的界線，強化地域和群體的範圍，再確認社會身份和社區認同。因此我們對傳統社區節日的認識，一般是和傳統地域社會的結構和功能、組織原理扣上關係，也和鄉村社會對於「許願酬還、驅瘟逐疫」的祈願有關。然而儀式執行人的普世施善、鄉村領導人和鄉民向鄰村學習的可能、傳媒對節日的報道以至政府對節日的興趣，減弱了社區節日的地方性。從另一角度來看，太平清醮具備的流動和分工的特質，把鄉民從家庭的、宗族的、地方的世界整合到和都市及全球結合的跨地域世界，成為鄉村近代化的動力。與此同時地域人群的流動，尤其是旅外華僑的匯款和歸鄉參與節日、他們對「傳統」的執念以及對「正統」的解釋，加上他們的發言權，無可避免地影響了1980年代以來香港新界太平清醮的實行。女性的參與是一個很好的例子。一方面在社區祭祀方面，一向以來女姓通過她們的丈夫（妻子）、兒子（母親）參與節日。也就是說，她們是通過一個附屬於男姓的身份地位去參與打醮，因此在建醮委員會裏沒有女性的參與。例如在 1977 年長洲太平清醮的特刊中列出的八十一名值理，全為男姓或商舖。到了 2001 年，建醮值理會就有兩名女姓。1984 年厦村有四十五名建醮委員，全為男姓。到了 2004 年，七十三名委員中有三名是女姓，其中一人是華琛（或屈順天 James Watson）的太太、1970 年代在厦村進行人類學研究的華若壁（Rubie Watson）。因此社會的開放，也同時令到女姓由一個通過附屬於男姓的身份，漸而因為通過參與地方的政治而走入社區的宗教儀式的世界。另一方面，七八十年代，婦女代表家庭參與太平清醮時的祭祀活動。她們以媳婦、妻子、母親的身份，代表家庭燒香、看榜、拜斗、燒衣、祭祀先人。然而二十一世紀以來，筆者觀察到很多「傳統」的鄉村，強調「傳統」，強調「文化」，從而強調女性因為特定生理時刻的「不潔」，會影響醮事的神聖效果。因此在上水、石澳等地方，在上榜、祭幽時，強調「女性回避」，把傳統的強調擴展為傳統的想像。這無疑與歸鄉者對所謂「傳統」的理解及對打醮行事的發言權有很大關係。

社區節日的研究可以從鄉村的視野、儀式執行人的視野和觀察者的視野來理解。在地域社會組織結構急劇變化的當代，本書一方面以「酬神」、「超幽」為節日主體的太平清醮為切入點，展陳 1980 年代以來香港新界鄉村的社區節日的延續與變遷，同時期盼引導讀者思考下列的問題：

（1）在移民和人口流動的宏觀環境下，在外的成員如何想像和實踐家鄉的節日？

（2）在社區邊界變動下，傳統節日的空間以及展現的形式如何在本地與外來之間角力和協調？

（3）在國家政府關懷的選民利益下，國家如何掠奪、民眾如何調整節日傳統？

（4）在新的環球語言（非物質文化遺產、文化旅遊）的語境下，香港的傳統中國節日如何改變？

（5）在傳媒與網絡的空間中，傳統如何被再詮釋？誰擁有解釋傳統的聲音？是儀式執行人？鄉民？政府？作家？研究者？網絡部落民？又誰在這一過程中失去了聲音？

太平清醮是神聖的、周期性的社區活動，是公眾的、集體的、共用的文化價值和經驗。在社區和人群的疆界不斷變化的同時，傳統的定義和傳統展演的文化空間也不斷的更替。本書期待的是在時間和視野的動態過程中，記錄和見證不同時代的多元聲音。

後記

我在1979年開始考察香港各地的清醮活動，先後寫了數十篇文章，2000年出版了《打醮：香港的節日與地域社會》一書，主要總結了我在1980年代田野調查的心得，也嘗試從比較的角度，通過清醮活動，討論各鄉村地方社會的結構和組成。1980年代後期，老一輩的儀式專家以及鄉村中諳熟儀式的耆老相繼辭世。研究者如1970年代的許烺光、大淵忍爾；1980年代的科大衛、田仲一成、呂炳川、陳永海等皆轉注他地。1990年代開始，黎志添（宗教）、陳守仁（粵劇）、廖迪生（人類學）、何佩然（歷史學）等從宗教、戲劇、人類學的角度考察清醮活動，成績斐然。二十一世紀伊始，多了很多學界以外的朋友關注地方的節日、儀式，他們用現代的工具，用文字、照片、錄影，在網絡發佈所見所聞，這對我們明白儀式生活和過程甚有幫助。這些大部分是「業餘」的民俗愛好者，在工餘時間分享他們的見聞，他們的無私分享，我是非常崇敬的。他們精細的報道，對近年疏於走動的我來說，受益不淺。這些年來，偶爾在鄉村走動，減少了對儀式過程的詳細記錄，多了對儀式和社會的反思，希望在民族志的描述以上，添加多一點對社會文化的歷史軌跡的理解。每次在田野中，過去和當代的比較，都不期然的湧現。本書可以說是這將近四十年我如何從民族志的記錄者到社會文化的思考者的歷程的一個嘗試。

自從《打醮》一書出版後，一些學生或朋友，在不同的場合告訴我一些該書和他們的觀察的差異。就如一位朋友在 2011 年 1 月 15 日網誌上寫道：「（打醮一書）可以一讀，但作者也承認許多地方是錯的，反正已經絕版，在圖書館借閱就好。」（http://arnoldii.wordpress.com/2011/01/15/）我忘記了是否說過這樣的話。「錯」可以從兩方面理解：一是記錄詳略的差異，一是解釋角度的差異。作為一個研究者，在不同時候的關懷，自然會造成田野記錄的詳略和解釋的偏向。可是對耳聞目睹的記錄，不應該有錯誤。在求學時，我的老師們都不厭其煩的告訴我要清楚分辨什麼是眼睛所見、什麼是耳朵所聞、什麼是腦袋所思。四十年的考察，讓我明白到這樣的所見、所聞、所思不僅僅是研究者、觀察者的問題，同時是我們的觀察對象的問題，也是觀察者和參與者之間的互動、交流、撞擊的問題。事實上，不同層次的節日參與者，無論鄉民、儀式執行者或表演者，都在成長的過程中不斷的學習、修正節日和儀式的行事方式和解釋。在 1980 年代的時候，我們時常只是節日儀式的觀察者。我們一般都是有距離的、遠遠的觀察節日儀式的進行。到了二十一世紀，越界者多了，原來的群體內和群體外的知識界線被模糊化了。一些節日的行事和儀式的內容也無可避免的有所調整。舉例來說，儀式需要權威來執行，可是誰是權威？是執行儀式的人還是僱用儀式的人？是宮觀僧侶還是在家師傅？是在鄉的生活者還是在海外的鄉親？是鄉民還是學者？很多二十一世紀開始對地方節日感興趣的朋友，踏入了「第二個參觀傳統節日的周期」。節日看多了，我們會自然地翻查過去的記錄，「對」、「錯」順然而生。

民族志記錄是重要的，因為只有通過比較過去和現在的記錄，通過對行為和解釋的比較，我們才可以明白社會發展的過程，從延續和變化中尋找文化的核心。我的朋友梁仲師傅很早就告訴我「各處鄉村各處例」的道理。這個道理需要放在三維的時間和空間思考。對一位負責任的民族志記錄者來說，過去和當代的記錄，沒有對和錯的問題。當我們過分強調「錯」的時候，我們的心中是存在了一種文化霸權歷久不變、普天同在的謬誤，從而缺乏了對文化行為差異和變化的包容和諒解。《打醮》並非一部對節日儀式的定論。它是一個當代的記錄，一個過程。本書希望在民族志的基礎上，進一步勾勒我對節日和歷史發展的思考和理解，討論社會文化的變和不變的關鍵。我無意建立一個對「醮」的行事和解釋的當代權威。我希望可以做到的，是如記錄我女兒成長過程一樣的多彩變化、又割不斷的親子關係。

附錄 1：香港鄉村建醮的社區

周期	地點	年份（甲子）	參與觀察的建醮年份	最近一次建醮年份	儀式執行人	最近一次建醮的儀式執行人	其他	資料來源
60	大網仔	1989			本地喃嘸	陳鈞道院	安龍太平清醮	陳鈞照片
	上水圍	2006	3 月 6－10 日	丙戌	本地喃嘸		太平清醮	田野考察
30	井欄樹村	2011	12 月 12－16 日	辛卯	客家－本地	陳鈞道院	安龍清醮、安龍大典	民族志
	大澳							田仲：1989：99、816
15	上水坑頭	2008	1 月 5－6 日		客家	元朗何勝壇	安龍清醮	
10	西貢北港相思灣聯鄉	1980 2000 2010－2011	12 月 29－1 月 2 日	庚辰	本地喃嘸	黃錦道院	太平清醮	田野考察 田野考察 柴娃娃
	西貢濠涌	1980 2000 2011	1 月 8－12 日	庚辰	本地喃嘸	黃錦道院	太平清醮	田野考察 田野考察 柴娃娃
	粉嶺圍	1980 1990 2000 2010	12 月 18－21 日	庚辰	本地喃嘸		太平清醮	田野考察 田野考察 田野考察 田野考察
	新田	2010			本地喃嘸		洪文清醮	盧采風
	元朗山厦	2011	1 月 1－4 日	庚辰	本地喃嘸	永安道院		柴娃娃
	塔門聯鄉	1980 1990 2009	4 月 14－19 日		本地喃嘸		2010 年 5 月 26－30 日壓醮	田仲：1989：99、816

（續上表）

周期	地點	年份（甲子）	參與觀察的建醮年份	最近一次建醮年份	儀式執行人	最近一次建醮的儀式執行人	其他	資料來源
10	上水丙崗村翔龍圍	1988 2008	11 月 20－22 日		本地喃嘸		洪文清醮	訪問 民族志
	沙田大圍	2007	12 月 24－28 日		本地喃嘸			茶娃娃
	橋頭圍	2007			本地喃嘸		洪文清醮	田野考察
	吉澳	1986 2006	10 月 23－28 日		本地喃嘸		安龍清醮 1980、2011 年 9 月 28－10 月 1 日壓醮	模作他者
	石澳	1986 1996 2006	11 月 1－5 日		本地喃嘸			Chan 田野 柴娃娃
	沙田田心村	1986 1996 2006	11 月 28－12 月 1 日		本地喃嘸			
	衙前圍	1986 1996 2006	12 月 9 日		本地喃嘸			
	屯子圍	2006	12 月 1－4 日		本地喃嘸			
	沙田九約	1985 1995 2005	10 月 27－31 日		本地喃嘸			
	錦田鄉	1985 1995 2005	11 月 12－17 日		本地喃嘸—道壇經生			
	厦村鄉約	1984 1994 2004 2014	11 月 20－25 日		本地喃嘸—道壇經生			

（續上表）

周期	地點	年份（甲子）	參與觀察的建醮年份	最近一次建醮年份	儀式執行人	最近一次建醮的儀式執行人	其他	資料來源
10	龍躍頭	1983 1993 2003 2013			本地喃嘸			
	大埔頭	1983 1993 2003 2013			本地喃嘸—道壇經生			
	元朗市	1983 2013			道壇經生			
	大埔泮湧	2012	12月1-2日		本地喃嘸	陳鈞道院		
	順風圍	2011	12月6日	辛卯	本地喃嘸		洪文清醮、化衣	韋錦新筆記
前後10年	慶春約（荔枝窩）	1983 1992 2001 2010	10月29－11月2日		本地喃嘸—道壇經生	圓玄學院		
	南鹿約	1983 1992 2010 2010	12月1－4日	庚辰	本地喃嘸—道壇經生	圓玄學院		
	林村鄉	1981 1990 1999 2008			本地喃嘸—道壇經生			田野考察、民族志
8	八鄉元崗	2010	11月22－25日		本地喃嘸			柴娃娃 http://www.patheung.com/worship.htm
	元朗橫洲六村	1981 1988 2004 2012	12月27－31日 11月30－12月3日		本地喃嘸—道壇經生	圓玄學院		

（續上表）

周期	地點	年份（甲子）	參與觀察的建醮年份	最近一次建醮年份	儀式執行人	最近一次建醮的儀式執行人	其他	資料來源
	錦田泰康圍	2007 2014			本地喃嘸		酬神燒衣	盧采風
7	高流灣	1980 1987 1994 2001 2008	5 月 11－12 日		本地喃嘸	陳鈞道院	安龍清醮由三天改為兩日	
6	元朗沙江圍	1981 1988 2007 2012	1 月 4－7 日 12 月 29－1 月 2 日		本地喃嘸	永安道院		
5	大埔泰坑	1985 1990 1995 2000 2005 2010	11 月 21－26 日 12 月 13－18 日		本地喃嘸	陳鈞道院		
	大埔七約太和市	2007 2012	12 月 16 日 8 月 22－24 日			圓玄學院 道福山祠	祈福法會	
	合山圍牛徑村	2007（第三屆）	11 月 21－24 日		本地喃嘸	永安道院		
	八鄉蓮花地	1982 1987 2007 2012	11 月 30－12 月 3 日 11 月 15－18 日		本地喃嘸	永安道院		
4	索罟灣	2011	4 月 23－24 日	天后誕前		合興堂道院		
3	新田	2010 2012	1 月 7 日 12 月 10 日		本地喃嘸		洪文清醮	

（續上表）

周期	地點	年份（甲子）	參與觀察的建醮年份	最近一次建醮年份	儀式執行人	最近一次建醮的儀式執行人	其他	資料來源
3	蒲台島	2009 2012	2月 9－12日 2月 6－9日		本地喃嘸			柴娃娃 http://mbon.s214.sureserver.com/
	橫洲	1986 1989				水上人		訪問
2	糧船灣	1980 2008 2010	4月 24－27日 5月 2－5日		本地喃嘸			
1	長洲	1980 至 2013			（本地到中國）海陸豐喃嘸	魏廣德壇 呂氏廣華壇		
	滘西	1981-			本地喃嘸			
	坑口布袋澳	2008	4月 24－27日					柴娃娃
	佛堂門天后廟	2007	5月 5－9日					柴娃娃
	大澳龍岩寺	2007	5月 3－6日					柴娃娃
	香港仔及其他*						朱大仙水面醮	民族志
?	牛池灣	1965	乙巳				安龍	牛池灣萬佛堂鏡面

沙田：何佩然、Francis Hsu、大淵
錦田：thesis、Chan Winghoi
石澳：Chan Winghoi
黎志添：泰坑
廖迪生：高流灣

網頁：
香港文化傳承 Cultural Heritage in Hong Kong（https://zh-hk.facebook.com/ICHinHK）
世界龍獅武術討論區（Lionworld Forum）http://www.lionworld.com.hk
山野樂逍遙 http://www.hkhikers.com/index.htm; http://mbon.s214.sureserver.com/Da%20Chiu%20-%20Po%20Toi%202012.htm (2002 年) 傳統鄉村節慶和醮會
(2/9/2007 - 天陰，間中有雨
自去年的「坪洲媽行鄉」，便開始節誕醮會的參與…. 山野樂逍遙，坪洲再行鄉 http://www.hkhikers.com/index.htm 2013 年 7 月 15 日瀏覽，醮會）

柴娃娃廣場 http://www.hkcww.org/forum/forum.php?mod=viewthread&tid=1784（2004 年 12 月註冊）

博客：
Maple（一忱清霜）http://arnoldii.blogspot.sg/2012/10/blog-post_4630.html（加入 blogger 日期：2006 年 4 月）

鄉村網頁
八鄉鄉事委員會 http://www.patheung.com/
林村 http://www.lamtsuen.com/
龍躍頭 http://www.lungyeuktau.com/

附錄 2：地方誌記錄的祖先祭祀

	嘉靖廣東通志卷 30				康熙			嘉慶	光緒		梁
	潮州府	廣州府	肇慶府	惠州府	新會縣誌卷 5	南海縣誌卷 6	新安縣誌	新安縣誌	花縣誌	佛山忠義鄉志	荊楚歲時記
迎春	祭先租										
立春							民間以是日有事於祖祠	是日有事於祖祠			
元日	祀先			拜天地君親師	禰祀	祀祖禮神					存亡慶吊、官有朝賀、私有祭享
上元	十六以後有送燈於晚嗣者			張燈於淫祠			元宵張燈作樂。十九日名天機、二十日名籟敗、鄉人作紙船送耗、到門、主人以蔴豆置船中、送於郊外、船去、則以桃枝掛大蒜於門、以辟邪鬼。	凡先年生男者、以是晚慶燈		生子者以酬各廟及社	

（續上表）

	嘉靖廣東通志卷30				康熙			嘉慶	光緒		梁
	潮州府	廣州府	肇慶府	惠州府	新會縣誌卷5	南海縣誌卷6	新安縣誌	新安縣誌	花縣誌	佛山忠義鄉志	荊楚歲時記
仲春	祭四代祖					二月上戊鄉民祭社、望日祀祖祠	二月社日、鄉人…祭社、以祈有年				社日：四鄰並結宗會社
春分									祠祭		民並種、戒火草於屋上
三月三											招魂續魄、拔除歲穢
清明	祭掃先墓	掃墓	祭掃塋墓	男女皆上墓祭掃、士夫家則舉族殺牲，遵行朱子家禮…其列祖墓遠者，依次舉行，至四月八日而後已	清明有事墓祭、自始祖以下皆遍祭之	掃墓	有事於先塋	掃墓	墓祭	祭墓拜清	
端午	祀先									五月朔日，飲菖蒲酒，以角黍，菱荔薦先人	

（續上表）

	嘉靖廣東通志卷 30				康熙			嘉慶	光緒		梁
	潮州府	廣州府	肇慶府	惠州府	新會縣誌卷 5	南海縣誌卷 6	新安縣誌	新安縣誌	花縣誌	佛山忠義鄉志	荊楚歲時記
中元				十四日薦先	祀其先	有營盆供以祀其先者	盂蘭會、化衣以祀其先者、必宰鴨為敬	祀祖		焚衣楮祀先	為七代父母營盆供諸佛
仲秋	如春祭					八月上戊鄉民祭社、望日祀祖祠					
秋分									祠祭		
重陽		祭墓	登高用糕薦先	掃墓		墓祭	祭墓	掃墓	墓祭	展墓	十二月八日為臘日…村人並系細腰鼓、戴胡公頭、及作金剛力士以逐疫
長至（十二月二十日）		祀祖宴宗族									

（續上表）

	嘉靖廣東通志卷30				康熙			嘉慶	光緒		梁
	潮州府	廣州府	肇慶府	惠州府	新會縣誌卷5	南海縣誌卷6	新安縣誌	新安縣誌	花縣誌	佛山忠義鄉志	荊楚歲時記
冬至	祭始祖。米粉圜以祀群先			薦祖	祭始祖以下至於祖禰	祀祖	有事於家祠	祀祖	家祭	祀祖	作赤豆粥、以禳疫
除夕	祀先	詣祠堂行禮	民間薦先		祀祖禰。是月末旬、復有事於先塋、謂之送年飯。	享祀祖禰					

資料來源：丁世良、趙放主編：《中國地方誌民俗資料彙編，中南卷》（北京：書目文獻出版社，1991）

附錄 3：
厦村鄉約太平清醮的儀式

1984 年	
12 月 6 日	莆上祭英雄
12 月 8 日	祠堂角祭小幽
12 月 9 日	取水、揚幡、請神、開壇發奏
12 月 10 日	行香
12 月 11 日	行香、分燈進燭、禁壇打武
12 月 12 日	啟榜、迎聖
12 月 13 日	行香、禮斗、小幽
12 月 14 日	走赦、放生、完朝、祭大幽
12 月 15 日	行符

1994 年	
11 月 5 日	莆上祭英雄
11 月 7 日	祠堂角祭小幽
11 月 8 日	取水、揚幡、請神、開壇發奏
11 月 9 日	行香
11 月 10 日	行香、分燈進燭、禁壇打武
11 月 11 日	啟榜、迎聖
11 月 12 日	行香、禮斗
11 月 13 日	走赦、放生、完朝、祭大幽
11 月 14 日	行符

2004 年	
11 月 17 日	莆上祭英雄
11 月 19 日	祠堂角祭小幽
11 月 20 日	取水、揚幡、請神、開壇發奏
11 月 21 日	行香
11 月 22 日	行香、分燈進燭、禁壇打武
11 月 23 日	啟榜、迎聖
11 月 24 日	行香、禮斗
11 月 25 日	走赦、放生、完朝、祭大幽
11 月 26 日	行符

附錄 4：
1984 年厦村鄉約太平清醮神棚上之各神位

P= 紙神主；S2 ＝神像二尊；( ) ＝解說；* ＝金釵

上列：面對戲棚由左至右排列

編號	種類	金釵	神名
1	P	*	扶圍社稷感應大王之神位（祥降圍） 扶圍井泉地脈眾神之神位
2	P	*	護國庇民天后聖母之神位（祥降圍） 神武忠義關聖帝君之神位 敕命巡撫王大老爺之神 扶圍神廳土地福德真之神
3	P	*	扶圍門官土地福德真之神位（祥降圍）
4	P		求雨嶺上求雨龍王之神位 求雨嶺上列位神祇之神位
5	P		靈渡寺內列位神祇之神位 大頭山內三生七娘[1]
6	S3		（自靈渡寺請來其中一尊有紅紙包裹，上注送「靈渡寺　厦村……」。疑即三焦娘娘。又疑其中一尊為皇姑）
7	P		天后古廟列位神祇之神位 沙江古廟歷代司祝之神位
8	S3		天后及其二婢，自沙江廟請來者
9	P		鄧氏宗祠內門官土地神位
10	P		厦村友恭堂列位祖先之神位
11	P		九天開化文昌帝之神位 敕封忠義關聖帝君之神位 注福注祿仙官之神位
12	S6		（即自輞井圍北帝廟所請之神）
13	P		輞井北帝古廟列位神祇之神位

2　按：原文如此，與前文中三焦七娘應為同指。

下列面對戲棚由左至右排列

編號	種類	金釵	神名
1	P		新村井泉地脈龍神之神位（新村 = 新屋村？）
2	P		開村宿老久住神人之神位 本村社稷感應大王之神位 護社土地福德正神之神位
3	P		李屋圍本圍社稷神位
4	P		開山宿老久住神人之神位 大頭山上行雨龍王之神位 加封護國玄天上帝之神位 護山土地福德正神之神位
5	P		李屋村本村社稷神位
6	P		橋頭土地福德正神之神位
7	P	*	社稷大王之神位
8	P	*	年月招財和合童子之神位（田心） 門丞戶尉井灶神君之神位 圍門土地福德正神之神位 神荼鬱壘驅邪將軍之神位 日時進寶利市天官職神位
9	P		田心神廳列位大神之神位
10	P	*	金輪元神之神位
11	P		井泉龍脈福德正神之神位
12	P		開社宿老久住神人之神位 舊村社稷感應大王之神位 護社土地福德正神之神位
13	P		開村宿老久住神人之神位 新村社稷感應大王之神位 護社土地福德正神之神位
14	P		天后元君之神位
15	S2		
16	P		鳳降村闔村神明之神位座
17	P		本村石獅感應爺爺之神位（疑即錫降村）
18	S2		
19	P		孖樹社稷列位眾神之神位
20	P		新慶圍圍門列□……（新圍）
21	S3		（新圍）

（續上表）

編號	種類	金釵	神名
22	S3		（新圍）
23	P	*	加封護國天后元君之神位（東頭村）
24	P	*	東頭廟宇列位神祇之神位（東頭村）
25	P	*	護圍土地福德正神之神位（東頭村）
26	P	*	門神戶尉井龍神君之神位（東頭村）
27	P	*	本村社稷感恩大王之神位（東頭村）
28	P	*	敕命巡撫王大老爺之神位（東頭村）
29	P	*	巷尾村列位神祇
30	P		羅屋村扶村車公爺爺之神位
31	P		羅屋村扶村橋頭土地福德鎮■[2]神之神位 羅屋村扶村神武忠義關星■[3]帝君之神位 羅屋村扶村橋頭土地福德鎮■[4]神之神位
32	P		羅屋村扶村井泉地脈來神之神位 羅屋村扶村神稷感應大王之神位 羅屋村扶村井泉地脈來神之神位
33	P		護村大德石仕大王之神位 護村土主福德正神之神位
34	P		西山圍圍門土地公 西山圍神廳各位大神神位
35	P		西山圍護村社稷土主神位
36	P		西山村廟文武二帝之神位
37	P		西山文昌開山叔■[5]老神位
38	P		西山關聖帝公神位

3 按：原文如此。
4 按：原文如此。
5 按：原文如此。
6 按：原文如此。

附錄 5：
1979 － 1998 年間在香港道教聯合會出版的年刊《道心》中報道的圓玄學院的主要活動

日期	活動一	活動二	年份及頁碼
1998 年 12 月 18 日	98 菊花展		1999，頁 21
1998 年 11 月 7 日	花都圓玄道觀開幕		同上，頁 20
1997 年 12 月 18 日	圓玄賞菊慶回歸菊花展		1998，頁 23－24
1996 年 12 月 18 日	圓玄賞菊迎九七		1997，頁 19－20
1995 年 7 月 20 日	港督探訪圓玄護理安老院		1996，頁 19
1995 年 2 月 11 日	第三十屆董事就職暨上元慶燈園遊勝會		1995，頁 23
1994 年 11 月 10 日	圓玄護理安老院開幕		1995，頁 23－24
1994 年 2 月 19 日	上元慶燈園遊勝會		1994，頁 18
1993 年 2 月 20 日	圓玄護理安老院平頂禮		1994，頁 18
1993 年 11 月 25 日	國務院宗教事務局局長訪問		1994，頁 20
1993 年 11 月 13 日	元朗街坊十年一屆建醮盛會禮聘圓玄學院主禮		1994，頁 21
1993 年 1 月 30 日	第廿九屆董事就職暨上元慶燈園遊勝會		1993，頁 31
1992 年 7 月 27 日	英外相韓達德訪問		1993，頁 31
1992 年 2 月 15 日	上元慶燈勝會		1992，頁 50
1991 年 11 月 1 日	廣州市長黎子流訪問		1992，頁 49－50
1991 年 2 月 23 日	第廿八屆董事就職暨上元慶燈園遊勝會		1991，頁 29
1990 年 12 月	圓玄學院訪問北京，趙鎮東榮任（中國道教學院名譽）教授		1991，頁 29
1990 年 5 月 15 日	港督夫人訪問圓玄學院及安老院		1991，頁 27

（續上表）

日期	活動一	活動二	年份及頁碼
1990 年 2 月 26 日	港督衛弈信巡視圓玄學院		1991，頁 25
1990 年 2 月 3 日	上元慶燈園遊會		1990，頁 33－34
1989 年 12 月 26－30 日	道教科儀音樂研討會在學院舉行		1990，頁 34
1989 年 11 月 12 日	學院副主席趙鎮東主持新界輔警衝鋒隊結業典禮		1990，頁 33
1989 年 2 月 11 日	第廿七屆董事就職暨上元慶燈園遊勝會		1989，頁 40
1988 年 7 月 21 日	新界政務署長孫明揚訪問 對籌建古宮式的三清寶殿，凌霄殿及三教文物舘之建設，甚表關懷	趙鎮東：務求成為南中國具有歷史文物展存之重點	1989，頁 38
1988 年 2 月 27 日	上元慶燈勝會		1988，頁 26
	學院增設第三診所	1969，1984	1988，頁 24－25
1987 年 2 月 6 日	第廿六屆董事就職暨上元慶燈園遊勝會		1987，頁 45
1986 年 12 月 25 日	上海道教協會贈學院道藏輯要		1987，頁 44
1986 年 4 月 8 日	國務院宗教事務局長任務之訪問		1987，頁 15－21
1986 年 2 月 15 日	慶燈勝會		1986，頁 34
1985 年 12 月 15 日	道教科儀音樂研討會		1986，頁 32－33
1985 年 11 月 19 日	港督夫人訪問		1986，頁 31
1985 年 3 月 2 日	第廿五屆董事就職暨上元慶燈園遊勝會		1985，頁 17
	計劃增建凌霄殿，擴寬行車路，開辦兒童院		1985，頁 17
	西醫診所開幕		1985，頁 16

（續上表）

日期	活動一	活動二	年份及頁碼
1984 年 2 月 11 日	上元慶燈勝會	該院除致力宏揚三教聖理外，更協助新界各區鄉村古例習俗慶典平安醮會功德，普濟宣化，作出重大貢獻	1984，頁 10
1983 年 2 月 19 日	第廿四屆董事就職暨上元慶燈勝會		1983，頁 15
	設西區福利診所		1983，頁 16
1982 年 1 月 30 日	上元慶燈勝會		1983，頁 40
1981 年 11 月 28 日	孔子銅像崇陞慶典		1983，頁 40－41
1981 年 2 月 14 日	第廿三屆董事就職暨上元慶燈園遊勝會，三教牌坊落成		1981，頁 26
1980 年 12 月 3 日	賽馬會捐 180 萬建護理安老院	小學明秋入學，中學新校舍明秋建成	1981，頁 26－27
	籌建護理院 素食部聘請名廚主理		1980，頁 38－39
1980 年 2 月 24 日	上元慶燈園遊勝會		1980，頁 31
1979 年 3 月 24 日－4 月 5 日	啟建萬緣消災法會	十年（1969），至和壇道長主壇，四方善信贊助勝會及附薦先宗者，甚為踴躍	1980，頁 31

資料來源：《道心》，1979－1999

附錄 6：
青松觀建觀道長侯寶垣參與之法會

年份	日期	儀式	其他	
1952	農曆四月十四日	呂祖誕啟建法會及附薦		
	七月	首次啟建盂蘭勝會		
1953		元朗法華勝會及元朗博愛醫院舉行之息災法華勝會	報效經懺三天	
1954	思親節	開懺一天		超拔同門道侶先祖
1957		元朗博愛醫院之萬緣勝會		
		粉嶺蓬迎仙館舉辦之息災圓和法會		
1958		東華三院萬善緣勝會	一連八天誦經禮懺功德	
1960		黃大仙嗇色園萬善緣勝會	負責建醮「道家壇」	
1963		香港道教聯合會：港九道教人士祈福法會	於圓玄學院主壇七晝連宵功德	
1966		籌建中元法會、義務超薦雨災罹難之亡靈		
1972		六一八風災超薦罹難追悼會場主壇	官塘、油麻地等地	
1976		香港道教聯合會下元解厄消災集福迎祥萬緣法會	青松觀為主壇、一連八天誦經禮懺功德	
1979		博愛醫院六十周年紀念、酬神消災法會	青松觀內	
		香港道教聯合會聯同數十間道堂、下元解厄消災集福迎祥萬緣法會	青松觀內	
1985	農曆十一月初七至十一日	護國祈安大清醮及普度大會	新加坡三清道教會	
1986		太平清醮	新加坡道教會	倡建新加坡青松觀

（續上表）

年份	日期	儀式	其他	
1986		「國際和平年」道教全真法會	與蓬瀛仙館合辦	
1989		追悼死難船民、崇光勵孝思親、祈禱世界和平、止戾降祥法會	侯斯頓天后廟	
		打齋儀式	澳洲雪梨六福墳場	
1993	九月	羅天大醮	北京白雲觀、一連九天	宗教局、統戰部招待。台北指南宮
1997		香港道教界慶祝香港回歸祈福法會	保安道球場、主壇：香港道教聯合會。副壇：青松觀	

資料來源：蔡惠霖主編：《弘道開教：侯寶垣道長紀念集》，香港：道教香港青松觀，（約 2004）

附錄 7：
本書著者關於香港節日的論與述

（一）書

2014　蔡志祥、韋錦新編：《延續與變革：香港社區建醮傳統的民族誌》，香港：香港中文大學出版社。

2013　蔡志祥、韋錦新、潘淑華編：《迷信話語：報章與清末民初的移風變俗》，香港：香港科技大學華南研究中心。

2011　（編）「在邊境的社區：華南僑鄉的歷史、文化和社會結構」專號，《歷史人類學學刊》（第九卷第二期），2011 年 10 月。

2011　蔡志祥、韋錦新、呂永昇編：《儀式與科儀：香港新界的正一清醮》，香港科技大學華南研究中心。

2000　《打醮：香港的節日和地域社會》，香港：三聯書店。

（二）論文

2014　蔡志祥、韋錦新：〈未竟的經驗：民族志研究與香港社區建醮傳統的延續與變遷〉，蔡志祥、韋錦新編：《延續與變革：香港社區建醮傳統的民族志》，香港：香港中文大學出版社，頁 xi－xxi。

2013　蔡志祥、韋錦新：〈新世紀的舊話語：移風變俗的工具〉，蔡志祥、韋錦新、潘淑華編：《迷信話語：報章與清末民初的移風變俗》，香港：香港科技大學華南研究中心，頁 I－VII。

2011　〈活在邊境裏〉，《歷史人類學學刊》（第九卷第二期），2011 年 10 月，頁 1－3。

2011 〈模作他者：以香港新界東北吉澳島的節日、儀式和族群為中心〉，《歷史人類學學刊》（第九卷第二期），2011 年 10 月，頁 65－88。

2011 〈祖先的節日、子孫的節日：香港新界粉嶺圍彭氏的洪朝、清明和太平清醮〉，吳松弟、連曉鳴、洪振寧編：《走入歷史的深處：中國東南地域文化國際學術研討會論文集》，上海：上海人民出版社，頁 523－534。

2011 （與韋錦新、呂永昇）〈承傳與變遷：香港正一清醮的儀式、文本和儀式專家〉，蔡志祥、韋錦新、呂永昇編：《儀式與科儀：香港新界的正一清醮》，香港科技大學華南研究中心，頁 1－32。

2011 （與馬木池）〈非物質文化遺產的承傳與保育：以長洲島的太平清醮為例〉，廖迪生編：《非物質資文化遺產與東亞地方社會》，香港：香港科技大學華南研究中心，香港文化博物館，285－298。

2011 〈開山宿老與英雄：歷史記憶與香港的移民、定居與糾紛的傳說〉，劉永華編：《中國社會文化史讀本》，北京：北京大學出版社，頁 377－397。

2011 〈儀式與身份轉換：香港新界北約地區的醮〉，譚偉倫編：《中國地方宗教儀式論集》，香港：香港中文大學崇基學院宗教與中國社會研究中心，頁 325－348。

2010 〈祖先的節日、子孫的節日：香港新界粉嶺圍彭氏的洪朝、清明和太平清醮〉，《溫州大學學報（社會科學版）》，第二十三卷第四期，頁 17－25。

2008 (with Lui Wing Sing) "Traditional festivals: All eyes on Tai

Ping Qing Jiao" in Liu, Tik-sang et.al., (eds) *Traditions and Heritage in Tai Po*, Hong Kong: Tai Po District Council, pp. 124-151.

2008 〈正統的競逐：香港鄉民社會中的正一和全真派的清醮儀式〉，黃大志主編：《道家、道教與民俗文化研究》，新加坡：八方文化企業，頁 157－175。

2008 （與呂永昇）〈大埔的傳統中國節日：以醮為中心〉，廖迪生、張兆和、黃永豪合編：《大埔傳統與文物》，香港：大埔區議會，頁 110－131。

2007 〈習俗變不停〉，《明報》，2007 年 7 月 27 日。

2007 〈吞併長洲〉，《明報》，2007 年 1 月 12 日。

2006 〈創造傳統：制度化宗教與香港新界厦村鄉太平清醮的變與恆〉，林緯毅編：《民間文化與華人社會》，新加坡：新加坡亞洲研究學會，頁 149－172。

2006 〈開山宿老與英雄：歷史記憶與香港的移民、定居與糾紛的傳說〉，賴澤涵、傅寶玉編：《義民信仰與客家社會》，台北：南天書局有限公司，頁 247－276。

2005 〈節日、民間宗教和香港的地方社會〉，香港史研究公開講座編輯委員會編：《歷史與文化：香港史研究公開講座文集》，香港：香港公共圖書館，頁 67－95、209－221、245－253。

2004 (co-author with Cheung Sui-wai and Ma Muk-chi)〈西貢與東九龍〉"Sai Kung and East Kowloon" in Antiquities and Monuments Office (ed.) *Conference Papers on International Conference: Heritage and Education*, Hong Kong: Leisure and Cultural Services Department, HKSAR, pp. 128-130.

2003 〈香港長洲島的神廟、社區與族群關係〉，陳春聲、鄭振滿編：《民間信仰與社會空間》，福州：福建人民出版社，頁354－381。

2003 〈從喃師傅到道壇經生：香港的打醮和社區關係的演變〉，林美蓉編：《信仰、儀式與社會》，台北：中央研究院民族學研究所，頁367－395。

2003 "Re-enforcing ethnicity: the Jiao festival in Cheung Chau" (reprint of 1995) in Faure, David ed. *Hong Kong: a Reader in Social History*, Hong Kong: Oxford University Press, pp. 92-120.

2002 〈族群凝聚的強化：長洲醮會〉，陳慎慶編：《諸神嘉年華：香港宗教研究》，香港：牛津大學出版社，頁199－221。

2001 （與廖迪生）〈傳統社會生活〉，張兆和、廖迪生、蔡志祥編：《香港歷史文化與社會》，《香港歷史文化與社會》第一輯，香港：香港科技大學華南研究中心，頁77－99。

1997 〈一九八五年春分日廈村鄧氏宗祠友恭堂祭祖記〉，*South China Research Resource Station Newsletter,* issue 6, pp. 6-7.

1995 "Re-enforcing ethnicity: the Jiao festival in Cheung Chau" in Faure, David & Helen Siu (ed.) *Down to Earth: The Territorial Bond in South China*, Stanford University Press, pp. 104-122, 247-253.

1994 〈走向田野的歷史學〉，*Hong Kong Journal of Social Sciences*, No. 4: 222-235.

1994 〈香港的傳統節日：節、誕、醮的比較研究〉，《華南研究》第一輯，頁1－32。

1993 "Studies on Hong Kong Jiao Festival" *Journal of the Hong Kong Branch of the Royal Asiatic Society*, vol. 30: 26-43.

1988 〈醮祭りの人名リストに見られる親類範囲〉〔Kinship as seen in the name-lists of the Jiao festivals〕，《文化人類学》〔Cultural Anthropology〕，5：129－150。

1987 〈地を洗い疫病を祓う太平清醮〉〔Jiao festival: to wash the land and remove illness〕，《季刊民族学》〔Ethnographical Quarterly〕，40：90－105。

（三）光碟

2009 《長洲太平清醮》（與馬木池、韋錦新），DVD together with a report published and submitted to the National Cultural Bureau for the inscription of Cheung Chau Bun Festival as National Intangible Cultural Heritage. (The festival was inscribed in 2011 as one of the four Hong Kong's National Intangible Cultural Heritages).

（四）視頻

《香港的中國傳統宗教節日》，第 1－3 集，香港中文大學歷史系比較及公眾史講座系列，超星學術視頻（2012 年 10 月 9 日）（http://video.chaoxing.com/serie_400010195.shtml）

（五）未出版的會議論文

2014 〈香港的地方節日資料：以清醮儀式為中心〉，中國地方史與民間文獻資料庫國際學術研討會，廈門大學民間文獻研究中心、哈佛大學費正清研究中心合辦，2014 年 9 月 19－21 日。

2014 〈比較視野下的香港社區清醮〉，廈門大學民間歷史文獻研究中心，民間信仰與歷史文獻論壇，2014 年 6 月 8－9 日。

2011 〈節日和生活的界線：香港鄉鎮的邊緣和空間格局〉，中國鄉村與墟鎮的建構空間——神聖之角色，香港特別行政區大學教育資助委員會卓越學科領域計劃（第五輪），「中國社會的歷史人類學研究」與香港中文大學崇基學院宗教與中國社會研究中心合辦，2011 年 11 月 23－24 日。

2009 〈節日、儀式和權力：清末民初華南僑鄉的近代和傳統的角力〉，「西江下游僑鄉研究」工作坊，香港中文大學歷史系、中山大學歷史人類學中心、五邑大學合辦，2009 年 12 月 19－20 日。

2008 "Ritual as charity: universal salvation rituals in Hong Kong and Southeast Asia", paper presented at the conference on Indigenous Charity, CUHK, 6-8 November, 2008.

2008 （與韋錦新）〈邊境上的鄉村：香港新界上水鄉的移民、宗族與儀式〉，歷史視野中的中國地方社會比較研究，中央研究院近代史研究所，2008 年 12 月 17－19 日。

2005 (with Wei Jixin) "Sheung Shui: Village, festival and network" paper presented at the conference on "Comparative Studies on Local Societies in China", Jiaotung University, Taiwan, 11-13 September, 2005.

2005 〈節日、文獻和地方社會：田野考察和地方文獻的解讀〉，第五屆「歷史與史學」國際會議，台灣東吳大學歷史系，2005 年 5 月 13－14 日。

（六）公開講座（2006 年－2015 年）

2015　「上天下地、出番入蠻：1/3 世紀的靈魂探索和社區節日研究」(Study of communal festivals in South China, Hong Kong and East Asian Chinese communities: a 1/3 century soul searching), Public History Lecture series, CUHK, February 7, 2015.

2014　「追蹤研究：思考節日的延續與變革」，Graduate Seminar on Historiography, History Department, CUHK, October 31, 2014.

2014　"Religious life in the villages of the New Territories of Hong Kong" special lecture for the IASACT, June 1, 2014, workshop June 14.

2014　「比較視野下的香港社區清醮」，廈門大學民間歷史文獻研究中心，2014 年 6 月 9 日。

2014　「比較視野下的香港社區清醮」(A comparative study of communal Jiao festivals in Hong Kong) organized by the Curriculum Development Institute, EDB, Hong Kong, April 30, 2014.

2013　「醮：多元視野的鄉村節日和儀式」，香港中文大學道教文化研究中心，2013 年 11 月 13 日。

2013　「太平清醮：地方節日儀式與器物」，Department of Cultural and Creative Arts, Hong Kong Institute of Education, Nov. 11, 2013.

2013　「孝道之後：從靈魂救贖到非物質文化遺產」(Beyond filial piety: from soul salvation to intangible cultural heritage), Penang Heritage Trust, Sept. 7, 2013.

2012　「魂歸何處？：家庭、宗族和社區的祖先話語」(Where the souls are? A family, lineage and ancestor discourse)，香港中文

大學比較及公眾史講座系列之二：香港人的生與死—大眾生活史的一章，2012 年 2 月 11 日，香港文物探知館。

2012 「西貢傳統節日與鄉村生活」，將軍澳公共圖書館，2012 年 1 月 14 日。

2011 「香港的傳統中國節日：在當代的思考」，香港中文大學比較及公眾史講座系列，2011 年 11 月 26 日，香港中文大學 ELB-303。

2010 「在祖先與鬼之間：華南、香港與東南亞華人社會的變遷」，2010 年 9 月 23 日，中研院人社中心。

2009 「香港離島的打醮活動」，「解讀傳統城市與聚落」工作坊，2009 年 7 月 6－11 日，成功大學文學院與人文社會研究中心。

2009 "Ritual, festivals and intangible heritage: redefining superstition in contemporary China" College of Economics, Nihon University, April 9, 2009.

2008 「醮：香港鄉村社會的社區性節日」，「中國鄉村社會的地緣關係：社、廟、醮」講座系列，香港中文大學歷史系，香港歷史博物館合辦，2008 年 6 月 14 日。

2007 「宗教文書與鄉土社會」（與科大衛、賀喜），中山大學歷史人類學研究中心，2007 年歷史人類學全國研究生暑期學校，2007 年 8 月 5 日。

2007 「節日與非物資文化遺產」，文化博物館，2007 年 5 月 12 日。

2007 「香港的傳統中國節日：昨日與今日」，Book club，2007 年 4 月 20 日。

2007 「沒有神祇的日子：香港和南中國的春節、危機和過渡儀式」，香港歷史博物館，2007 年 2 月 3 日。

2006 「都市化與調適性：香港鄉村社會的節日和儀式」，中華文化促進中心、香港歷史博物館，2006 年 11 月 18 日。

2006 "Festival and Modernization of Rural Society in Hong Kong" public lecture at the Hong Kong Heritage Discovery Centre, Antiquities & Monuments Office, September 9, 2006.

2006 "Celebration and Salvation: Jiao Ritual in Sheng Shui, 2006" talk given at the History Forum, co-organized by the Joint Publishing Ltd., Chung Hwa Book Company and the History Department of the Baptist University, May 13, 2006.

參考文獻

中文及日文部分

《十四鄉官坑七聖宮古廟重修開光大典》。

卜永堅：〈抗租與迎神：從己卯年（1999）香港大埔林村鄉十年一度太平清醮看清代林村與龍躍頭鄧氏之關係〉，《華南研究資料中心通訊》，第18期，2000，頁1－7。

上野廣子：〈台灣南部の王醮と村落：台南縣一祭祀圈の村落關係〉，《文化人類學》，第5號，1988，頁64－82。

大淵忍爾：〈香港の道教儀禮〉，原載《池田穗理博士高稀紀念東洋學論說》，頁753－769，收於氏著《中國人の道教儀禮》，東京：福武書店，1983。

五十周年紀念特刊編委小組編：《細訴鄉情五十載》，香港：西貢鄉事委員會編印，1997，頁23。

王志忠：《明清全真教論稿》，成都：巴蜀書社，2000。

王崇熙：《嘉慶新安縣志》，上海：上海書店，1820，2003重印。

王崧興：〈香港蠔涌十年大醮——道教儀禮の中に見る漢族文化地域性異質性〉，載竹村卓二編：《儀禮、民族、境界——華南諸民族「漢化」の諸相》，東京：風響社，1994，頁233－258。

《北港村駱氏族譜》。

可兒弘明編：《もっと知りたい香港：付マカオ》，東京：弘文堂，1984。

末成道男：〈村廟と村境：台灣客家集落の事例から〉，《文化人類學》，第 2 號，1985，頁 255－260。

田仲一成：《中國祭祀演劇研究》，東京：東京大學出版社，1981。

田仲一成：《中國の宗族と演劇》，東京：東京大學出版社，1985。

田仲一成：《中國鄉村祭祀研究》，東京：東京大學出版社，1989。

田仲一成：〈香港正一派道士儀禮和本地社會意識之間的關係〉，2003 年 4 月 30 日發表於香港中文大學宗教系（未刊稿），頁 14－15。

《白沙灣觀音古廟重建特刊》，香港：西貢白沙灣村公所，1997。

吉原和男：〈宗教〉，載可兒弘明編：《もっと知りたい香港》，東京：弘文堂，1984，頁 184－191。

多賀秋五郎：《中國宗族の研究》，東京：日本學術振興會，1982。

西貢區議會編：《西貢風貌》，香港：西貢區議會，1996。

何佩然：〈香港新界沙田太平清醮的特色及其社會功能〉，載譚偉倫、李剛主編：《宗教、社會與區域文化》，香港：香港中文大學崇基學院與中國社會研究中心，2003。

何崇祖：《廬江郡何氏家記》，出版地缺，年缺。收於民國再版《玄覽堂叢書》續集第四輯。

宋龍非：〈松山建醮醮壇建築的裝飾藝術〉，《中央研究院民族學研究所集刊》，第 25 號，1968，頁 157－217。

志賀市子：《近代中國のシヤーマニズムと道教－香港道壇扶乩信仰》，東京：勉誠出版，1999。

李獻璋：〈道教醮儀的開展與現代的醮〉，《中國學誌》，第 25 號，1968，頁 202－203。

周樹佳：《香港諸神：起源、廟宇與崇拜》，香港：中華書局，2009。

屈大均：《廣東新語》，卷十七「祖祠」條，北京：中華書局，1985，上冊，頁 464。

岡田謙：《基礎社會》，東京：弘文堂，1949。

林美容：《媽祖信仰與台灣社會》，台北縣蘆洲市：博揚文化事業有限公司，2006。

（明）林曉喻：《禮部志稿》，卷三十四「僧道」條。

侯寶垣：〈開幕詞〉，載《蓬迎仙館、青松仙觀合辦道教全真法會特刊》，1986，頁 11。

施振民：〈祭祀圈與社會組織〉，《中央研究院民族學研究所集刊》，第 38 號，1973，頁 191－208。

科大衛：〈祠堂與家廟——從宋末到明中葉宗族禮儀的演變〉，《歷史人類學學刊》第 1 卷，第 2 期，2003，頁 1－20。

科大衛等編：《香港碑銘彙編》，香港：市政局，1986。

胡應麟：《少室山房筆叢正集》。

韋錦新：〈春祈年例：一個高州鄉村社區的遣疫與集福〉，載譚偉倫編《宗教與中國社會研究叢書（十四）：中國地方宗教儀式論集》，香港：香港中文大學崇基學院宗教與中國社會研究中心，2011，頁 349－368。

香港長洲潮州會館編輯：《香港長洲潮州會館二十周年會刊》，香港：香港長洲潮洲會館，1990。

《香港新界西貢大水坑成氏族譜》，香港：出版者缺，年份缺。

唐祁等編：《中國民族傳統節日辭典》，成都：四川辭書出版社，1990。

夏思義：〈對「抗租與迎神」一文的回應〉，《華南研究資料中心通訊》，2000，第 19 期，頁 7－10。

徐月清：《戰鬥在香江》，香港：《新界鄉情系列》編輯委員會出版，1997。

馬木池：〈十九世紀香港東部沿海經濟發展與地域社會的變遷〉，朱德蘭主編：《中國海洋發展史論文集》第八輯，台北：中央研究院中山人文社會科學研究所，2002，頁 73－103。

馬木池：〈元朗厦村鄉約甲戌年 (1994) 建醮考察報告（一）〉，《華南研究資料中心通訊》第一至十期（重排本），2002，頁 80－84（原文載第八期，1997 年 7 月 15 日）。

區達仁、張瑞威：〈粉嶺太平洪朝〉，《華南研究》，第 1 期，1994，頁 24－38。

常建華：《明代宗族研究》，上海：上海人民出版社，2005。

張珣：〈祭祀圈研究的反省與後祭祀圈時代的來臨〉，《台大考古人類學刊》，第 58 期，2002，頁 78－111。

許嘉明：〈松山建醮與社區〉，《中央研究院民族學研究所集刊》，第 25 號，1968，頁 109－153。

陳永海：〈國家、社會和新界義士的忘卻與記憶：史料、聲音及其條件〉（未刊稿），發表於香港科技大學華南研究中心及中山大學歷史人類學研究中心聯合舉辦「閱讀地方社會：文獻與分析」學術研討會，2002 年 6 月 3 日，香港科技大學。

陳國成編：《粉嶺地區史研究》，香港：三聯書店，2006。

陳蒨：《潮籍盂蘭勝會：非物質文化遺產、集體回憶與身份認同》，香港：中華書局，2015。

（彭氏）族譜編輯委員會編，1989《彭氏桂公祖系族譜》。

《彭氏家譜》（抄本，1971 年粉嶺樓彭錦華編錄，收於北區文獻第二冊）、《彭氏族譜》（抄本，收於粉嶺文獻第五冊）。

彭炳福：〈寶安縣粉嶺鄉彭族源流圖〉，載族譜編輯委員會編：《彭氏桂公祖系族譜》，1989，頁 59。

游子安：〈香港道教送瘟祈福法會及其辟瘟經文〉，《華南研究資料中心通訊》，第 32 期，2003 年 7 月，頁 21－27。

游子安編：《道風百年：香港道教與道觀》，香港：蓬瀛仙館道教文化資料庫，2002。

華南研究會幹事會：〈組織華南研究會花炮會緣起〉，《田野與文獻》（前《華南研究通訊》），第 19 期，2000，頁 11。

黃永豪：〈華南研究花炮會活動感言〉，《田野與文獻》（前《華南研究資料中心通訊》）第 19 期，2000，頁 12－13。

黃承業：《（南頭黃氏）維則堂族譜》，香港長洲，同治 11 年（1872）（1974 重印）。

圓玄學院三教大殿落成特刊編印委員會編：《圓玄學院三教大殿落成特刊》，香港：圓玄學院，1971，頁 1－2。

厦村鄉：《民國六十三年厦村鄉十年例醮功德簿》（抄本）。

廖迪生、張兆和、蔡志祥合編：《香港歷史、文化與社會》，香港：香港科技大學華南研究中心，2001。

廖迪生：〈由「聯鄉廟宇」到地方文化象徵：香港新界天后誕的地方政治意義〉，載林美容、張珣、蔡相煇合編：《媽祖信仰的發展與變遷》，台北：台灣宗教會：財團法人北港朝天宮，2001，頁 79－94。

廖迪生攝影和撰寫：《香港天后崇拜》，香港：三聯書店，2000。

趙思源堂編：《趙聿修先生哀思錄》，香港：趙思源堂，1975。

劉志偉編：《張聲和堂家族文書》，香港：香港科技大學華南研究中心，1997。

劉枝萬：《台北市松山祈安建醮祭典》，台北：中央研究院民族學研究所，年份缺。

劉枝萬：〈台灣台北縣中和鄉建醮祭典〉，《中央研究院民族學研究所集刊》，第 33 號，1972。

劉枝萬：《中國民間信仰論集》，台北：中央研究院民族學研究所專刊之二十二，1974。

劉枝萬：《台灣民間信仰論文集》，台北：聯經出版社，1983。

《劉權成道教文書》，藏香港科技大學華南研究中心。

《蓬迎仙館、青松仙觀合辦道教全真法會特刊》，1986。

蔡志祥：〈香港的傳統中國節日：節、醮、誕的比較研究〉，《華南研究》，第1期，1994，頁14－16。

蔡志祥：《許舒博士所藏商業及土地契約文書：乾泰隆文書1：潮汕地區土地契約文書》，東京：東京大學東洋文獻中心，1995。

蔡志祥：〈一九八五年春分日厦村鄧氏宗祠友恭堂祭祖記〉，《華南研究資料中心通訊》，第6期，1997，頁6－7。

蔡志祥：《打醮：香港的節日和地域社會》，香港：三聯書店，2000。

蔡志祥：〈一九八五年春分日厦村鄧氏宗祠友恭堂祭祖記〉，《華南研究資料中心通訊》第1至10期（重排本），2002，頁50－52（原文載第6期，1997年1月15日）。

蔡志祥：〈族群凝聚的強化：長洲醮會〉，載陳慎慶編：《諸神嘉年華：香港宗教研究》，香港：牛津大學出版社，2002，頁199－221。

蔡志祥：〈香港長洲島的神廟：社區與族群關係〉，載陳春聲、鄭振滿編：《民間信仰與社會空間》，福州：福建人民出版社，2003，頁354－381。

蔡志祥：〈從喃嘸師傅到道壇經生：香港的打醮和社區關係的演變〉，載林美容編：《信仰、儀式與社會》，台北：中央研究院民族學研究所，2003，頁367－395。

蔡志祥：〈開山宿老與英雄：歷史記憶與香港的移民、定居與糾紛的傳說〉，載賴澤涵、傅寶玉編：《義民信仰與客家社會》，台北：南天書局有限公司，2006，頁247－276。

蔡志祥：〈創造傳統：制度化宗教與香港新界厦村鄉約太平清醮的變

與恆〉，載林緯毅編：《民間文化與華人社會》，新加坡：新加坡亞洲研究學會，2006，頁 156。

蔡志祥：《城隍、厲鬼與明清國家規範》，載林緯毅編：《城隍信仰》，新加坡：新加坡韭菜芭城隍廟，2008，頁 49－63。

蔡志祥：〈模作他者：以香港新界東北吉澳島的節日、儀式和族群為中心〉，《歷史人類學學刊》，第 9 卷，第 2 期，2011 年 10 月，頁 65－88。

蔡志祥、韋錦新編：《延續與變革：香港社區建醮傳統的民族志》，香港：香港中文大學出版社，2014。

蔡志祥、韋錦新、呂永昇編：《儀式與科儀：香港新界地區的正一清醮與科儀》，香港：香港科技大學華南研究中心，2011。

蔡志祥、韋錦新、潘淑華編：《迷信話語：報章與清末民初的移風變俗》，香港：香港科技大學華南研究中心，2013。

鄧聖時編：《屏山鄧族千年史探索》，香港：自資出版，1999。

鄧裕鐘：〈友恭堂嘗產蠔田來源與管理〉，載《厦村鄉約甲寅年建醮特刊》，1974。

鄧廣賢：〈紮根南疆培育後代〉，載鄧聖時編：《屏山鄧族千年史探索》，香港：自資出版，1999。

鄭萃群：〈元朗新墟的創立及發展〉，《華南研究》，第 1 期，1994，頁 124－142。

黎志添：〈香港新界建醮儀式研究——道壇、道士及科儀本的歷史〉，載黎志添編：《香港及華南道教研究》，香港：中華書局，2005，頁 20－61。

霍達：〈水淹英勇祠〉，載鄧聖時編撰：《屏山鄧族千年史探索》，香港：自資出版，1999，頁 74－77。

謝顯通、杜光聖、林光慶、王明韻：〈圓玄學院籌備經過〉，載圓玄學院文牘組宣傳組編：《圓玄特刊》，香港：圓玄學院，1953，頁 7。

瀨川昌久：〈打醮：まつりにあらわれる香港の村の素顔〉，《季刊民族學》，第 33 期，1985，頁 33。

瀨川昌久：《中國人の村落と宗族》，東京：弘文堂，1991。

瀨川昌久：《客家：華南漢族のェスニシティ—とその境界》，東京：風響社，1993。

譚偉倫：〈中國東南部醮儀之四種形態〉，《歷史人類學學刊》，第 2 卷，第 3 期，2005 年 10 月，頁 1－26。

英文部分

Ahern, Emily. *The Cult of the Dead in a Chinese Village*, Stanford: Stanford University Press, 1973.

"Balance Sheet (of the Yuen Yuan Hok Yuen)", Company Registry no.4436, 1956 and 1998.

Baker, Hugh. "The Five Great Clans of the New Territories," *Journal of the Hong Kong Branch of the Royal Asiatic Society* 6, 1966, pp. 25-48.

Baker, Hugh. *A Chinese Lineage Village: SheungShui*, London: Frank Cass, 1968.

Brim, John. "Village alliance temples in Hong Kong," in Arthur P. Wolf, ed., *Religion and Ritual in Chinese Society*,Stanford:Stanford University Press, 1974, pp. 93-104.

Buekhardt, Valentine. R. *Chinese Creeds and Customs: a Compilation of the best-selling Trilogy*, Hong Kong: South China Morning Post, 1982 (reprint of 1953).

Chan, Selina Ching. "Selling the Ancestors' land: A Hong Kong

Lineage Adapts," *Modern China* 27(2), 2001, pp. 262-284.

Chan, Wing-hoi."Observations at the Jiu festival of Shek O and Tai Long Wan, 1986," *Journal of the Hong Kong Branch of the Royal Asiatic Society*, 26, 1986, pp. 78-101.

Chan, Wing-hoi."The Tangs of Kam Tin and their Jiu festival," *Journal of the Hong Kong Branch of the Royal Asiatic Society*, 29, 1989, pp. 302-375.

Chan, Wing-hoi. "Ordination names in Hakka genealogies: a religious practice and its decline," in David Faure and Helen Siu, eds., *Down to Earth: The Territorial Bond in South China,* Stanford: Stanford University Press, 1995, pp.65-82.

Cheung, Sidney C.H. "Martyrs, mystery and memory behind a communal hall," *Traditional Dwellings and Settlements Review*, 11(2), 2000, pp. 29-39.

Choi, Chi-cheung.*Descent Group Unification and Segmentation in the Coastal Area of Southern China*, unpublished Doctoral thesis, Tokyo University, December 1988, chapter 8.

Choi, Chi-cheung. "Re-enforcing ethnicity: the Jiao festival in Cheung Chau," in David Faure and Helen Siu, eds., *Down to Earth: The Territorial Bond in South China*, Stanford: Stanford University Press, 1995, pp. 199-221.

Connerton, Paul. *How Societies Remember*, Cambridge: Cambridge University Press, 1989.

Crane, Susan A. "Writing the individual back into collective memory," *The American Historical Review*, 102 (5), 1997, pp.1372-1385.

Dean, Kenneth. "Revival of religious practices in Fujian: a case study," in Julian Pas, ed., *The Turning of the Tide: Religion in*

China Today, Hong Kong: Hong Kong Branch of the Royal Asiatic Society & Oxford University Press, 1989, pp.51-78.

Dean, Kenneth. *Taoist Ritual and Popular Cults of Southeast China*, Princeton: Princeton University Press, 1993.

Duara, Prasenjit. "Superscribing Symbol: the Myth of Guandi, Chinese God of War," *The Journal of Asian Studies*, 47 (4), 1988, pp.778-795.

Eberhard, Wolfram. *Chinese Festival*, Taipei: The Orient Cultural Service, 1972, p.1-2.

"Extracts from Papers Relating to the Extension of the Colony of Hong Kong," Appendix 5, *Hong Kong Sessional Paper*, no. 9 of 1899.

Falassi, Alessandro, ed. *Time Out of Time: Essays on the Festival*, Albuqerque: University of New Mexico Press, 1987.

Faure, David. "Sai Kung, the Making of the District and its Experience during World War II," *Journal of the Hong Kong Branch of the Royal Asiatic Society*, 22, 1982, pp.164-65.

Faure, David. "The Tengs of Kam Tin: A Hypothesis on the Rise of a Gentry Family," in David Faure, James Hayes and Alan Birch, eds., *From Village to City: Studies in the Traditional Roots of Hong Kong Society*, Hong Kong: Centre of Asian Studies, Hong Kong University, 1984, pp. 24-42.

Faure, David. *The Structure of Chinese Rural Society: Lineage and Village in the Eastern New Territories, Hong Kong*, Hong Kong: New York: Oxford University Press, 1986.

Faure, David. "Lineage as a Cultural Invention: The case of the Pearl River Delta," *Modern China,* 15(10), 1989, pp. 4-36

Faure, David. "The emperor in the village: representing the state in South China" in Joseph P. McDermott, ed., *State and Court Ritual in China*, Cambridge: Cambridge University Press, 1999, pp. 274-275.

Faure, David. *Emperor and Ancestor: State and Lineage in South China*, Stanford: Stanford University Press, 2007.

Faure, David and Lee Lai-mui."The Po Tak Temple in SheungShui Market," *Journal of the Hong Kong Branch of the Royal Asiatic Society*, 22, 1982, pp.271-279.

Freedman, Maurice. *Chinese Lineage and Society: Fukian and Kwangtung*, London: Athlone Press, 1966.

Freedman, Maurice. "Ancestor Worship: Two Facets of the Chinese Case" in Maurice Freedman, ed., *Social Organization: Essays Presented to Raymond Firth*, London: Aldine, 1967, pp. 85-103.

Getz, Donald. *Festivals, Special Events and Tourism*, New York: Van Nostrand Reinhold, 1991.

Halbwachs, Maurice. *On Collective Memory*, Lewis A. Coser, eds. and trans., Chicago and London: The University of Chicago Press, 1992.

Haviland, William. *Cultural Anthropology* (10th edition), Orlando: Harcourt Inc., 2002, Chapter 2.

Hayes, James. *The Hong Kong Region: 1850-1911: Institutions and Leadership in Towns and Countryside*, Hong Kong: Hong Kong University Press, 2012.

Hayes, James. *The Rural Communities of Hong Kong: Studies and Themes*, Hong Kong: Oxford University Press, 1983.

Hinton, William J. "Cheung Chow: Long Island," (1929), reprinted in *Journal of the Hong Kong Branch of the Royal Asiatic Society*, 17, 1977, pp. 130-143.

Hong Kong Government, ed., *Hong Kong 1960*, Hong Kong Government Press, 1961.

Hong Kong Sessional Papers, 1911, no. 103 (26 and 38), Hong Kong: Hong Kong Government.

Hong Kong Government Blue Book, 1906, pp. V2-V11.

Hong Kong Government, *Gazetteer of Place Names in Hong Kong, Kowloon and the New Territories*, Hong Kong: Government Printer, 1960.

Honig, Emily. *Creating Chinese Ethnicity: Subei People in Shanghai 1850-1980*, New Haven and London: Yale University Press, 1992.

Hsu, Francis L.K. *Exorcising the Trouble Makers, Magic, Science, and Culture*, Westport, Connecticut: Greenwood Press, 1983.

Hutchinson, John and Anthony D. Smith, eds., *Ethnicity*, Oxford, New York: Oxford University Press, 1996.

Johnson, Elizabeth. *Recording a Rich Heritage: Research on Hong Kong's "New Territories,"* Hong Kong: Hong Kong Heritage Museum, 2000.

Kani, Hiroaki. *A General Survey of the Boat People in Hong Kong*, Hong Kong: Southeast Asia Studies Section, New Asia Research Institute, Chinese University of Hong Kong, 1967.

Law, Joan and Barbara Ward.*Chinese Festivals in Hong Kong*,Hong Kong: South China Morning Post, 1982.

Mathias, John R. G. *A Study of the Jiao: A Taoist Ritual in Kam Tin in the Hong Kong New Territories*, unpublished PhD thesis, Oxford University, 1977.

"Memorandum of the Yuen Yuan Hok Yuen" Company Registry,

no.4436, 1956, item (i).

Middleton, David and Derek Edwards, eds. *Collective Remembering*, London, Newbury Park, New Delhi: Sage Publication, 1990.

Palmer, Martin, ed. *T'ung Shu: the Ancient Chinese Almanac*, Kuala Lumpur: Vin Press, 1986.

Potter, Jack M. *Capitalism and Chinese Peasant: Social and Economic Change in a Hong Kong Village*,Berkeley: University of California Press, 1968.

"Report of the Census of the Colony for 1911," *Hong Kong Sessional Paper*, no. 17 of 1911.

Sahlins, Marshall D. "The Segmentary lineage: an Organization of Predatory Expansion," in Ronald Cohen and John Middleton, eds., *Comparative Political Systems: Studies in the Politics of Pre-industrial Societies*, New York: The Natural History Press, 1967, 89-119.

Saso, Michael. *Taoism and the Rite of Cosmic Renewal*, Washington: Washington State University Press, 1972.

Schipper, Kristofer. "The written memorial in Taoist ceremonies," in Arthur Wolf, ed., *Religion and Ritual in Chinese Society*, Stanford: Stanford University Press, 1974, pp.309-324.

Schipper, Kristofer. "Vernacular and Classical Ritual in Taoism," *Journal of Asian Studies* 45(1), 1985, pp. 21-57.

Siu, Helen. "Recycling Ritual: Politics and Popular Culture in Contemporary Rural China" in Link Madsen and Paul Pickowicz, eds., *Unofficial Culture: Popular Culture and Thought in the People's Republic*, Boulder, San Francisco, London: Westview Press, 1989, pp.121-137.

Siu, Helen. "Recycling tradition: Culture, History, Political Economy in the Chrysanthemum festivals of South China," *Comparative Studies in Society and History*, 32(4), 1990, pp. 765-794.

Siu, Helen. "Community festivals in post-Mao South China: economic transformation and cultural improvisation," in Lo Chi Kin, Suzanne Pepper, and Tsui Kai Yuan, eds., *China Review1995*, Hong Kong: The Hong Kong University Press, 1995.

Sung Hok-pang. "Legends and Stories of the New Territories: Kam Tin," reprinted in the *Journal of the Hong Kong Branch of the Royal Asiatic Society*, 13, 1973, pp. 110-32, and 14, 1974, pp. 160-185.

Taylor, W.A. 1953 (Dec.) "The Spirit Festival", *Wide World Magazine*,（轉載自《長洲玄天上帝庚申年太平清醮會景巡遊大會特刊》，1980，頁 39－41。迄 1984 年，本文在每屆的特刊中轉載）。

Tsui, Bartholomew. *Taoist Tradition and Change: The Story of the Complete Perfection Sect in Hong Kong*, Hong Kong: Christian Study Centre on Chinese Religion and Culture, 1991.

Watson, James. *Emigration and the Chinese Lineage: The Mans in Hong Kong and London*,Berkeley:University of California Press, 1975.

Watson, James. "Funeral Specialists in Cantonese Society: Pollution, Performance, and Social Hierarchy," in James Watsons and Evelyn Rawski, eds., *Death Ritual in Late Imperial and Modern China*, Berkeley: University of California Press, 1988, pp. 109-134.

Watson, James. "Fighting with Operas: Processionals, Politics, and the Spectre of Violence in Rural Hong Kong," in David Parkin, Lionel Caplan and Humphrey Fisher, eds., *The Politics of Cultural*

Performance: Essays in Honour of Abner Cohen, London: Berghahn, 1996, pp. 145-159.

Watson, James. "Killing the Ancestors: Power and Piety in the Cantonese Ancestor Cult," in James Watson and Rubie Watson, eds., *Village Life in Hong Kong*, Hong Kong: Chinese University Press, 2004, pp. 443-451.

Watson, Rubie. *Inequality among Brothers: Class and Kinship in South China*, Cambridge: Cambridge University Press, 1985.

Wesley-Smith, Peter. "The Kam Tin Gates," *Journal of the Hong Kong Branch of the Royal Asiatic Society*, 13, 1973, pp. 41-44.

Wesley-Smith, Peter. *Unequal Treaty: 1898-1997*, Hong Kong: Oxford University Press, 1980.

Wolf, Arthur. "Gods, Ghosts and Ancestors," in Arthur Wolf, ed., *Religion and Ritual in Chinese Society*, Stanford: Stanford University Press, 1974, pp.131-182.

Yao, Souchou. *Class, Culture and Structural Domination in a Colonial Situation: Changing Community Leadership on Cheung Chau Island, Hong Kong*, Adelaide: University of Adelaide, 1983.

酬神與超幽 下卷

1980年代香港新界清醮的影像民族志

蔡志祥 著

中華書局

序

二

在田野中的歷史：1980 年代香港新界的清醮儀式與影像民族志

本圖錄試圖從影像的角度讓讀者一方面體驗 1980 年代在香港舉辦的醮，另一方面通過比較過去和現在，梳理出節日儀式和鄉村社會的發展過程。

從 1830 年代開始，攝影和攝影技術經過一個多世紀的發展，從成本昂貴的、器材累贅的、保存困難的屬於上層社會的逸樂工具，發展到二十一世紀攝影器材多元化、照片數碼化以及攝影成本大幅降低，攝影成為人們日常生活不可缺少的部分。對於影像的獲取，也有着不同的意圖和理解。

在田野中的民族志攝影，有兩個重要的功能：那就是記錄和捕捉變遷。在攝影的背後，隱含了攝影者希望利用圖像顯示不絕的過去，試圖用「他者之目」，留住「真確」的記憶。早期的人類學攝影是鋪排的、有意識的靜態攝影。攝影人類學家波特曼（Maurice Vidal Portman）在 1895 年寫的《給人類學家的攝影》中指出，「任何原住民的生活都可以通過拍照，反映其真確性」（Portman 1895: 76）。被攝影的原住民必須安排好適當的位置，「身軀必須挺直、雙眼正視平行水準的物件」（Portman 1895: 76）。波特曼指出，最有效的田野民族志是附上說明的照片以及用繪畫畫出不能被照片收羅的人物景象。十九世紀末膠卷照相機的出現，是攝影走向普及化的第一步，同時也推進了動態的攝影記錄。二十世紀初期的人類學家如馬林諾夫斯基（Bronislaw Malinowski）、瑪嘉烈特・米德（Margaret Mead）等，研究異民族的文化生活。他們在對異文化的好奇心驅動下，用圖像來記錄筆墨不能形容的異地河山和非我族類的人事物態。這樣的對圖像的應用，也應用在十九世紀中、後期和二十世紀上半葉殖民帝國的攝影，如英國人對西藏的攝影或日本人對台灣高山族的攝影。對異文化的好奇，也促使圖像明信片的流行，為在異地的旅行者提供可資記憶的影像。

1980 年代可以說是田野攝影的一個轉折時代。一方面數碼化相機雖然在 1975 年面世，然而低像素的照片並未能取代膠卷攝影。另一方面在 1990 年軟體修圖（Photoshop）技術出現以前，照片沖印仍然依賴黑房技術。因此，1990 年代以前，素人的攝影，必須有專業技術的支援，從而令到攝影成本增加，也限制了攝影的庶民化和普及化。同時，技術的限制也令捕捉節日等動態的、不可重複的活動時，必須小心翼翼的選擇有高度的「代表性」或美感的圖像。事實上，和二十一世紀相比，一個很大的差異就是 1980 年代在香港新界進行田野調查時，擁有照相機的鄉民仍然寥寥可數。鄉民的攝影主要在於通過拍攝，保留節日的一鱗片爪。系統的田野記錄仍然依靠筆記本，圖像只是補充的工具。

1980 年代是香港新界的節日的轉折時代。一方面鐵路電氣化把都市和鄉村拉近，促進了新界的發展，令到新界地方的土地價值以及經濟力量提升。同時 1960 年代移民英國和歐洲的新界鄉民，也開始回饋鄉村。在 1980 年代，這些第一批的移民開始回饋鄉村，在重要的節日，不但承包航機返鄉，而且把演劇、舞龍舞獅等在節日中原有的慶祝活動更加規模化。如吉澳 1976 年的清醮活動的總支出約港幣 167,000 元，2006 年為 400 餘萬元（1978 年大學助教的薪酬約 3,000 元，2009 年約 15,000 元，即增加五倍），較一般的生活指數增加不少。財政的增加，不僅把節日的世俗性活動強化，而且也重新詮釋了儀式的意義。1980 年代初的《中英聯合聲明》，也促使尤其是在都市居住的居民，尋求可以代表香港本土的文化資源。新界的打醮、盆菜、許願樹等和傳統節日有關的元素，也逐漸從都市居民眼中的他者的異文化，在 1997 年香港回歸中國前後，徐徐發展成為香港本土的文化資源。

從儀式和儀式執行人的角度來看，1980 年代是組織的、制度化的宗教力量開始走出宮觀，進入鄉村的轉折時代。他們和原來服務鄉村的儀式執行人競爭，而且也逐漸改變了儀式的內容和詮釋。

節日攝影的基本問題是儀式和活動是動態的、非重複的，而且是社區不同層面同時行動的。對於在田野中的考察者來說，時間、成本和目的主導了 1980 年代田野攝影的內容。因此，同一節日的跨地域比較，可以說是記錄和復原 1980 年代的節日的最好方法。

在以上的背景下，本書主要以 1980 年代筆者在香港新界地方觀察的四個太平清醮為切入點，探索在攝影器材多元化、照片數碼化以及攝影成本大幅降低以前，影像可以怎樣輔助在田野中的研究。同時，藉此討論研究者可以怎樣通過影像，從比較的角度，理解周期性的儀式節日的延續、調整和變化。

這四個太平清醮分別是 1981 年林村鄉約，也是我第一個觀察的完整的太平清醮；1983 年在荔枝窩的沙頭角慶春約、南涌鹿港共同舉辦的南鹿約太平清醮以及 1984 年厦村鄉約的太平清醮。它們代表了（1）正一道士的儀式以及圓玄學院的全真和儒門儀式；（2）不同地域組成的儀式，以及（3）不同規模的太平清醮。我們期待讀者在文字以外可以透過圖片，理解節日的歷史發展過程。

本圖錄共分為四章，希望讀者不僅可以通過圖片理解在攝影大眾化以前太平清醮的樣貌形態，同時思考在宏觀環境變動下傳統節日的生命力。第一章從儀式的順序，記錄正一清醮的內在邏輯。第二章探討在正一儀式的同一性的背景下，地域之間的差異。第三章展示 1980 年代全真道統的清醮儀式，嘗試指出鄉村社會重視的元素，並沒有因為儀式執行人的不同而改變。第四章說明太平清醮的非物質文化遺產元素，提示在二十一世紀非物質文化遺產的話語下，追蹤、比較 1980 年代的記錄和變遷的可能性。

蔡志祥

參考資料

Grossman, Alyssa, "Filming in the Light of Memory" in Christian Suhr and RaneWillerslev, eds., *Transcultural Montage*, New York: Berghahn Books, 2013.

Mead, Margaret and Frances C. Macgregor, *Growth and Culture, A Photographic Study of Balinese Childhood*, New York: G.P. Putnam's Sons, 1951.

Mead, Margaret, "Some uses of still photography in culture and personality", in D.G. Haring, ed., *Personal Character and Cultural Milieu*, Syracuse: Syracuse University Press, 1956, pp.79-205

Portman, M.V., "Photography for Anthropologists", *The Journal of the Anthropological Institute of Great Britain and Ireland*, vol. 25, 1986, pp.75-87

Szarkowski, John, *The Photographer's Eye*, London: Secker & Warburg, 1966.

楊以囝：〈攝影人類學：圖像、媒介、身體、社會〉，《廣西民族大學學報（哲學社會科學版）》，第 40 卷，第 5 期，2018 年 9 月，頁 8－17。

目錄

第一章

正一清醮儀式的內在邏輯

1980 年代在香港新界鄉村舉行的醮，主要是俗稱「喃嘸」的在家道士執行的「正一清醮儀式」。正一清醮儀式又分三種，一天的稱為「洪文清醮」，三天四夜或四天五夜的稱為「太平清醮」，五天六夜的稱為「羅天大醮」。然而，從鄉民的角度，一天的俗稱「化衣」。其他的，大部分圍村統稱太平清醮。一些客家村落則稱之為「安龍清醮」。醮儀一般用五至九名喃嘸，其中五名會在大榜（或稱金榜、人緣榜）上簽押，當中包括位置最尊崇的高功在內。由於醮儀需要多名喃嘸執行儀式，而社區本身一般未能提供足夠的有資格的喃嘸，因此從儀式執行人的角度來看，醮必然是跨境而且具備同質性。

典型的香港新界正一派醮儀，大概包括正醮前三次的上表儀式；正醮前一日的取水、揚幡和開壇啟請儀式；正醮開始後分燈禁壇、祭小幽、啟人緣榜、迎聖、走赦、放生、祭大幽以及每天的三朝三懺儀式；正醮完畢後的酬神和行符儀式等。

嘯醮強調建醮的主要目的是「保境酬恩、許願酬還」。醮是為了一個特定社區和人群，在一個特定的周期執行的過渡儀式。這些儀式，有一定的基本架構和程序。由邀請各界神祇（上表）、劃定被庇佑、保護的社區範圍（取水、揚幡）、為社區群體懺悔（三朝三懺）、被庇佑的群體迎接玉皇等大神參與醮事（啟榜、迎聖）、從而得到神祇赦免罪行（走赦）、行善（祭幽、放生）以至去污穢迎吉祥（行符）等醮的儀式都有一定的合理次序，不能混亂。例如玉皇必須由有份者迎接，他們的罪孽必須借玉皇之力而獲赦免，因此，迎鑾儀式必須在啟榜儀式之後、走赦儀式之前。同時，醮事的舉行，是社區報答神祇在一個周期內賜予的恩典、祈求與神祇再次訂立契約關係，庇佑社區中的人群。因此周期性的醮具備兩重意義，那就是祈禳和祈報的關係。這兩種關係與皇朝國家對民間信仰的控制有密切的關係。

儀式的準備

在正醮舉行之前，須要進行一系列的儀式。除了搭棚、齋廚、戲班等各有其施工前的儀式外，與打醮有關的準備儀式還包括三次通知及邀請各界神明的「上表」儀式、將特定社區的共同生活範圍劃定的「揚旛」、「取水」，以及請迎神明的「迎神」儀式。

取水

「取水」是到象徵着社區內最潔淨的河中，取水回到醮壇的儀式。理論上這些水經符籙去穢、密封之後，會放在喃嘸壇內的三清壇上。待打醮完畢，鄉民即會分「龍水」回家煮用。然而，近年來由於河水污染的關係，如龍躍頭等地已改用自來水。

取水前在河邊的儀式　1984 年　廈村

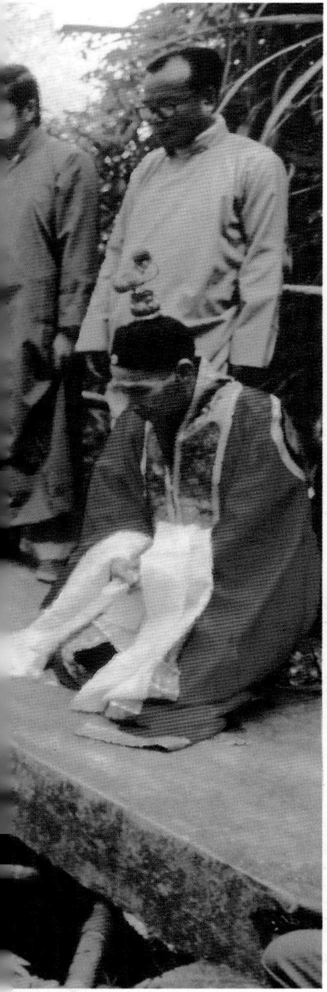

取水後用符封龍缸　1984 年　厦村

1983 年，龍躍頭還是用龍缸。取水後，龍缸放在道壇桌上
1983 年　龍躍頭

現時有些村落會採用較簡單的器具盛載龍水　1993 年　龍躍頭

放在道壇桌下盛載龍水的器具　1993 年　龍躍頭

迎神登壇

正醮開始之前，所有社區內有份打醮的村落中的神明，都會被邀請到醮棚之內。一般來說，對整個社區都重要的廟的主神，才會由喃嘸及緣首聯同請迎。各村鄉自身的神明，無論是廟神或土地神，皆由該村鄉的紳耆負責請迎，但有些鄉村也會通過喃嘸迎請。

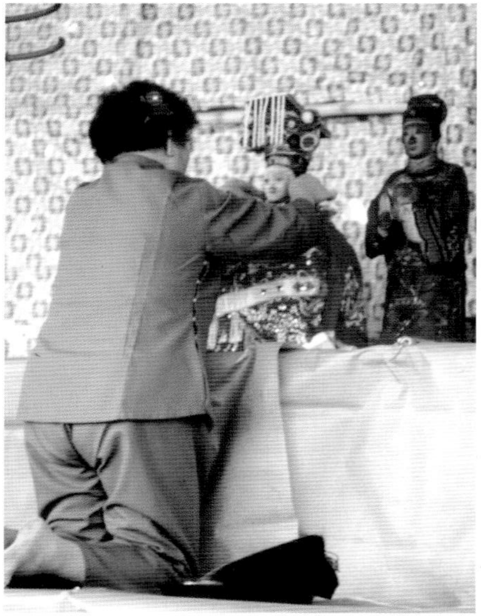

請天后：鄉村婦女為天后「裝身」
1984 年　廈村

緣首正進行請神工作　1984 年　厦村

喃嘸請神　1984 年　厦村

鄉民把不能搬動的神明，寫在紅紙上，請到醮棚　1981 年　林村

把請來的神明安放在臨時搭建的神棚　1984 年　廈村

揚旛

「揚旛」是豎立竹竿的儀式。從儀式的角度，這是用來招引孤魂野鬼來到醮棚，接受分衣施食。梁仲師傅認為「通常一晚功德，豎一支旛，三日的話，三支旛。五支旛就看是否需要，比如五日六夜的功德可能會用」。[1] 然而，據田野的觀察，大抵除了長洲有九支旛竿外，一般來説，旛竿的數目是五支，分別代表了東、南、西、北、中五個方位。旛竿豎立的範圍一般是醮棚的範圍。

準備旛竿　1981 年　林村

1　蔡志祥、韋錦新、呂永昇主編：《儀式與科儀》，香港：香港科技大學華南研究中心，2011 年，頁 43。

旛竿頂上掛上燈籠，指引孤魂野鬼到來醮棚　1981 年　林村

每支旛竿之下，有守旛童子的神位，以管理到來的幽鬼
1981 年　林村

太平清醮
太平清醮
太平清醮
太平清醮
酧謝神恩
敬賀

揚旛儀式　1984 年　厦村

上表

「上表」是喃嘸師傅代表鄉村邀請各界神明的「上表」儀式。大部分村落都是上三次表。最後一次，即「上三表」，是在醮事正式開始前進行

上三表 1981 年 林村

正醮儀式

打醮從「開壇啟請」開始，喃嘸師傅通過「三朝三懺」、「分燈禁壇」、「祭小幽」、「啟榜」、「迎聖」、「禮斗」、「走文書」、「放生」、「祭大幽」等宗教儀式，為鄉村社區向神明懺悔，向生者、死者以至游魚飛鳥施善，從而得到上蒼赦免其過去的罪孽，庇佑這些社區中的鄉民。

開壇啟請

「開壇啟請」是邀請道教教主張天師和道教至高的三清（上清、玉清和太清）到臨壇場，分別引見緣首及眾喃嘸，並且分配掌符、掌印等職務的儀式。開壇啟請之後，醮事便正式開始。這時，禮生扮演了引進代表神明的道士和代表鄉民的緣首的角色。

禮生 1981 年 林村

三朝三懺

「三朝三懺」是指每日早、午、晚三次的行朝和拜懺。行朝是指向醮棚內諸神衹供飯拜香火的儀式。拜懺是由喃嘸代表鄉民，向上界諸神懺悔，祈求赦免在過去一個周期內所犯罪孽的儀式。最後一天的晚朝，稱為「謝旛」，即朝旛之後，把守旛童子的神位燒掉，拿下燈籠，讓孤魂野鬼在祭大幽時，饗宴分衣。

拜大士（又稱「鬼王」）
1984 年　廈村

拜旛公
1984 年　厦村

1981 年　林村

拜灶君　1984 年　厦村

分燈禁壇：分燈進燭

「分燈禁壇」是分燈進燭、禁壇打武的略稱，一般是在建醮初日晚上進行（五朝醮是在啟請之翌日晚上）。「燈」發音與「丁」相近。儀式是以代表玉清的蠟燭分別點燃代表上清和太清的蠟燭，再以它們分點其他蠟燭。就如太極生兩儀、兩儀生四象、四象生八卦一樣，意味着社區內的人丁生生不息。點燃着的蠟燭再由緣首拿到神壇（如厦村鄉約）或城隍（如龍躍頭）之前，就如鄉村社區的人丁，在神前登記一樣。

在三清壇前進行分燈儀式
1981 年　林村

蠟燭由喃嘸交予緣首　1984 年　廈村

點燃着的蠟燭象徵生生不息的香火　1984 年　廈村

分燈禁壇：禁壇打武

「禁壇打武」是將喃嘸棚潔淨的儀式。喃嘸的首腦「高功」請來五方兵馬，以及龍、虎二將來保護壇場，不讓邪惡污穢及入侵象徵宇宙世界、進行儀式的主要地方。

高功左手拿符水、右手持劍，召將保護壇場
1984 年 厦村

祭小幽

「祭小幽」是小規模的祭幽活動，須化衣三十六份。法事只由一名喃嘸擔當。祭小幽主要是一個分衣施食的儀式，而非如祭大幽一樣有超度的作用。祭小幽儀式在城隍像前舉行，也許是繼承明清以來鄉厲的傳統。

喃嘸穿上淨衣，進行分衣施食 1993 年 龍躍頭

啟榜

「啟榜」和「迎聖」儀式進行當天，也是打醮的正日。啟榜是把登記着有份參加打醮的人的名字的榜，如金榜題名一樣，貼示出來。人緣榜之外，在正醮日還張貼了一些其他的榜，如款榜、職榜和大小幽榜。款榜是告訴鄉民建醮期間每天進行些什麼儀式，職榜則寫上每一位道士的職位和負責的工作，現時很多地方都沒有了。大小幽榜是吩咐幽魂要守規矩的告示，大的貼在牆上，小的貼在大士棚內。

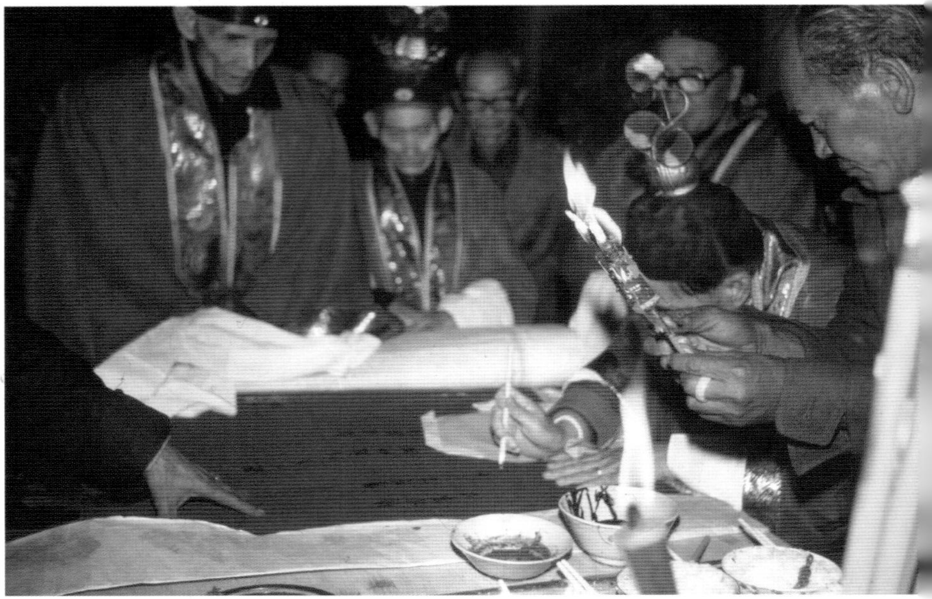

「啟榜」儀式　1981 年　林村

有職位的喃嘸在榜上簽名　1984 年　厦村

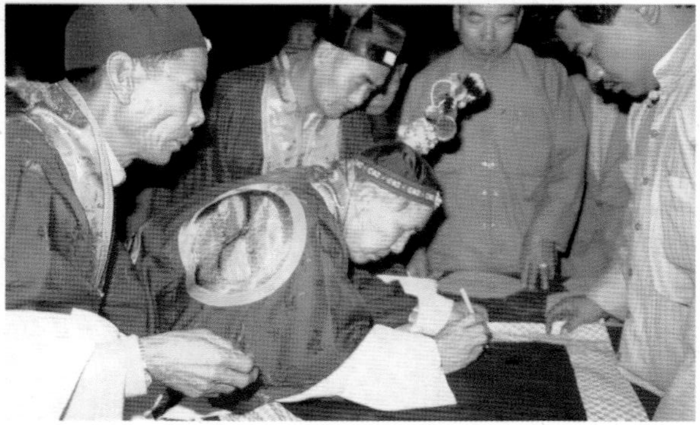

代表鄉民的緣首
也要簽名
1984 年　廈村

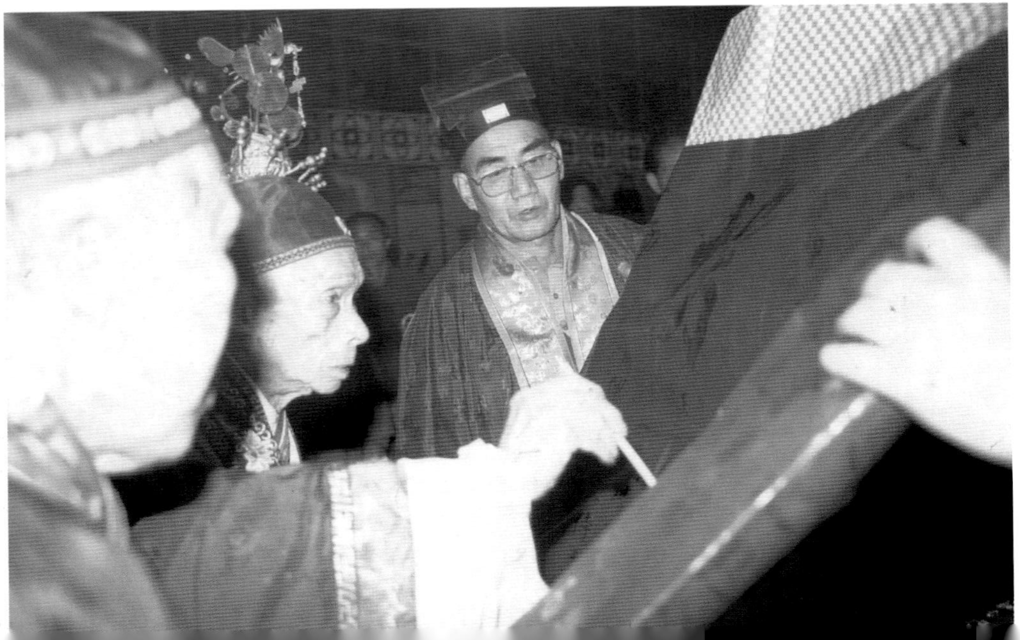

簽名完畢後，
高功在榜上畫押
1984 年　廈村

代表神明的喃嘸把人緣榜交到代表鄉民的緣首

1981 年　林村

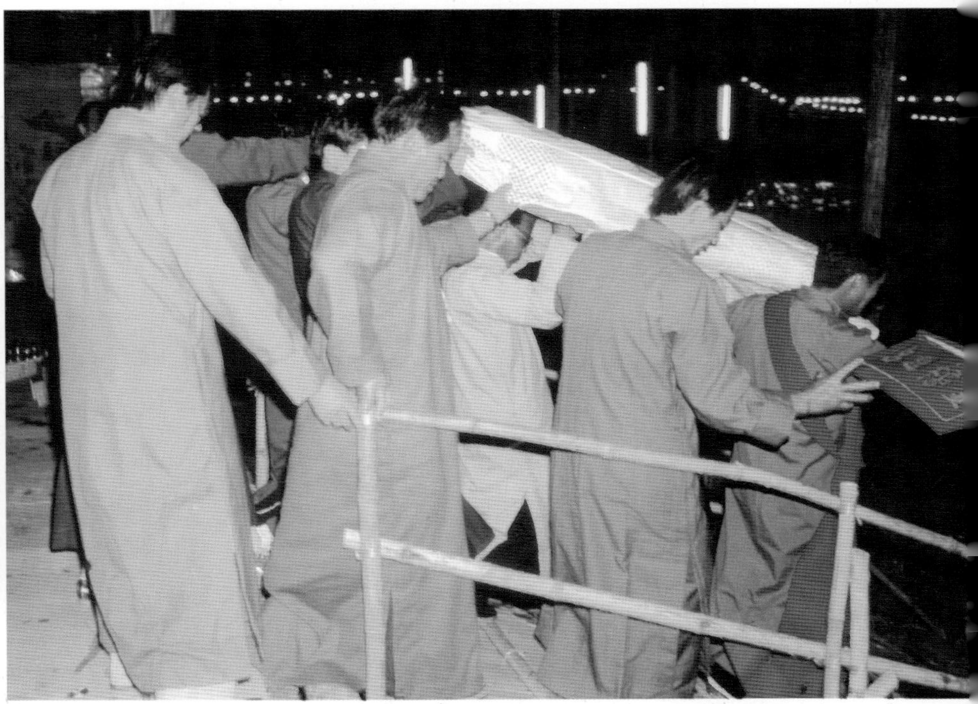

1984 年　廈村

人名須用雞冠血潔淨，然後由喃嘸誦唸榜上的人名 1981 年 林村

鄉民會很仔細看榜上有沒有錯漏
1984 年 厦村

大幽榜和款榜　1983 年　龍躍頭

迎聖

「迎聖」儀式是在正醮日「啟榜」儀式當天的晚上舉行。由道教系統中最崇高的三清、管理地方鬼神的城隍、社區最重要的廟宇的主神，以及在人緣榜上有名字的鄉民，迎接三界四府高真前來參加醮事。

三清　1981 年　林村

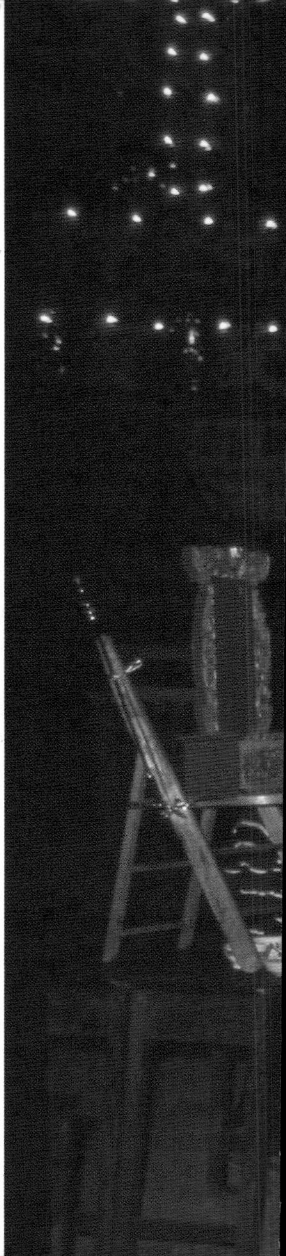

城隍是迎聖儀式的主禮神明　1981 年　林村

天門，又稱「迎聖樓」 1981 年　林村

迎聖儀式
1984 年　厦村

走文書

「走文書」，又叫「走社書」或「走赦書」。這是一個祈求上界諸神赦免鄉民在過去一個周期所犯罪孽的儀式。

赦書是一卷黃色的卷軸，綑紥在騎在紙馬上的使者背部上。赦書寫上所有有份參與建醮的鄉民名字
1993 年 龍躍頭

由鄉中能跑的青年，在醮棚或鄉村裏疾走一圈
1993 年　龍躍頭

放生

鄉民受赦之後，要向天、地、水三界行善。放生儀式指把飛禽、游魚放生的善行。

放生飛鳥游魚的儀式

1993 年　龍躍頭

1984 年　廈村

1984 年　厦村

祭大幽

「祭大幽」是一個整合道教與佛教的宗教慈善儀式，向幽鬼分衣施食、超度往生的善行，在正醮最後一個晚上舉行。儀式進行時會通過佛教的放焰口、破地獄儀式，釋放各類孤魂前來幽壇聞經聽道，受甘露法食，讓它們得道超生。儀式完成之後，化衣紙、施齋飯，並於分衣施食後把幽鬼送走，鬼王的角色亦告完成，可焚化送走，之後受庇佑的社區便再沒有鬼魅擾人。社區也從此由至「陰」的境況，邁進「陽」氣的領域。

祭幽台 1984年 厦村

高功戴上法冠後，化身為地藏王菩薩　1984 年　廈村

打手印，釋放煉獄孤魂

1984 年　廈村

1981 年　林村

分衣施食
1981 年　林村

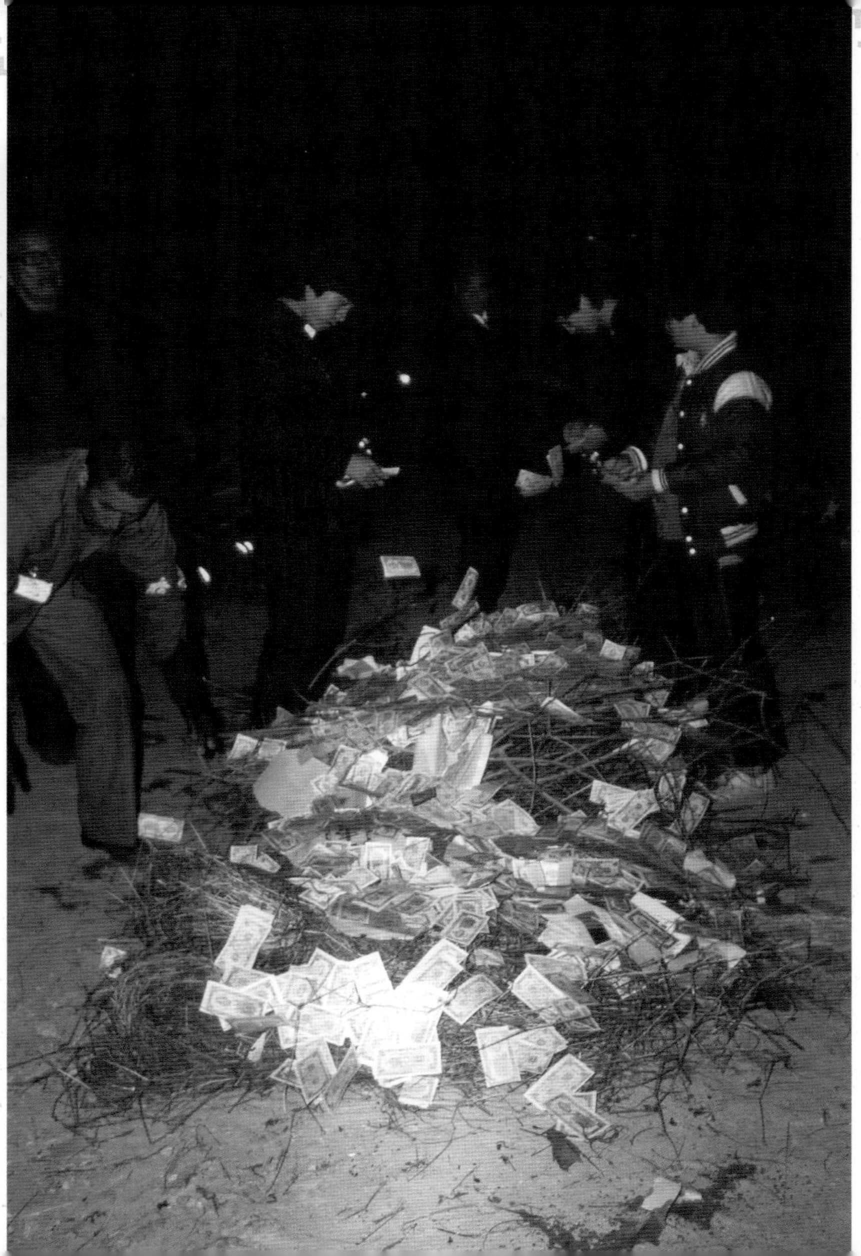

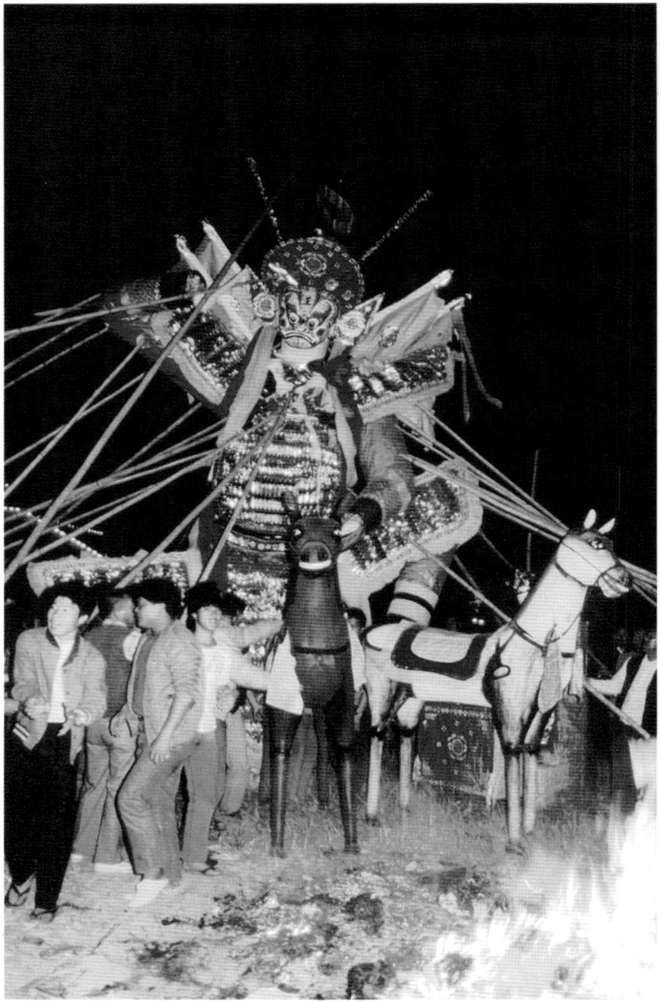

祭祀完畢，鬼王的任務也完成。
鄉民把城隍和人緣榜以外的紙紮神像和物品焚化
1984 年　厦村

正醮後的儀式

　　醮的其中一個主旨是「保境酬恩、許願酬還」。正醮之後的第一天，也是社區潔淨後的第一天。喃嘸師傅為鄉民在城隍像前感謝神恩，許願社區吉祥康泰，祈求神明在新的一個周期，繼續保佑鄉民。這是和神明訂立契約關係的儀式。「酬神」之後，緣首把所有神明送回，然後進行「行符」或俗稱「扒船拉鴨」的儀式。行符儀式是到各個有份建醮的各家各戶，收集象徵性的髒物，帶到村落邊界焚化送走。

酬神

卸榜：酬神前要把人緣榜卸下　1984 年　厦村

酬神儀式　1984 年　厦村

喃嘸師傅為鄉民向城隍許願
1993 年　龍躍頭

化榜　1984 年　厦村

1993 年　龍躍頭

迎神與送神
1993 年　龍躍頭

行符

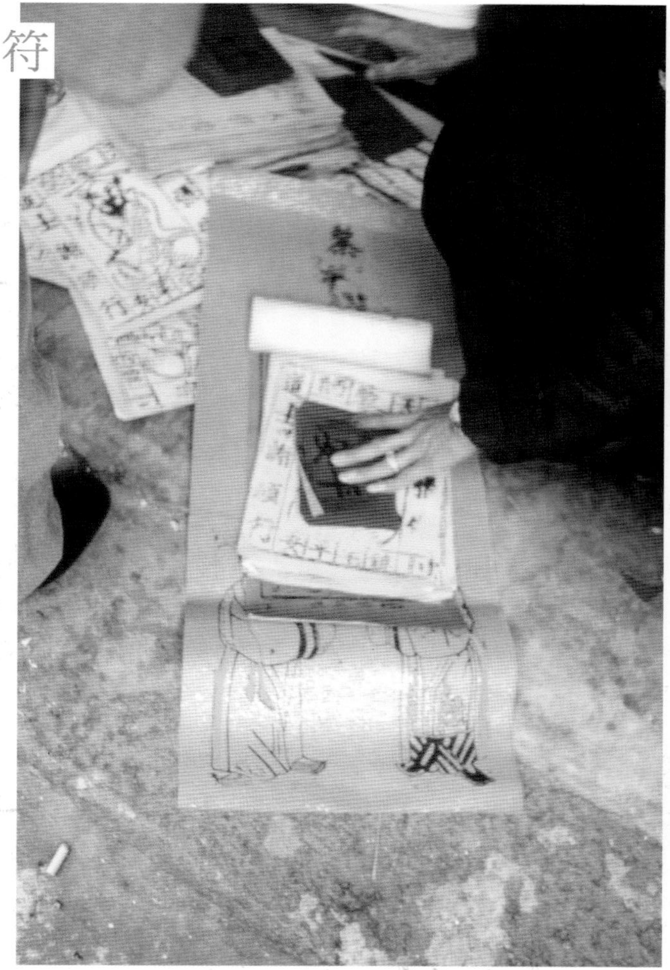

各種符紙　1981 年　林村

準備進行行符儀式　1981 年　林村

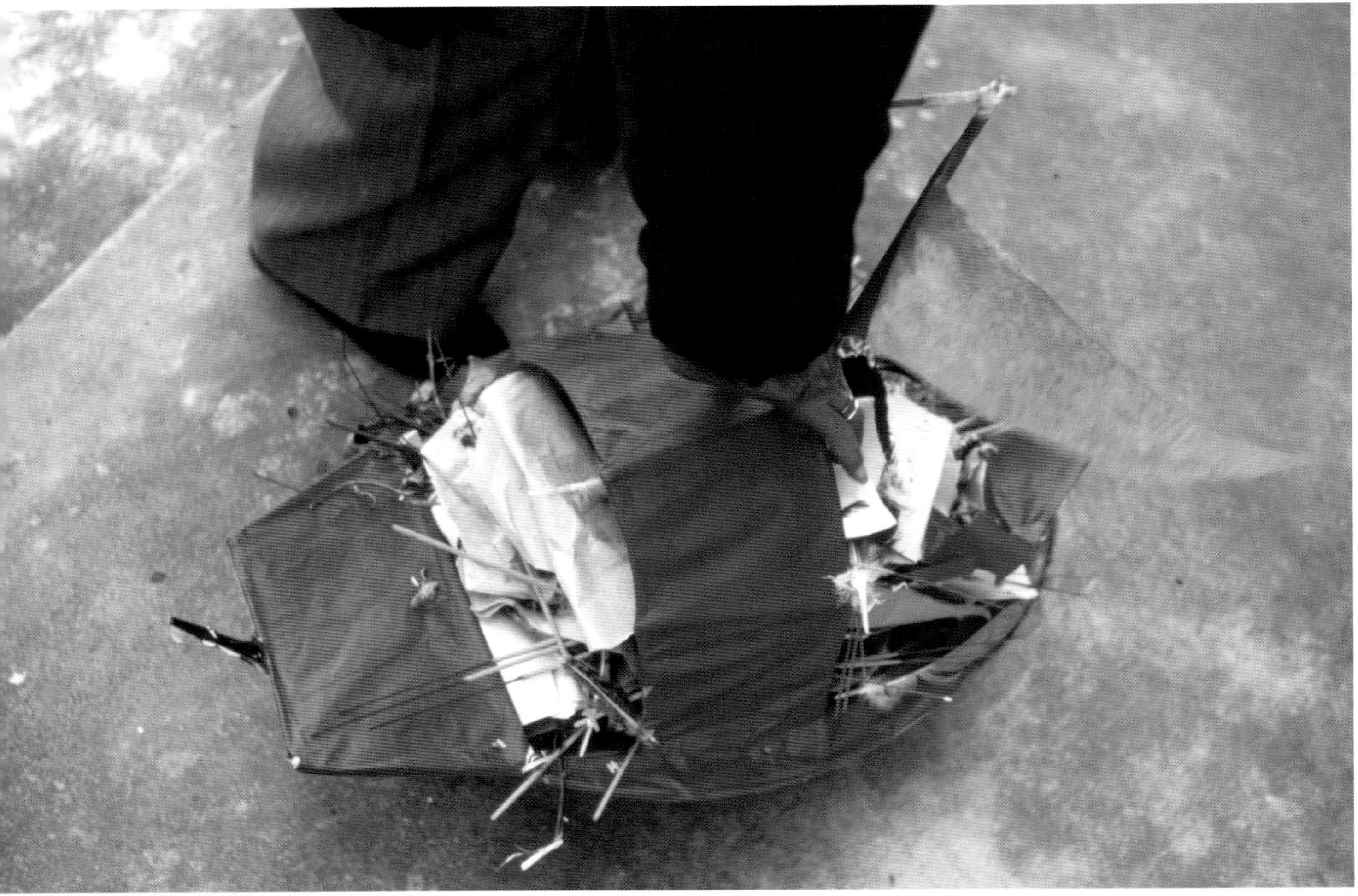

把象徵性的髒物倒在紙船上 1981 年　林村

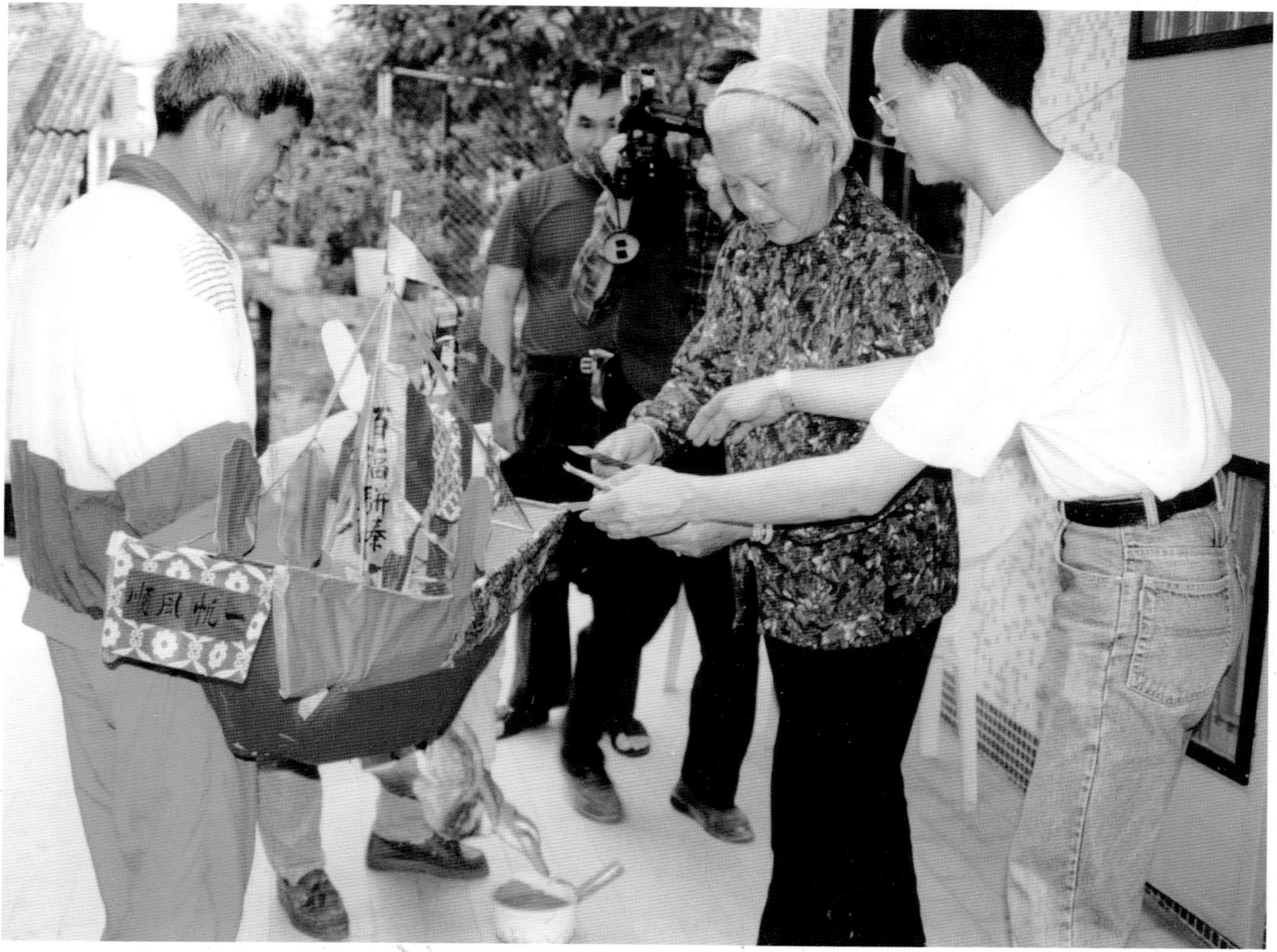

1993 年　龍躍頭

在村落邊界焚化紙船
1984 年　厦村

盛載象徵髒物的紙船正在焚燒
1993 年　龍躍頭

第二章

一處鄉村一處例

1980年代香港新界地區的打醮，很多都是由龍虎山天師派的喃嘸執行正一清醮的儀式。儀式的程序和內容有一定的邏輯性。為香港新界鄉村執行醮儀的喃嘸，並沒有從屬於宮觀。他們一般是家庭式的作業，缺乏龐大的、制度性的組織支援。喃嘸主要服務自身居住的鄉村以及鄰近地方，執行紅、白事儀式。各個喃嘸掌握本身所在鄉落的需要，強調鄉落差異和勢力範圍。由於喃嘸師傅受聘於鄉民，與鄉民有主僱的關係，因此時常須要因應個別鄉村社區的習慣、習俗以至經濟條件，增減儀式的程序或內容。鄉村自身也因為其組成原理的差異、歷史發展的不同，對醮事的要求也有所不同。「一處鄉村一處例」是喃嘸師傅默許世俗干預的對應方法，同時也體現了民間宗教主僱關係的重要性。

緣首

緣首是在打醮的儀式進行時，代表「闔鄉醮信人等」侍奉神明的鄉村代表。選緣首的方法一般是在鄉村的主神前擲筊杯決定，也只有特定社區的男性成員才能「打緣首」。然而杯卜的細節、緣首的人數和資格，各地也有差異。這和鄉村的組織原理有關。如林村鄉和粉嶺圍的緣首，都必須是未結婚的男丁，以個人身份打緣首；在高流灣則必須是已結婚的男性戶主。然而，一些社區如厦村鄉約、錦田和泰坑，打緣首的人並非代表個人，而是代表一個社會單位：也就是說還沒有分家的戶，或者是一個宗族集團的分支。

有些緣首是未婚的男丁 1981 年 林村

1981 年　林村

有些緣首是代表一個
社會單位的已婚男性
1985 年　錦田

簪花掛紅的頭名緣首　1983 年　大埔頭

在墟市的醮，緣首也是鄉事委員會的領袖　1983 年　元朗墟

齋戒與封山

醮的目的是通過儀式，把社區重新潔淨，故此在正醮期間必須齋戒，不能殺生。一些過去以林木、割草為生計的鄉村，在打醮期間封山，不許伐木殺生。

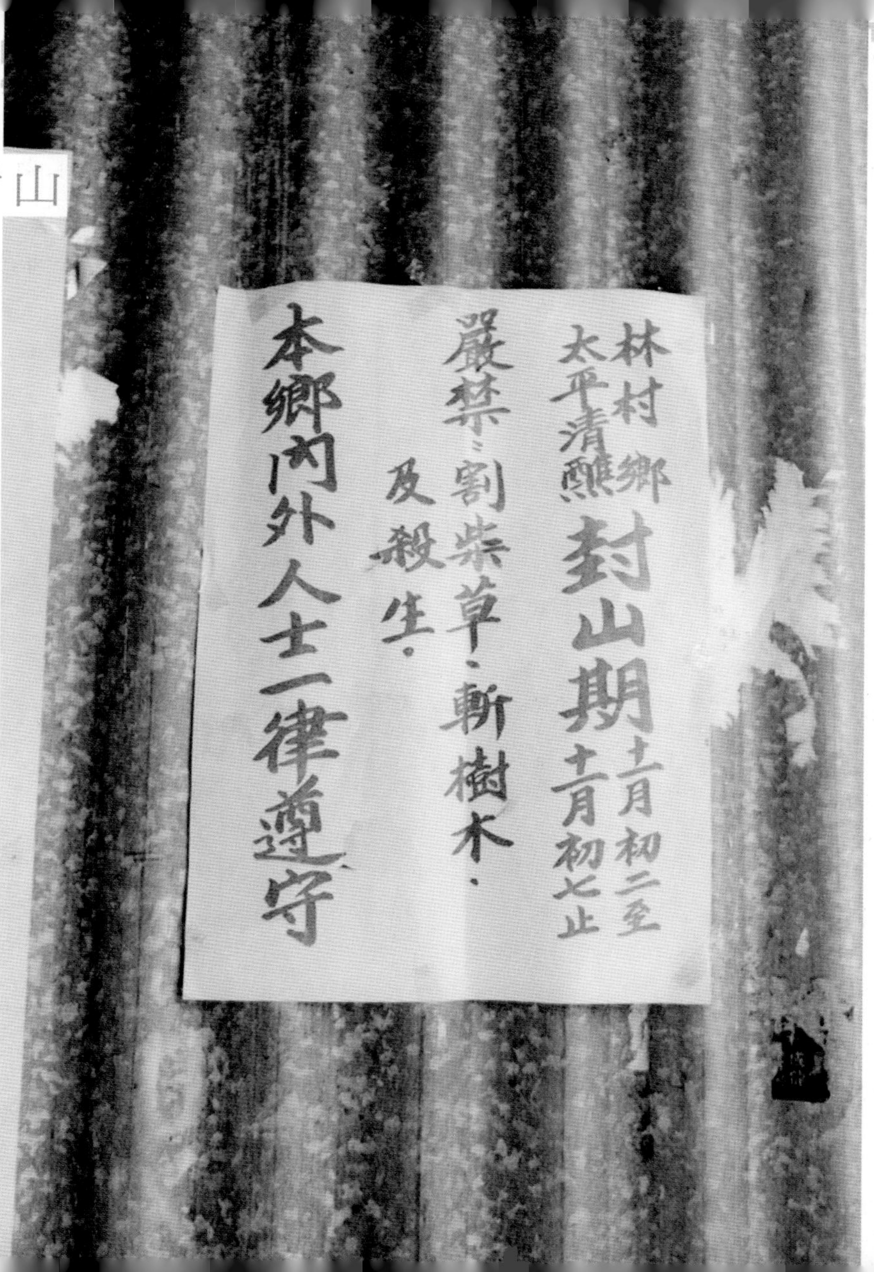

封山
1981 年　林村

祭英雄

據梁仲師傅，「丙崗、廈村、新田等地都要祭英雄。英雄並不是抗英的英雄，而是如村落之間打架打圍，或者打日本人，為村而死的。以前在屏山也有祭英雄，但是我自己也沒看過。」[2] 有些地方，如錦田，喃嘸進行每天早、午、晚三次的行朝儀式時，會到供奉為鄉村械鬥殉難的「英雄」義祠奉香。

廈村莆上祭英雄：祭祀為廈村打殺犧牲的七十二人，當中有鄧姓的，也有非鄧姓，其中男有六十七人、女有五人。故此，所有祭祀用品，如龍衣、寶燭等的數目，皆為七十二。祭祀時燒「盟約」一紙。盟約包括了廈村鄉約內的十五條村，和包括元朗十八鄉在內的十條村，共二十五條村 1984 年　廈村

2　蔡志祥、韋錦新、呂永昇主編：《儀式與科儀》，頁 44。

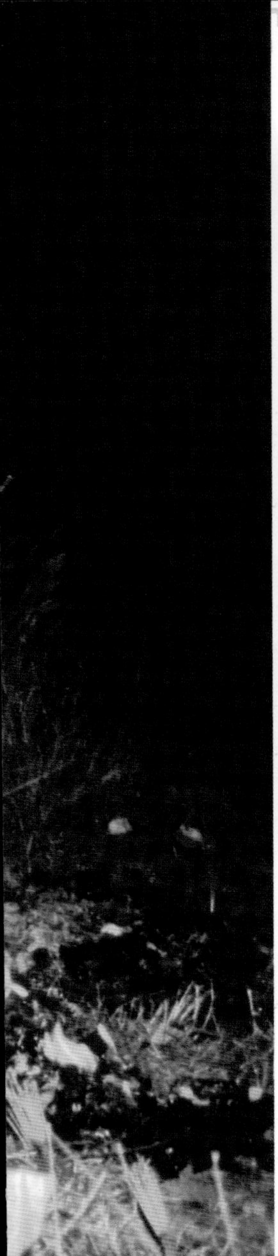

打武

「打武」並非所有鄉村都有進行。1980 年代，打武儀式嵌入禁壇儀式。喃嘸師傅脱下道袍，在道壇表演舞火蓆、火流星等。對鄉民來説，這是一個娛樂表演。表演之後，喃嘸師傅手拿火盂，到各神棚參拜，收集場內污穢，封禁於三清壇前的香案下。

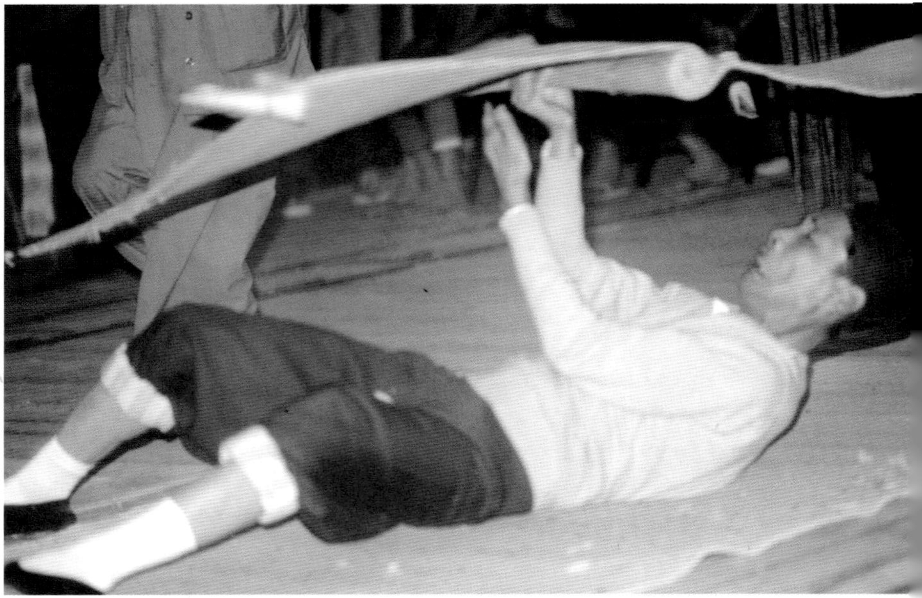

舞火蓆
1984 年，厦村

（左）（上）舞火流星
1984 年　廈村

表演過後，喃嘸師傅手拿火盂
1984 年　厦村

喃嘸師傅到各神棚參拜
1984 年　厦村

（上）返回道壇，把污穢收於三清壇下
1984年　廈村

祭小幽（賣雜貨）

「祭小幽」，在鄉民口中又叫「賣雜貨」或「講鬼古」。雖然有科儀書可據，但在 1980 年代初期聽到的，時常是一些即興的、「爆肚」的相聲，內容大約是講述在地府夜市買賣的笑話，也時常加插了地方的特色。近年見到的則多只據科儀書唸出。有些村落如龍躍頭等在祭小幽時，雖然仍有雜貨店的紙紮，但取消了往地府賣雜貨的相聲部分。

賣雜貨 1993 年 龍躍頭

迎榜和照榜

啟榜儀式可以説是打醮的高潮。有些鄉村會請鄉中最年長的、家庭中世代最多的、子孫齊全的「好命公」接榜。好命公也稱「攬榜公」。有些鄉村的頭名緣首會在這個時候簪花掛紅。對鄉民來說，人緣榜是得到神明庇佑、確認社區身份的憑證，因此，上榜儀式後，鄉民都會仔細地看名字有沒有遺漏或文誤。廈村鄉約的鄉民會用燈籠照榜。2006年，上水六十年一屆的醮也派發燈籠照榜。

廈村的鄉民提燈籠查看榜上的名字。其他鄉村沒有　1984 年　廈村

禮斗

南斗注生、北斗注死。禮斗儀式的目的是祈求斗姥延壽降福的儀式，一般在五晝連宵的大醮才會舉行。程序上是在迎聖儀式之後，正醮第四日晚上舉行。喃嘸師傅用米堆砌象徵福祿壽的麒麟、鹿和龜，以及南、北斗七星的圖像

1981 年　林村

喃嘸師傅用米堆砌象徵福祿壽的麒麟、鹿和龜，以及南、北斗七星的圖像

1984 年　廈村

禮斗儀式 1984 年 廈村

婦女代表家庭參與儀式
1984 年　廈村

儀式完畢後，把長壽香、長壽燈和斗桶帶回家
1984 年　厦村

桌上的米也會拿回家，放在米缸，可保長壽
1984 年　厦村

醮與祖先祭祀

醮是社區性的節日。宗族社區舉辦的醮，如粉嶺、龍躍頭和錦田都特別設有臨時的祖先棚，或在三清道壇上供奉歷代祖先神主。厦村鄉約的醮是地域聯盟的節日，所以在醮棚內沒有祭祀祖先。然而，主導醮事的鄧氏在正醮前一天晚上，會在鄧氏宗祠友恭堂外舉行「祠堂角祭祖」儀式。錦田鄧氏在禮斗後會進行目連破地獄八門救母的「八門功德」儀式。

八門功德儀式
1985 年 錦田

行香與村落聯盟

行香，或稱「行鄉」，是社區在醮事期間，拜訪友好村落的行列。屬地域聯盟的廈村，用三天時間到每一個有醮份和有約份的村落。粉嶺和上水（後者於 2006 年舉行，六十年一屆）會用一天時間到有醮份的村落和位於上水石湖墟的報德祠，因為 1904 年報德祠新約成立，上水廖氏和粉嶺彭氏皆為報德祠新約的成員。

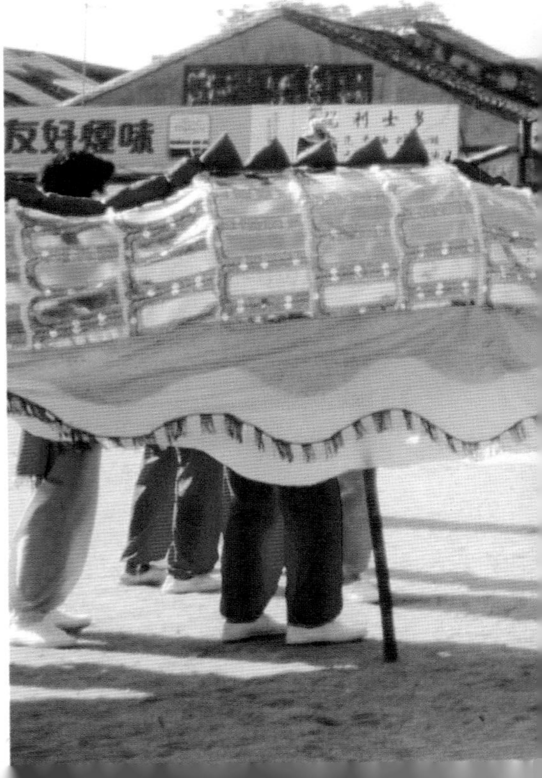

行香隊伍出發前在鄧氏宗祠友恭堂集合
1984 年　廈村

廈村鄉約太平清醮
廈村鄉約
太平清醮
酬謝神恩
敬賀
太平清醮
酬謝神恩

行香隊伍
1984 年　厦村

拜圍頭社公　1984 年　廈村

隊伍也會拜訪一些已經荒廢，但在過去被視為神聖的地方　1984 年　廈村

行香隊伍也同時拜訪有醮份和有約份的社區
1984 年　廈村

大士出巡

醮的其中一個目的是拯救煉獄的遊魂。在醮事期間，孤魂野鬼來到醮棚，聞經聽道、接受分衣施食。鬼王，或稱大士王，其作用是監督孤魂野鬼。對鄉民來說，鬼王的作用是驅除煞氣。由於其面對的方向一般被視為社區中最「陰」的，或者對社區危害性最高的地方，因此在祭大幽後，把鬼王焚化時，鄉民都很在意鬼王會否面向着已經潔淨了的村落。現在很多鄉村在祭大幽前把鬼王扛抬到村中煞氣重的地方，把陰氣驅逐。然而，這樣的行動在 1980 年代非常罕見。

大士出巡
1985 年　泰坑

厦村鄉約十年建醮
太平清醮
國泰民安
風調雨順
CD 4682

醮棚佈局

一般來説，各地方的醮棚內，都會有臨時搭建的神棚、道壇、戲棚等，當中也有放置鬼王、城隍等紙紥神像的棚。1980 年代開始，由於儀式執行人的關係，一些鄉村把原來是監督地方鬼神的城隍神像，改放天上最高主宰的玉皇。一些大型的鄉村如廈村和錦田在正醮期間只演傀儡戲（木頭公仔戲），人戲（大戲）在正醮之後才演出。在正醮期間，道壇設在戲棚的戲台上，有醮份的村落在戲台下各有棚廠，給鄉民休息、聚舊聊天，或在歌台演出。戲棚內也設有紙紥的地域十王殿。富裕的鄉約，也設置招財的財神像。

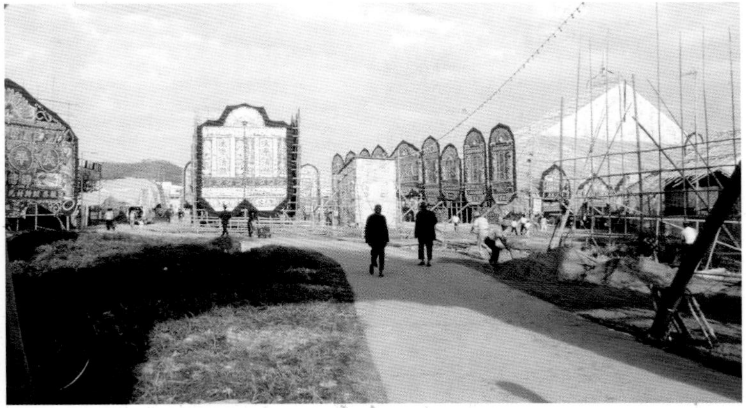

醮棚 1984 年 廈村

道壇戲在戲台上　1984 年　厦村

戲棚內的十王殿
1984 年　厦村

財神　1984 年　厦村

第三章

正統的競逐：全真儀式

全真道教進入香港的鄉村社會執行清醮儀式，最早大概是1975年在沙田九約的信善玄宮。然而，沙田九約的主要儀式仍然由正一道士執行。1980年代可以說是全真正式在鄉村中的年代。1983年，圓玄學院分別應邀，在大埔頭、元朗墟、南鹿約、沙頭角慶春約執行清醮儀式。這些以女性為主的道壇經生，很多是在城市居住，平日唸經修道。對他們來說，打醮是一種個人的修煉，是一場大功德。除了微薄的舟車費外，他們沒有收取主辦單位的酬金。打醮完畢，他們也不需要與鄉民繼續建立任何關係。作為制度化宗教集團的圓玄學院，以其龐大的經濟力量和營運者的人際關係，從香港新界邊緣的貧困社區開始，慢慢走進如大埔頭、林村等一些傳統的富裕社區。二十一世紀，另一全真系統的宮觀「青松觀」以投標方式，取得新界北區的大宗族如厦村（2004）、錦田（2005）的醮事。他們從宮觀走進民間，不只影響了喃嘸師傅的謀生，而且改變了香港新界的宗教生態。

圓玄學院的儀式，除了包括每天進行不同的「朝」和「懺」外，主要在道壇進行。儀式包括奉安大士、恭豎聖旗、開壇啟請、玄科開位、上金榜、上黃榜、玄門攝召、關燈散花、三清濟煉幽科。

1980年代，邀請圓玄學院執行儀式的村落，有單姓村、有村落聯盟，也有墟市。貧富的差距也顯示在儀式的內容上。如南鹿約並沒有上演神功戲，只是進行道教的儀式。沙頭角慶春約在道教儀式以外，進行了儒門儀式。元朗墟在道教、儒教以外，還有佛教的儀式。這些儀式的主要對象不僅是鄉村社區，而是強調普世救贖的功德。

全真派清醮儀式

奉安大士 1983 年 沙頭角慶春約

恭豎聖旗 1983 年 沙頭角慶春約

懺　1983 年　沙頭角慶春約

朝　1983 年　沙頭角慶春約

上金榜 1983 年 沙頭角慶春約

上黃榜
1983 年　沙頭角慶春約

三清濟煉幽科
1983 年　元朗墟

1983 年　南鹿約

三清　1983 年　沙頭角慶春約

儒門的行朝儀式
1983 年　沙頭角慶春約

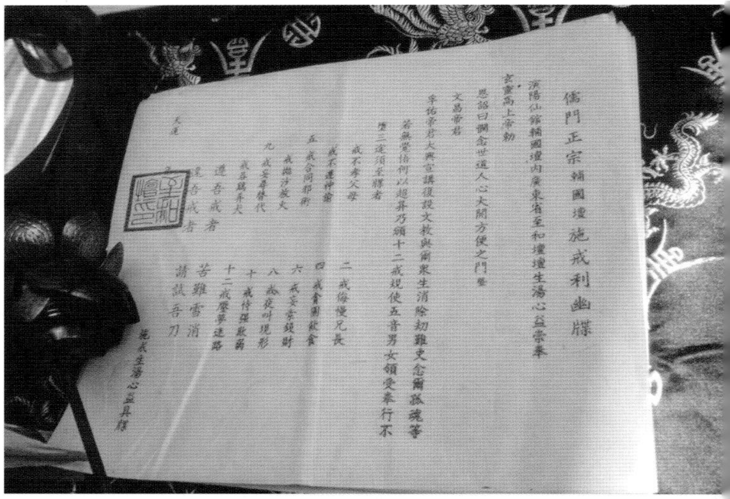
儒門正宗輔國壇施戒利幽牒

十殿慈王殿下
至和壇

儒門的利幽儀式通過宣講文教，為眾生消除劫難、覺悟的孤魂超升。儀式亦頒發十二戒規，使五音男女奉行，以免墮入三途之苦。
1983 年　沙頭角慶春約

利幽儀式　1983 年　沙頭角慶春約

在墟市舉行的全真儀式：朝　1983 年　元朗墟

三寶　1983 年　元朗墟

儀式世俗的一面

正一和全真的儀式有很大差異。可是對於鄉民來說，兩者只是儀式執行人不同，醮必須具備的元素並無很大的差別。只要所有與世俗有關的成分都一應俱備，可以祈福、燒衣祭幽、登上人緣榜、拿到一些符紙鎮惡除污的話，鄉民心目中的儀式世界仍然沒有改變。

對於鄉民來說，醮不僅具有宗教的意義，它通過人緣榜，確認「有份」的身份　1983 年　沙頭角慶春約

登記被保佑鄉民名字的榜
1983 年　沙頭角慶春約

丟棄象徵骯髒、不祥的物品
1983 年　沙頭角慶春約

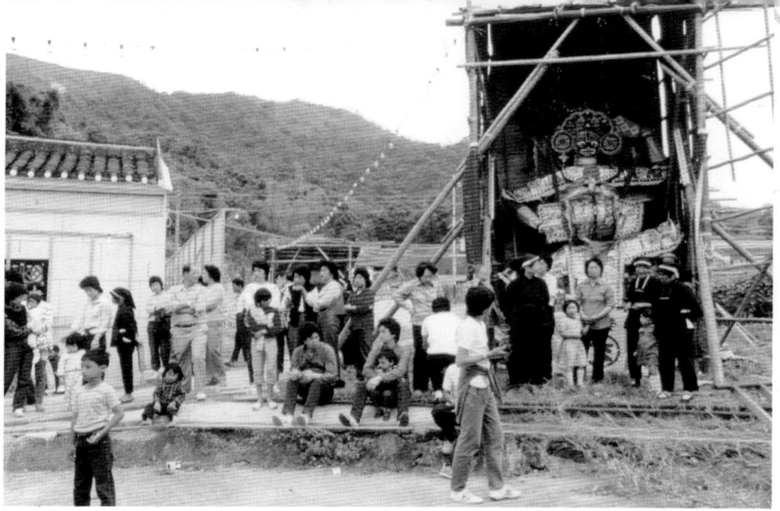

監控醮場內遊魂野鬼的大士
1983 年　沙頭角慶春約

劃定儀式和潔淨範圍的幡杆
1983 年　沙頭角慶春約

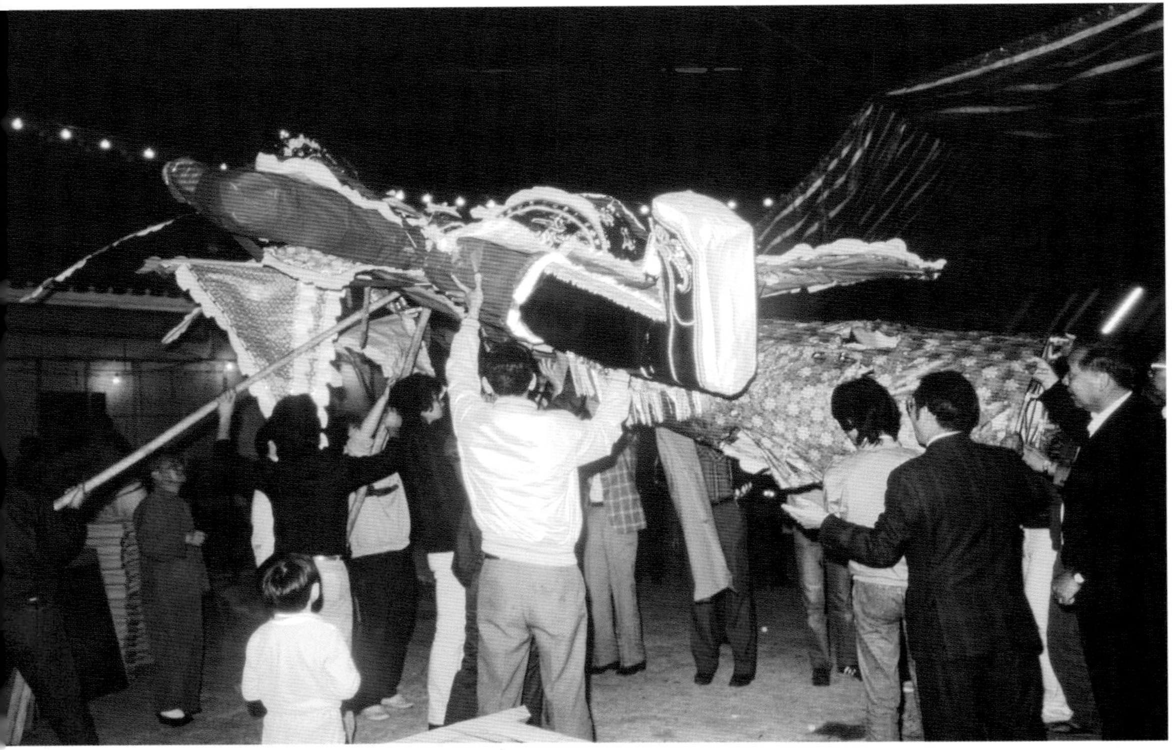

大士鎮壓煞氣、不潔
1983 年　沙頭角慶春約

對於比較富裕的鄉村，神功戲有着娛神娛人的作用
1983 年　沙頭角慶春約

在正醮日，款待地方官員以及友好地域的領袖，酬謝參與醮事的團體
1983 年　沙頭角慶春約

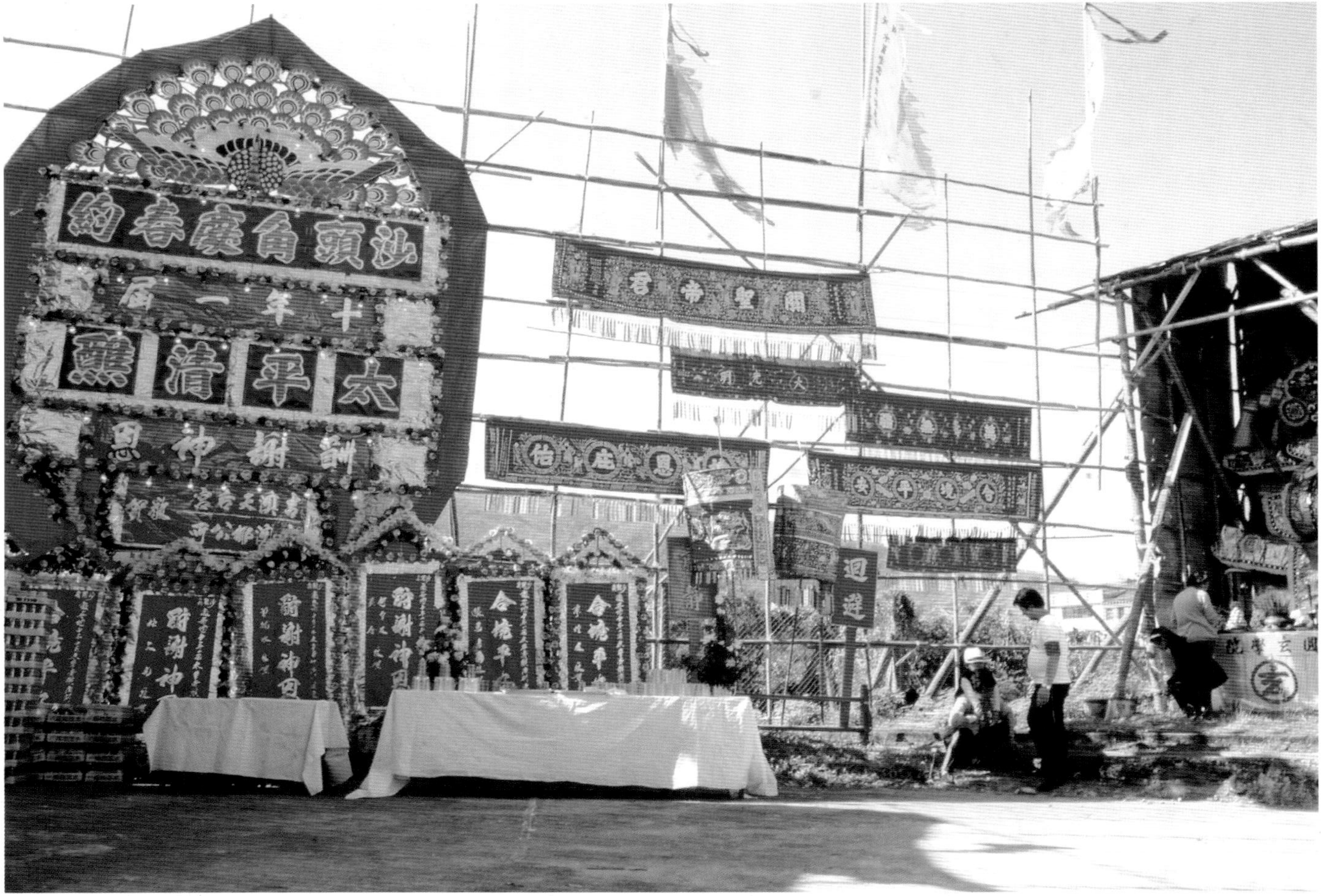

同樣地，友好村落醮也會寄贈花牌道賀
1983 年　荔枝窩

如正一道士的儀式，對於沒有戲班演出的鄉村來說，
全真經生為鄉民提供的不僅是儀式，還是娛樂
1983 年　南鹿約

醮是一個鄉民交誼的日子　1983 年　沙頭角慶春約

醮也是家族團聚的日子　1983 年　沙頭角慶春約

對於大多居住在城市的經生來說，醮是同門聚首的日子　1983 年　沙頭角慶春約

第四章

儀式與文化遺產

2009 年香港政府委託香港科技大學華南研究中心進行非物質文化遺產普查。2013 年華南研究中心提出 477 個項目的建議清單。同年年底，經過四個月的公眾諮詢後，政府確認了一個包括 5 個類別、210 個主項目和 319 個次項目，共 480 個項目的香港首份非物質文化遺產清單。在 480 個清單項目中，有 308 個（64%）是和傳統節日有關。2017 年政府提出包括了 20 個項目的首份香港非物質文化遺產代表作名錄，其中 15 個（75%）與節日有關。2018 年國家級非物質文化遺產代表性項目名錄中的 10 個香港本地項目中，有 8 個（80%）與節日有關。這些項目很多也直接或間接與打醮有關，如收錄在香港非物質文化遺產清單的便包括：[3]

一、表演藝術類：舞獅（2.1）、舞龍（2.2）、舞麒麟（2.4）、粵劇神功戲（2.6.3）、木偶戲（2.8）、八音器樂（2.9）和科儀音樂（2.10）；

3 下文所列項目後括號中的數字，標示了其在 2014 年 6 月香港政府公佈的首份香港非物質文化遺產清單中的編號。詳見「首份香港非物質文化遺產清單」，非物質文化遺產辦事處，https://www.lcsd.gov.hk/CE/Museum/ICHO/documents/3862785/3863408/First_hkich_inventory_C.pdf。

二、社會實踐、儀式、節慶活動類：太平清醮／打醮（3.42）中的16個子項目、正一道士傳統（新界）（3.50）的子項目「太平清醮」（3.50.1）、正一道士傳統（市區）（3.51）、全真道士傳統（3.52）的子項目「太平清醮」（3.52.2）以及盆菜（3.59）；

三、有關自然界和宇宙的知識和實踐類：傳統曆法（4.4）；

四、傳統手工藝類：紮作技藝項目中的子項目——大士王（5.41.1）、紙料（紙祭品）（5.41.5）、獅頭（5.41.6）、燈籠（5.41.7）、龍（5.41.8）和麒麟（5.41.9）、花牌紮作技藝（5.44）、飄色製作技藝（5.66）、戲棚搭建技藝（5.87）等。

因此，參觀香港的醮，除了通過宗教活動理解地域社區的組成原理（地緣或血緣）外，也可以同時觀察到很多香港非物質文化遺產項目。敏銳的觀察者，也可以留意到地方語言的差異、宗族社會的活動，以及在醮棚販賣的叮叮糖（5.38）、龍鬚糖（5.40）、茶粿（5.24）或其他傳統鄉村粉製食品（5.22）。

打醮相關的香港非遺項目

舞龍

1994 年　厦村

1984 年　厦村

1981 年　林村

1981 年　林村

粵劇神功戲

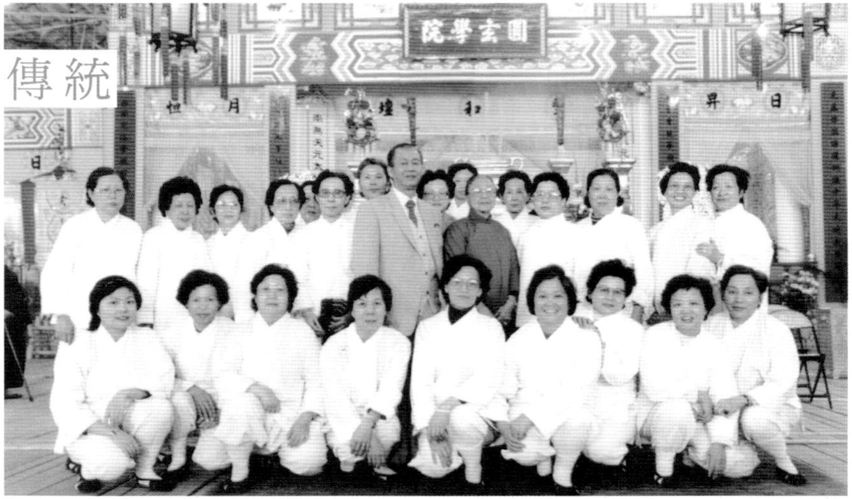

全真道士傳統

全真道士傳統：經生 1983 年 元朗墟

道士的技藝：吹、打、喃、跳、唱、書、畫、紮

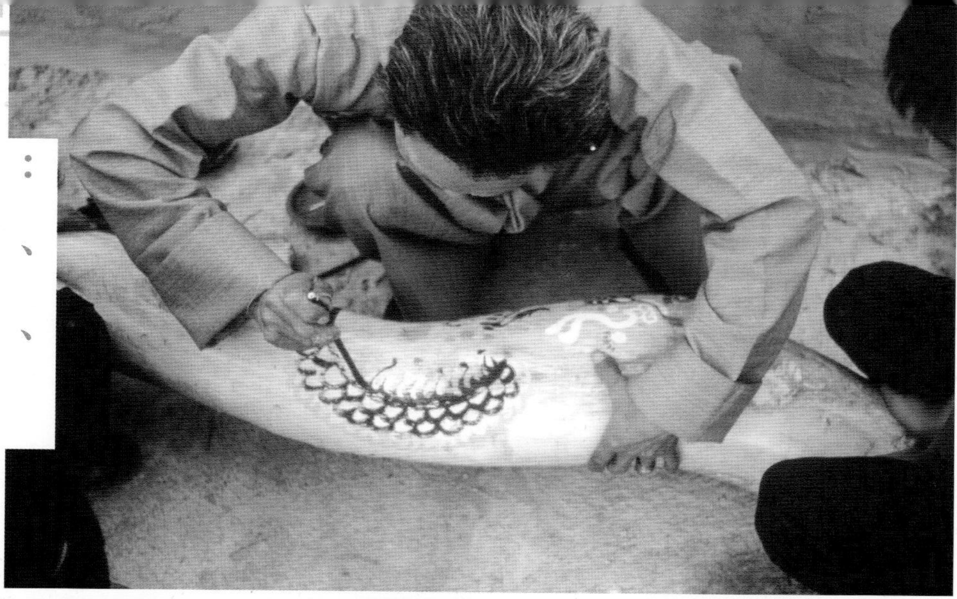

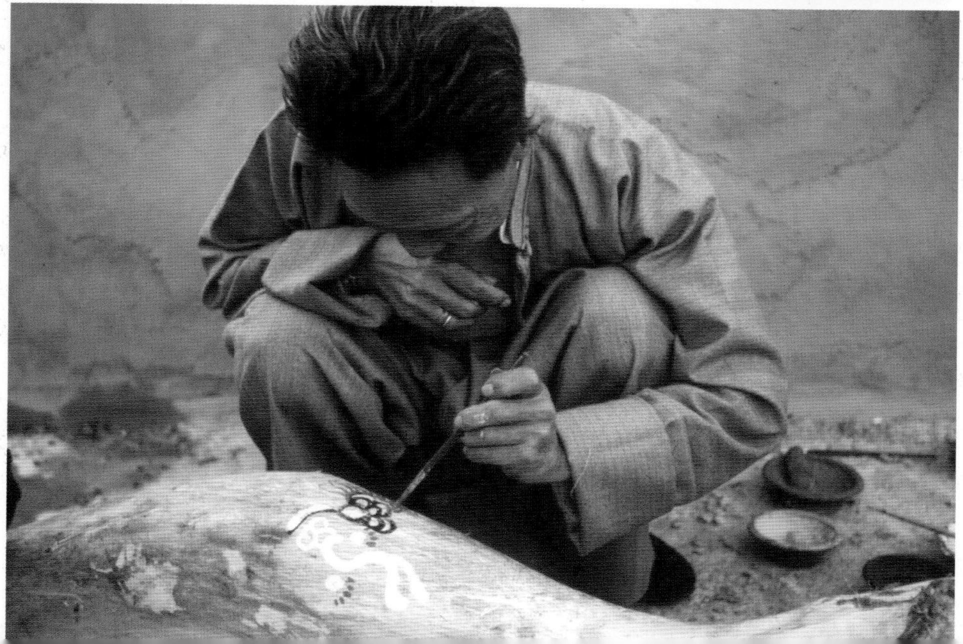

畫功
1981 年　林村

寫功　1981 年　林村

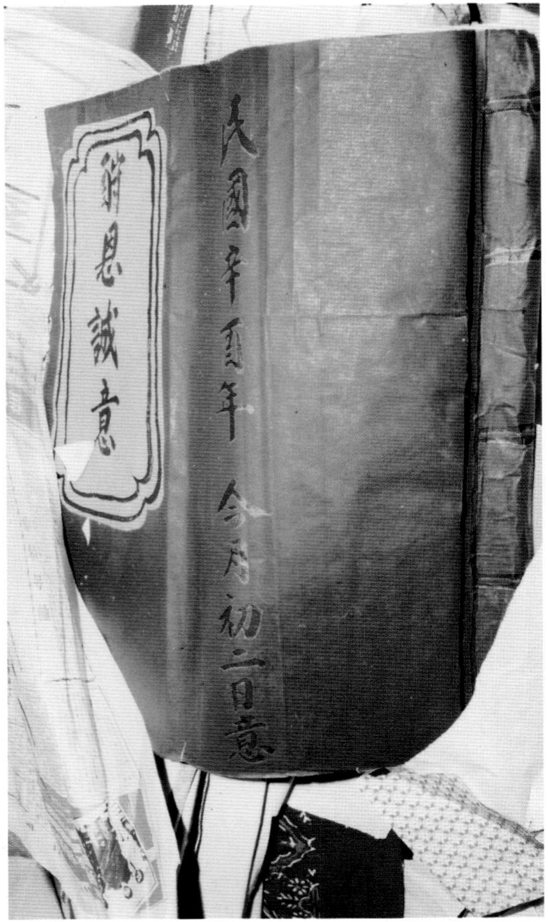

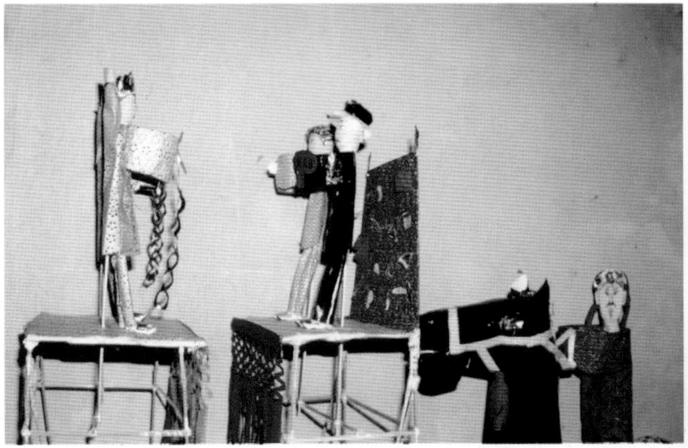
紮作　1981 年　林村

樂功　1981 年　林村

打功　1994 年　厦村

盆菜

1993 年　龍躍頭

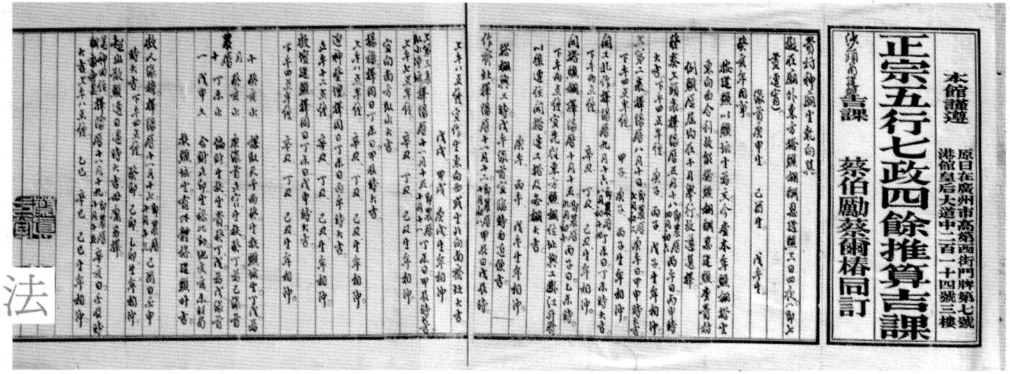

本館謹遵
原日在廣州市高第西街門牌第七號
港館皇后大道中二百一十四號三樓
正宗五行七政四餘推算吉課
沙頭角慶春約吉課
蔡伯勵蔡爾椿同訂

傳統曆法

吉課　1983 年　沙頭角慶春約

紮作技藝

組裝前的大士王　1981 年　林村

組裝後的大士王　1981 年　林村

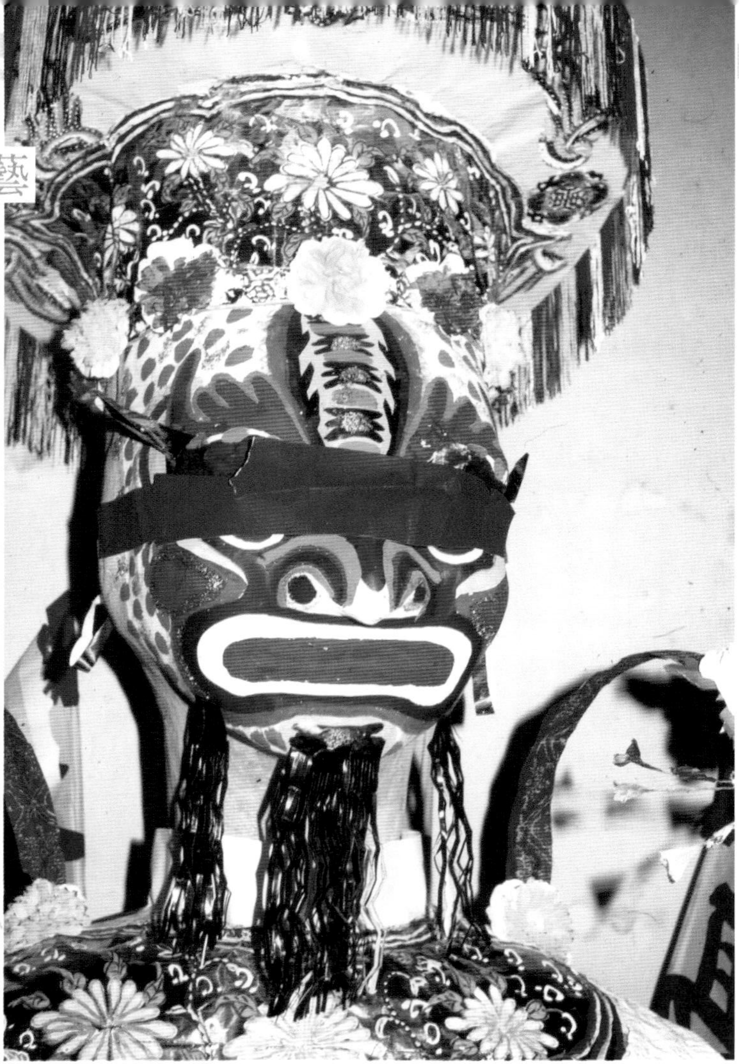

開光前的大士王　1981 年　林村

組裝前的城隍　1981 年　林村

組裝後的城隍　1981 年　林村

龍頭　1984 年　廈村

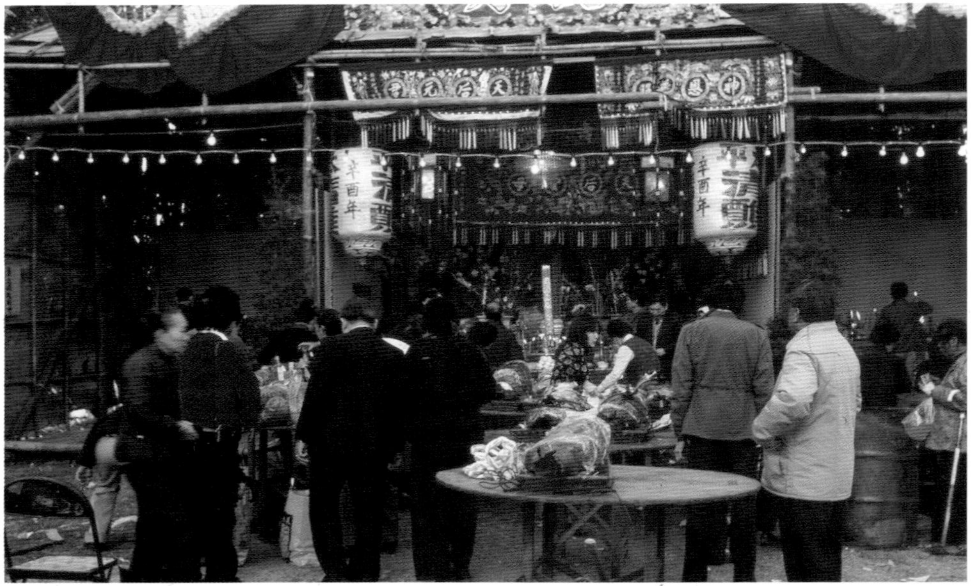

在神棚前的燈籠
1981 年　林村

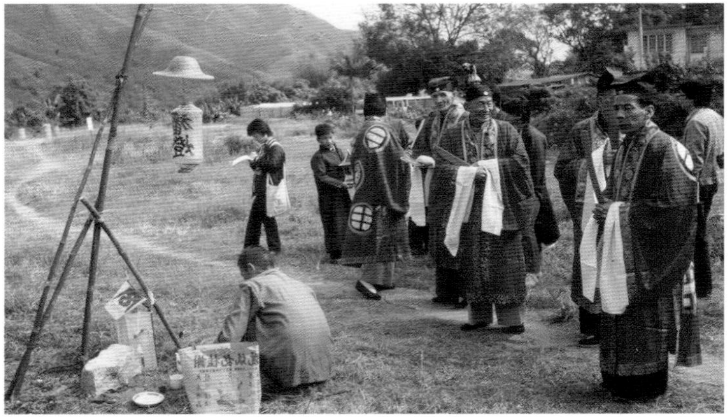

掛在旛竿上的燈籠
1981 年　林村

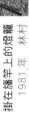

紙料（紙祭品）：神衣
1981 年　林村

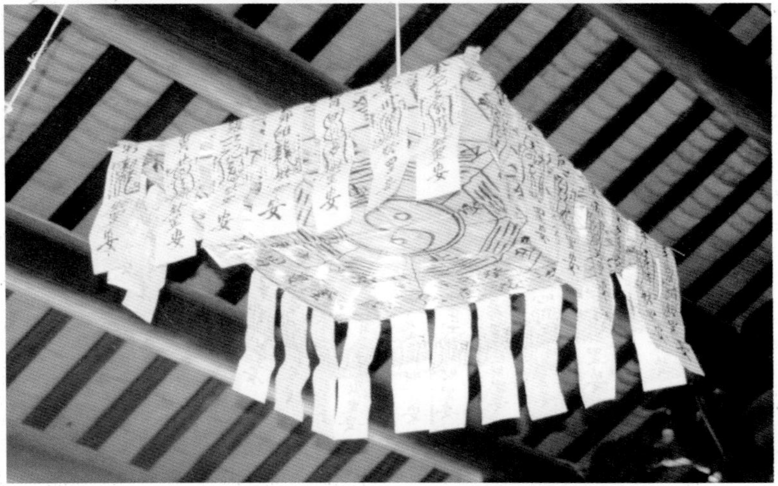

紙料（紙祭品）：大羅天
1993 年　龍躍頭

木雕刻技藝：神像雕刻

1981 年　林村

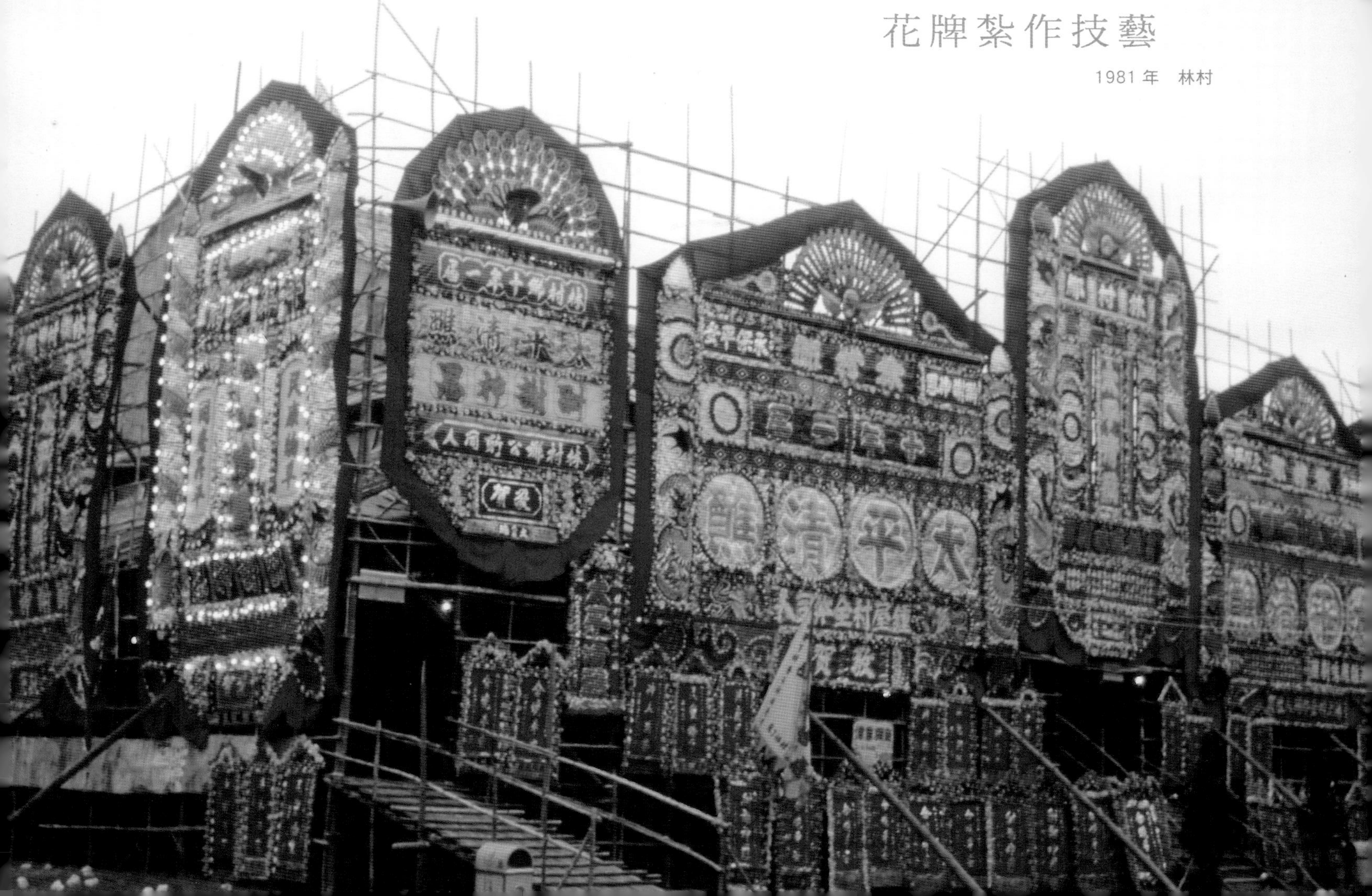

花牌紮作技藝

1981 年　林村

酬神與超幽　　作者　蔡志祥

上卷：香港傳統中國節日的歷史人類學視野

下卷：1980年代香港新界清醮的影像民族志

責任編輯　黎耀強
　　　　　白靜薇
裝幀設計　陳佩珍
　　　　　霍明志
排　　版　楊舜君
印　　務　劉漢舉

出版
中華書局（香港）有限公司
香港北角英皇道四九九號北角工業大廈一樓B
電話：（852）2137 2338
傳真：（852）2713 8202
電子郵件：info@chunghwabook.com.hk
網址：http://www.chunghwabook.com.hk

發行
香港聯合書刊物流有限公司
香港新界大埔汀麗路三十六號
中華商務印刷大廈三字樓
電話：（852）2150 2100
傳真：（852）2407 3062
電子郵件：info@suplogistics.com.hk

印刷
美雅印刷製本有限公司
香港觀塘榮業街六號海濱工業大廈四樓A室

版次
2019年7月初版

規格
16開（230mm×170mm）

ISBN
978-988-8572-82-3